공동체화

ECO의 확장을 위한
개념화와 사례들

한상진

UUP

공 동 체 화

ECO의 확장을 위한 개념화와 사례들

■
2012년 11월 09일 **초판 인쇄**
2012년 11월 15일 **초판 발행**

- **지은이** 한상진
- **펴낸이** 이철
- **펴낸곳** **UUP.**(울산대학교출판부) 680-749 울산광역시 남구 대학로 93(무거동) 울산대학교 출판부
- 전화 (052)259-2488 팩스 (052)277-3011 ▪ **홈페이지** http://uup.ulsan.ac.kr
- **출판등록** 제370-1996-000001호(1996.3.13)
- ₩ 12,000

이 저서는 2007년 정부(교육인적자원부)의 재원으로 한국연구재단의 지원을 받아 수행된 연구임(KRF-2007-812-B00026)

이 도서의 국립중앙도서관 출판시도서목록(CIP)은 e-CIP홈페이지(http://www.nl.go.kr/ecip)와 국가자료공동목록시스템(http://www.nl.go.kr/kolisnet)에서 이용하실 수 있습니다.
(CIP제어번호 : CIP2012005100)

ISBN 978.89.7868.285.5 (93320)

머리말

이 책은 공동체화(communalization)에 대한 천착을 의도했으나, 체계화되지 못한 상태의 시론과 몇 가지의 사례 고찰로 짜깁기된 채 세상에 나오게 되었다. 필자는 '21세기 사회에서 공동체를 어떻게 형성할 것인가?'를 화두로 하여 나름대로 정신적 씨름을 벌인 결과, 현 단계 공동체화의 핵심 개념으로 ECO(Ecological & economic Co-operative Organizing; 생태경제적 협동조직화)라는 인간 상호관계의 연결망에 바탕을 둔 사회적 경제(social economy) 모델을 제시하고 아렌트(Arendt), 폴라니(Polanyi) 등의 저작과 지리학에서의 스케일(scale)[1] 논의를 원용하기로 가닥을 잡았다. 그리하여 인간의 상호관계와 경제, 생태의 호혜적 연계는 물론, 근린, 도시, 국가, 지구 스케일으로의 ECO의 확장이라는 스케일의 구성 및 재구성 과정을 공동체화로 이해하고자 했다.

필자가 이 책에서 '공동체화'라는 공동체의 확산 과정을 강조하는 이유는 그 동안의 사회(과)학에서의 공동체 논의가 실제 생

1) 스케일은 '규모'라고도 번역되나 여기에서는 원어 그대로 표기한다.

활에서의 협동, 연대와 유리된 가운데 기계론적이고 정태적인 논쟁에 머물렀던 한계가 있었다고 보기 때문이다. 그리고 현재 시점의 한국에서 공동체화는 국가/개인의 담론 축을 중심으로 하는 공동체주의(communitarianism)에서 벗어나 사이버스페이스까지 포함하는 근린, 도시, 국가, 지구 스케일의 열려진 결사체 형성 논리로 파악해야 한다고 생각하여, 생태와 경제의 협동적 대안조직화에 주목하는 ECO라는 새로운 개념을 제안하기에 이른 것이다. ECO의 확장이라는 이 책에서의 나름대로의 독창적 개념화에 주로 관심이 있는 독자는 제2장에서의 간략한 문제의식에 대한 서술 부분과 제4장 3절을 우선적으로 살피는 것이 좋겠다.

다른 한편으로 이 책의 제2부는 공동체화와 ECO를 적시하는 분석이라고 보기는 힘들겠지만, 넓은 의미에서 다양한 스케일에서의 공동체화 시도로 포괄될 수 있는 근린공동체, 사회적 경제, 창조도시, 사회적 기업, 녹색 공동체 등에 대한 관련 사례 검토를 다루고 있다. 이들 사례 연구를 좀 더 구체적으로 밝히면, 산업대도시에서의 근린공동체 관계 비교, 창조도시와 사회적 경제의 관련성, 재활용 사회적 기업과 사회적 기업가 정신 실태, 사회적 기업의 국가별 제도화, 산업도시의 녹색공동체 조성 등에 관련된 것들이다.

이러한 사례들은 공동체화가 시장에 의한 탐욕적 거래보다는 상호부조에 의한 근린/도시/국가 스케일에서의 사회적 경제 시도와 연결되며, 더 나아가 인간과 자연이 공존하는 녹색공동체의 대안과도 이어질 수 있음을 암시하고 있다. 그러나 전체적으로 이 책 전반부의 개념적 논의와 후반부의 관련 사례 분석이 정합적으로 연계되고 있지 못한 한계에 대해서는 필자의 부족한 장인 정신을 자책할 뿐이다. 그럼에도 불구하고 이 책의 의의를 굳이 자평해 본다면, 지구 차원의 시장 사회를 극복하기 위한 차원에서 인간 상호간 연계망과 사회적 경제의 재발견을 중심으로 공동체화 개념을 제안하고, 신자유주의의 합리적 경제활동 논리를 뛰어넘는 생태와 경제의 조직화 근거와 실제의 시도들을 발굴하려 했다는 데에 있다고 하겠다.

이 책이 씌어진 5년여의 시간 동안 필자의 개인과 공동체 수준에서 많은 일들이 일어났다. 그런 과정 속에 항상 즐겁고 사이좋을 수는 없었겠지만 공동체적 삶의 기반을 만들어준 사랑하는 아내 미영과 이제 막 대학에 들어간 광현, 사춘기를 맞이하고 있는 동현, 두 아들들에게 감사한다. 그리고 그 관계는 앞으로도 계속 이어질 것이다. 또한 출판과정의 마지막 교정 작업에 수고를 아끼지 않으신 울산대 출판부 관계자에게 고마움을 전하며, 2012년 여름부터 맞이하고 있는 미국 델러웨어대 에너지 환경 정책연구소에서의 연구년과 이에 수반된 숲이 우거진 가넷 밸리(Garnet Valley)에서의 1년 동안의 생활 기회에 대해서도 감사드리고 싶다.

델라웨어 카운티 커뮤니티 도서관에서

필자 씀

목 차

제 1 부 공동체화와 ECO에 대한 개념적 검토

제 2 부 공동체화, ECO 관련 사례 연구

제1부

공동체화와 ECO에 대한 개념적 검토

제 1 장

서설

1.

『진보를 연찬하다』에서 이남곡(2009)은 '공동체를 위하여'라는 짧은 글을 통해 이렇게 설파한다. 공동체란 '물신과 이기의 지배'를 넘어 자본주의와 아집을 넘어서는 새로운 시스템과 문화를 지향하는 구체적인 사회활동체이다. 또 비교적 큰 단위의 공동체를 지향할 경우 개별 경영, 협동 경영, 무소유 경영이라는 세 가지 형태를 비교의식이나 우열감에 방해받지 않고 적절하게 조화함으로써 점차 돈(물질)이 아니라 사람이 중심이 되는 사회로 나아가게 된다. 더 나아가 이남곡은 공동체의 특성을 '사이좋음'와 '즐거움'으로 규정하고 있다.

우선 '사이좋음'은 공동체 운동을 통해 무리 없이 가능하면 즐겁게 아집을 줄이고 없앰으로써 준비될 수 있다. 그리하여 일상의 삶 속에서 진정한 소통이 이루어지는 문화를 만들어가는 것에 성공할 수 있는가의 여부가 공동체의 성공 여부를 결정하게 된다. 또 '즐거움'이란 공동체의 목적이 행복한 삶, 행복한 사회라는 측면을 일컫는다. 이남곡에 의하면, 공동체의 구성원이 느끼는 내면에서의 자유의 정도가 중요하며 그렇기 때문에 '각자가 하고 싶은 자유'를 최대한 누리는 상태를 출발점으로 하여 '무엇을 해도 즐거운' 사회를 향해 나가야 한다는 것이다.

이렇게 볼 때 인간 모두가 희구하는 행복한 상태인 '즐거움'이란 개인적 차원을 포괄하는 타인과의 소통과 협동, 즉 '사이좋음'에서 연유한다고 보는 것이 온당하겠다. 인간적 즐거움이란 물신과 이기를 극복하는 탈개인주의적 사이좋음을 수반하는 것이기 때문이다. 하지만 맑스주의나 국가사회주의처럼 자본주의에 반대하는 모든 시도가 공동체의 사이좋음과 즐거움을 자동적으로 보장해 주는 것은 아닐 것이다. 그 때문에 이남곡은 이기적 탐욕과 타인에 대한 시기를 극복하기 위한 '아집으로부터 벗어나기'의 필요성을 강조하는 것 같다. 또 이남곡이 규정한 맥락에서 이 책의 화두인 '공동체화'를 정의해 본다면, 그것은 '구성원이 개인적으로 즐거울 뿐만 아니라 구성원 간의 아집도 극복하여 사이좋고 협동적으로 지내는 관계로 변화하는 과정'이라고 말할 수 있겠다.

물론 여기에서 '구성원 간 아집의 극복'을 통한 협동조직화라는 물신과 이기로부터의 탈피가 탐(貪), 진(瞋), 치(痴)라는 인간의 본성[2] 상 현실적으로 간단한 과제는 아닐 것이다. 그러나 인

---

2) 탐, 진, 치의 극복은 기독교, 유교, 불교 사상을 섭렵한 유영모의 사상에서 주

간은 개인주의적이고 이기주의적인 본성만을 타고나는 것이 아니라, 공동체 조직화[3]를 지향하는 생명체로서의 본능이 있다고 할 수 있다. 이와 관련하여 제정구(2007: 602)는 기독교 신앙의 관점에서 공동체를 다음과 같이 정의하고 있다.

> 공동체란 언제나 생명을 전제로 한다. '나'라는 개체가 없는 공동체가 있을 수 없는 것처럼 생명체로서의 나 또한 공동체 속에서만 가능하다. 그래서 생명을 중심에 두지 않는 공동체란 존재할 수도 실제로 존재하지도 않는 하나의 관념일 뿐이다. 때문에 공동체는 생명 때문에 있게 되는 하나의 필연적인 생명현상이다. 생명에는 홀로라는 것이 없다. 언제나 '함께'이다. 바로 이 '함께', '같이'라는 생명의 본질에서 공동체가 연유되고 있는 것이다. 참 생명에 이르고 참 생명과 하나가 되는 길은 공동체를 통해서요, 공동체 안에서만이 가능한 것이다. 그래서 지금의 파괴된 공동체의 회복 없이는 참 생명의 본질에 이를 길이 없다.

2.

이남곡과 제정구의 문제제기는 사회과학적 담론으로 포장되어 있지는 않으나 자본의 지구화라는 신자유주의적 조건 아래 팍팍한 생활을 영위하는 우리들에게 '협동을 통한 공동체적 삶'이라는 대안적 존재 방식에 대한 도전을 자극하고 있다. 필자는 공

요 화두로 다루어진다. 박영호(2001) 참조.

3) 조직화(organizing)라는 영어의 단어를 살펴보면, 집합적인 조직을 만드는 것은 유기체의 기관(organ)으로 변화시키는 것(izing)임을 시사받을 수 있다.

동체에 대한 사회과학적 논구가 이러한 인문학적 성찰에서 비롯되어야 한다고 보고, 인간과 사회 뿐만 아니라, 자연 생명체를 포괄하는 살림살이의 얼개가 지속적으로 재구성되어야 한다는 입장을 견지하고자 한다. 그러므로 '공동체화'에 대한 문제의식의 한 가닥으로 자연과 사회에 대해 지나치게 적자생존 중심으로 접근한 헉슬리(Huxley), 홉스(Hobbes), 스펜서(Spencer) 등을 비판한 아나키즘의 상호부조 관점에 주목하는 것도 필요하리라 생각된다.

1914년에 '상호부조론'을 출간한 크로포트킨(Kropotkin)은 생존 경쟁 자체를 부정하지는 않지만, 호혜적 공동체의 본질에 관해 다음과 같이 지적한다.

> 진화의 한 요인인 상호부조는 어떤 개체가 최소한의 에너지를 소비하면서도 최대한 행복하고 즐겁게 살 수 있게 해준다. 게다가 종이 유지되고 더 발전하도록 보증해 주면서 그런 습성과 성격을 발전시키기 때문에 어쩌면 상호투쟁보다 더욱 중요할 수도 있다(하승우, 2006: 58에서 재인용).

하승우(2006: 53)에 따르면, 크로포트킨은 자연계 일반의 상호부조보다는 상호부조가 인간의 진화에서 차지하는 중요성을 증명하려 했다. 즉 그가 주장한 상호부조는 단순히 사랑이나 동정심 같은 감정의 문제가 아니라 사회성(sociality)이라는 연대의식을 가리킨다고 할 수 있다. 이 연대의식은 상호부조를 실천하면서 각 개인이 빌린 힘을 무의식적으로 인정하는 것이며 각자의 행복이 모두의 행복에 밀접하게 의존하고 있다는 점을 무의식적으로 받아들이는 것이다. 그리고 각 인간마다 자기 자신뿐만 아니라 다른 모든 사람들의 권리도 존중해 주는 의식, 즉 정의감이나 평등의식을 무의식적으로 인정하는 것이라고 하겠다.

아나키즘의 문제제기는 인간의 조건 자체가 상호관계의 연계망에서 비롯된다는 상호부조의 자연스러움을 강조한다. 앞서의 이남곡이나 제정구의 입장 역시 인간의 아집과 갈등을 부정하는 것은 아니지만, 그것을 극복하려는 '사이좋은' 호혜적 관계가 인간의 본질적인 즐거움에 해당함을 보여주고 있다. 한편 이와 관련하여 이진경(2007: 544-557)이 '코뮨주의'라는 개념을 도출하면서 펼치고 있는 다음과 같은 논지에도 유의할 필요가 있다.

> 우리의 신체는 물론 다양한 식물들과 미생물, 균류, 그리고 곤충들이 하나의 순환계를 구성하면서 만들어지는 숲의 생태계, 나아가 식물과 미생물이 이산화탄소를 사용하여 산소를 생산하고 동물과 인간들은 산소를 사용하여 이산화탄소를 생산하는 순환계를 통해 산소의 비율을 일정하게 유지하는 지구 또한 생명의 개념 안에 포함된다.(중략) 이런 생명의 순환계에서 각각의 요소들은 자신이 갖지 못한 질료를 이웃한 요소들에게 받으며, 자신이 갖고 있지만 이웃이 갖고 있지 않은 질료를 그 이웃에게 준다. 즉 각각의 요소들은 상호의존하면서 이웃한 타자에게 없는 것을 그에게 주고 자신에게 없는 것을 타자에게서 받는다. 이런 주고받음 속에서 질료들이 변환되며 안정적인 흐름을 형성함으로써 순환계는 '살아 있는' 것이 되고 생명을 갖는다고 할 수 있다.(중략) 코뮨(공동체)이 그 어원에서 선물(munis)을 통해 결합되는(com) 관계를 지칭하는 것임을 안다면, 우리는 아무런 주었다는 생각 없이 주고받는 이 선물들의 순환을 통해서 살아가는 생명의 순환계야말로 강한 의미에서 항상-이미 코

뮨(공동체)적 존재임을 다시 한번 확인할 수 있다.(중략) 무엇보다도 그것은 자유로운 개인들의 자발적 결사체며, 보호되고 보존되어야 할 어떤 정체성/동일성에 스스로 고정하지 않으며, 외부적 요소에 대해 항상 열려 있을 뿐 아니라 오히려 외부적 요소를 통해 스스로를 끊임없이 갱신하고 변이시켜 가는 연합과 연대의 집합체다(괄호안은 필자 추가).

그의 코뮨주의는 이 책에서의 관심처럼 사회적 경제, 생태적 지속가능성과 연계된 대안적 전략으로 구체화되고 있지는 않다. 그러나 기존의 서구 공동체주의 흐름이나 한국에서의 공동체 담론이 국가/개인의 축을 근거로 규범, 통합의 관점에서 형성되어 온 것에 비추어 볼 때, 코뮨주의의 문제제기는 공동체를 둘러싼 논의의 지평을 확장시키는 의의를 갖는다고 할 것이다.

이와 함께 공동체화라는 과정적 개념에 대한 통찰을 얻기 위한 또다른 이론적 자원으로, '기부 양식(ways of giving)'에 관한 논의를 살펴보기로 한다. 페트리(Petrie, 2004: 216-234)는 생태의식을 제고하기 위한 교육학 방법론의 맥락에서 기부 양식 모델을 제안하면서, 인간 존재 내에서 기부의 바램은 내재화되어 있는 것이며 기부라는 관념 자체가 공동체의 본질적 요소임을 강조하고 있다. 앞서 이진경도 언급했듯이, 선물의 공유를 어원으로 하는 공동체는 상호간 기부의 과정을 통해 호혜적으로 형성되는 것에 다름 아닌 것이다.

그녀는 더 나아가 기부가 행위에 선행하는 기본적인 인간 능력이라고 파악한다. 한편 기부의 연계망으로서의 공동체와 관련하여, 베리(Berry)는 '주체성(subjectivity)'의 개념을 행동을 시발시키는 능동적 주체의 능력인 '작인(agency)'이라는 철학적 관념과 구별하여 존재의 독특한 내면성, 깊이, 자발성과 창조성 등을 포함하는 것으로 정의하고 있다. 비슷한 맥락에서 스프릿너크(Spretnak)는 우리 자신을 포함하는 인간 사회가 생태적 지혜, 풀뿌리 민주주의, 비폭력 등의 기본적 가치 중심으로 재정향되어야 할 필요성을 부각시킨다. 이와 같은 통전적(comprehensive) 인간 변혁에 대한 생태교육학의 관점은 관념적인 공동체의 이상에 치우쳤다고 평가될 수도 있겠지만, 그러한 이상적 입장에 근거한 사이좋음과 즐거움의 추구가 없다면 현실은 언제나 개인주의적 경쟁으로부터 한발짝도 벗어나기 어려울 것이다.

3.

지금까지 이 책의 서설삼아 이남곡과 제정구의 사회운동적, 종교적 차원에서의 공동체 접근을 소개한 다음, 아나키즘과 코뮨주의, 생태교육학의 논의 등으로부터 공동체화의 단초를 찾아보았다. 이로부터 공동체란 인간의 이기적 경쟁과 전통적 규범의 시각에서 바라보기보다는, 현재의 시장경제 논리와는 부합되지 않을지라도 생명체의 본질인 상호부조와 상호기부의 대안적 시각에서 이해하는 것이 요구됨을 시사 받을 수 있다. 이제 사회과학, 좀 더 구체적으로 사회학에서 지금까지 현대사회의 인간생활 적응기제로 강조되어 온 사회화(socialization)와 대비시켜, 이 책이 제기하는 '공동체화'의 의의를 서술하고자 한다.

2000년대 두 번째 10년의 시작과 함께 지구 자연의 변화 속에서 사회의 변화, 인간의 변화가 어느 때보다 더 뚜렷이 체감되고 있다. 인류의 등장 이래, 그리고 지구 속에 생명체가 등장한 이래로 인간 조직을 포함하여 모든 종의 생태계는 계속 변화해 왔다. 그런데 근대의 등장 이후 그러한 변동 속도가 가일층 빨라지는 가운데, 지구 기상의 이변과 시장에 의한 글로벌 상품화에 점점 더 위협을 받는 생명체를 대변하여 인간은 당위적 차원이든, 현실적 생존책이든 공동체에 입각한 대안의 모색을 요구받고 있다.[4] 특히 2011년 3월에 발생한 일본 동북부 지진에 따른 핵발전소의 방사능 누출은 과학기술 만능의 근대성에 대한 성찰을 더욱 촉구하는 중대 사건이었다.

근대의 산물인 (이익)사회와 그에 대한 인간 적응을 설명하는 구조기능주의의 사회화 개념은 인간과 인간, 인간과 자연 간의 상호관계에서 비롯되는 능동적 연결망보다는, 서구의 인간중심주의적인 과학기술관에 기초하여 인간과 사물의 관계인 '분업' 구조 속에 파편화되고 수동적인 인간의 기능 수행을 과장해 왔다. 퇴니스(Tonnies), 뒤르껭(Durkheim) 등 고전 사회학자들은 공동사회와 이익사회, 기계적 연대와 유기적 연대 등의 이분법적 개념화에 의거하여 공동체가 전근대적 국가와 기계적으로 결합되어 있는 측면을 지나치게 부각시키는 반면에, 근대 사회는 국

4) 현재 신자유주의 이념을 바탕으로 가속화되고 있는 시장의 지구화 현상은 양극화와 지구적 기상이변 등을 발생시킴으로써 경제적, 생태적 지속가능성에 막대한 위협이 되고 있다. 그러한 가운데 정보화를 매개로 한 사이버스페이스에서의 '사회적' 네트워크 서비스의 확산은 커뮤니케이션의 다양화와 아울러, 사회화의 규범적 구속력 약화를 발생시킴으로써 자유로운 개인의 분극적 공동체를 형성시키는 경향이 있다.

가와는 별개의 경제적 이익과 산업적 분업의 담지자로 차별화시키고자 했기 때문이다.[5] 특히 뒤르껭의 사회학주의 이후 20세기 사회학의 지배적 담론으로 행세해 온 파슨스(Parsons) 류의 구조기능주의는 인간 삶의 공동체적 과정에 대한 탐구를 간과함으로써, 타인과의 협동적 관계의 본질을 무시하는 문제점을 갖는다고 하겠다.[6]

근대적 사회화 모델에 관해서는 1970년대 이래 인간 행위와 자아의 성찰적 의미를 간과하는 파슨스의 사회학 거시이론을 둘러싼 비판(Turner, 1989 외) 등으로 많은 문제 제기가 이루어진 편이다. 또 최근에는 정보기술의 비약적 발전에 힘입어 사회 미디어(social media), 사회적 네트워크 서비스(social network service) 등 '사회적인 것(the social)'의 의미가 재조명되면서, 사회 및 공동체에 대한 구조기능주의의 기계론적 개념화로부터의 탈피가 더욱 현실성을 갖게 되었다고 보인다. 이 책에서는 제3장에서 생태적, 경제적 협동조직화의 기반으로서 '사회적인 것'의 내용을 아렌트(Arendt, 1996)에 의한 인간 상호관계의 연결망 논의를 중심으로 고찰하고자 한다.

---

5) 물론 콩트(Comte)의 사회생물학 접근, 뒤르껭의 유기적 연대 개념에 기초한 분업론 등은 프랑스 혁명 이후 자본주의의 등장에 따라 초래된 사회적 혼란 속에서 체계로서의 기능적 질서를 부여하려는 시대적 의의 속에서 해석되어야 할 것이다.

6) 유념해야 할 것은 사회구조에 의해 인간 활동을 주조시키는 사회화 이론에 반대한다고 해서 인간의 사회성 자체를 부인하는 것은 아니라는 점이다. 공동체화의 개념화와 관련해서도 사회적 존재로서의 인간의 본성은 중요한 출발점이 된다고 하겠다.

4.

퇴니스를 비롯한 근대 초기의 사회학자는 공동체를 가정이나 근린과 같은 사적 영역의 일차적 관계에 한정시키고, 새로이 출현하는 사회를 공적 영역의 이익담지자와 등치시키는 경향이 있었다. 그러나 아렌트는 공동체, 사회를 둘러싼 이와 같은 이분법을 비판하고 근대에 들어 공적인 것과 사적인 것이 아닌 '경제적으로 조직되어 하나의 거대한 인간 가족의 복제물이 된 가족 집합체'로서 사회가 출현한다고 파악한다. 그녀에 따르면, 이와 같은 사회의 등장에 의해 과거에는 가정이라는 사적 영역에 갇혔던 경제가 전체 공동체의 관심이 되어, 본래에는 사적인 것이었던 경제가 공적 영역에 침입하여 '공적', '사적'이라는 고전적 구별이 없어지고 '사회적인 것'이 나타났다는 것이다(박홍규, 2008: 420).

이처럼 경제의 전면화에 따른 사적 영역과 공적 영역의 혼융으로 사회가 등장했다는 아렌트의 관점은 그 동안 경제에 대한 고려 없이 국가/개인의 논의 축에만 얽매여 사회나 공동체를 취급해 온 퇴니스, 뒤르껭, 파슨스 등의 기계론적 사회학에 대한 도전이라 할 수 있다. 이처럼 사회와 경제가 동일한 역사적 맥락에 있다는 사실에 대한 강조는 폴라니의 사회적 경제론에서도 비슷하게 나타난다. 필자의 공동체화 개념 또한 자본주의 시장경제에 대한 무비판적 전제 속에서 체계로서의 사회, 또는 지역사회와 같은 실체로서의 공동체에 매몰되어 온 기존의 사회(과)학의 시각을 뛰어넘기 위한 시도이다. 즉 이 책의 공동체화 모델은 이웃이나 지역사회의 전통적 근린공동체 관계만을 대상으로 하는 것도 아니고 국지적이고 특정한 1차적 관계에 한정되는 것만도 아닌 결사체(association) 조직화(이시재 외, 2010: 505)까지 포함한 사회적, 경제적, 생태적 대안의 추구라고 할 수 있다.

따라서 공동체화의 개념화를 위해서는 경제와 사회의 범주를 둘러싸고 시장에 대립되는 인간 상호간 관계망의 측면을 부각시키는 것이 필요하다고 생각된다. 근대 이후에 모습을 드러낸 사회는 아렌트가 지적했듯이 '사회적인 것'의 의미가 공적, 사적 영역의 연계뿐만 아니라 인간 상호간의 공동 연계망도 지칭했기 때문에 본질적으로 공동체적 성격을 가질 수밖에 없는 것이었다. 이렇게 본다면 공동체화는 애초에 가정이라는 사적 영역에 속해 있던 경제가 공적 영역으로 침투한 역사적 사실에 바탕을 두고, 사회를 지나치게 국가과 같은 체계와 동일시해 파악하는 것이 아니라 원래의 '사회적인 것'으로서의 공동체적 성격을 갖는 것으로 이해하는 것과 관련된다고 하겠다.[7)]

다음으로 필자가 공동체화를 ECO(생태경제적 협동조직화)로 이해하는 맥락에 대해 우선적으로 간략히 설명해 보자. 전근대 시대에 'eco(거주지, 가정)에 대한 관리(nomy)'라는 사적 영역에 국한되었던 경제는 산업혁명 이후 노동생산력의 꾸준한 증대를 시장 기제에 전적으로 의존하는 양상을 보여 왔다. 하지만 ECO는 가정 영역으로부터 공적 영역으로 확장되었고 최근에는 지구

---

7) 여기서 짚고 넘어가야 하는 것은 공동체화와 공동체 사회에 대한 당위적 판단에 치우친 나머지 중세 봉건시대의 로컬리티에 근거한 자급자족 경제가 바람직한 것이었다고 과장되어서는 곤란하다는 점이다. 왜냐하면 경제가 국가에 종속된 정치적 신분제 상황에서 농업이라는 협업적 생산방식에 기초한 상부상조는 목적의식적이라기보다는 타율적 생존의 방편이었기 때문이다.

적 차원으로 확산되고 있는 시장의 조직화에 대항하여, 협동적 호혜성, 생태적 지속가능성이라는 공적 가치의 사적 내면화를 지향하는 사회적 경제조직화의 시도로 해석될 수 있겠다. 이와 같은 사회적 경제 조직화가 왜 생태적 지속가능성까지 포괄하는 협동조직화로 연계되어야 하는가에 대해서는 이후 제4장 3절에서 좀 더 자세히 다루기로 한다.

5.

전통적 사회학의 관점에서 볼 때, 1차 집단의 인간관계를 묘사하는 마을 개념에서 비롯된 '공동체'의 맥락은 자본주의 근대화의 산물인 2차 집단의 이해관계를 가리키는 '사회'와 착종되면서 많은 혼선을 빚어 왔다. 특히 국가 스케일이 지배하던 20세기의 사회학에서 공동체에 대한 접근은 하버마스(Habermas)의 '체계/생활세계' 이분법과 같은 국가 구조에 의한 일상적 인간 삶의 왜곡과 식민화를 중심으로 논의되는 경향이 있었다. 그러나 사회학에서의 '구조/행위'에 대한 전통적인 이중의 초점과도 결부된 '체계/생활세계'의 이분법은 너무나도 단순화된 것이어서 21세기에 다중적으로 분출되고 있는 '사회적인 것'을 설명해내기 어렵다고 하겠다.

최근의 글로컬라이제이션(glocalization)[8)]의 경향은 국가의 권

---

8) 글로컬라이제이션은 이 책의 또다른 주요 개념인 스케일과도 밀접한 관련이 있다. 스윈거도우(Swyngedouw. 1997; 최병두, 2011: 21-22 재인용)에 따르면, 세계적 차원에서의 경제 재구조화가 지방적 장소에 미치는 영향은 권력의

능을 어느 정도 약화시키는 한편으로 위로는 지구, 아래로는 도시와 근린으로의 리스케일링을 촉진시키면서 국가 스케일의 시장에 대항하는 ECO의 여지를 넓혀 왔다고 하겠다. 리스케일링에 따른 공간적 범위의 유연화와 국가 단위 시장체계의 한계는 협동조합, 사회적 기업, 로컬 푸드 등과 같은 호혜적 협동경제는 물론 지구환경 악화에 대응하는 다양한 생태공동체의 대응을 가져 오고 있기 때문이다. 필자는 ECO라는 시론적 개념에 의거하여 이와 같은 사회, 경제, 생태의 연계를 가능케 하는 스케일의 유동화에 주목하고자 한다. 이렇게 본다면 기존의 국가 스케일 외에 지구 스케일이 체계 수준을 대치하고 있으며, 생활세계 수준과 관련해서는 도시 스케일이나 근린 스케일을 기본으로 하되 이에 결부된 사이버스페이스[9] 또한 ECO의 잠재적 근거로 작동 가능하다고 가정될 수 있다.

21세기 신자유주의 시대의 글로컬라이제이션에 따라 국가와 시장이라는 단일한 실체에 비견되었던 사회는 사이버스페이스로부터 근린, 도시, 경제블록(유럽연합, 동북아시아 등)에 이르기까지 다양한 스케일로 확산되고 있다. 그리하여 그 동안 통상적으로 사용되었던 사회체계의 개념은 이제 국가 스케일을 포함하

리스케일링(rescaling)으로 간주될 수 있으며, 이러한 경제적, 지리적 재구조화와 관련된 국민국가의 재구조화가 바로 글로컬라이제이션인 것으로 정의된다.

9) 물론 정보기술에 의해 창출되는 사이버스페이스는 그 자체가 현실 공간과는 별개의 속성을 지니면서, 내부적으로는 지구 및 국가 스케일 또한 포함하는 것이 분명하다. 하지만 최근의 사회적 네트워크 활성화에서 보듯이 시놉티콘(synopticon)으로 표현되는 자본 및 권력에 대한 쌍방 감시의 활성화로 인해 사이버스페이스는 도시 및 근린 스케일에 더욱 근접한 인간관계 중심적 속성을 띨 잠재력이 있다고 판단된다.

여 유럽연합 등과 같은 경제 블록, WTO 등의 지구적 연합체 등에 걸쳐 있는 것으로 재해석되어야 한다. 생활세계 역시 가정이나 근린 등 전통적인 사적 영역에 국한되는 것이 아니라, 사이버스페이스의 사회적 네트워크는 물론, 지구/국가/도시 스케일을 넘나드는 협동조합, 생태공동체 등의 사회적 경제조직까지 아우르는 셈이다.

이제 이 책의 부제목인 ECO의 확장과 관련하여 스케일이 행정구역과 어떻게 범주적으로 다른가에 대해 정리해 보도록 한다(O'Lear, 2010: 7-10). 지리학에서 스케일이란 인간 활동의 그릇이라기보다는 그것의 공간적 산물로 정의된다. 물론 인간의 사회적 실천이나 활동이 국가나 도시, 읍면동 등과 같은 행정단위와 일치할 수도 있지만, 그것의 공간적 산물인 스케일은 이러한 활동이 다른 과정들과 어떻게 관련되는가에 의해 묘사되는 것으로 행정 단위 수준을 초월하는 것이라 할 수 있다.

올리어와 디힐은 스케일이 장소, 행위자는 물론 장소 및 행위를 연계시키는 관계적 차원의 세 가지로 구성된다고 주장한다(O'Lear, 2010: 8). 이 가운데 장소는 물리적 입지뿐만 아닌 장소와 결합되어 있는 규칙, 가치, 의미 등도 포괄하는 것이다. 또한 행위자는 국가, 개인, 회사, 과학자, 언론인, 조직, 소비자, 생산자 등 어떤 현상에서 역할을 수행하는 모든 유형의 주체들을 가리킨다. 한편 장소와 행위자는 서로 다른 종류의 사회적, 경제적, 정치적, 또는 물리적인 교환관계로 연계되어 있다. 따라서 어떤 과정(예를 들어 공동체화 - 필자 추가)의 공간적 스케일은 행위자와 장소 간 관계들로 묘사될 수 있으며, 이러한 관계들을 형성하기 위해 출현하는 규칙, 또는 가치의 체계들을 포함하는 것이다.

이 책에서 다루는 ECO의 스케일은 지속적으로 변동하는 성격의 것이다. 근린, 도시, 국가 등의 행정적 스케일도 특정 유형의 인간 활동을 포착하는 것이지만, 인간의 활동은 행정적 수준에만 국한되지는 않는 다른 공간들과 연계망을 창출하는 것이다. 따라서 'ECO의 확장'이라는 이 책의 문제의식은 근린을 중심으로 발현될 수 있는 인간 활동과 장소의 호혜적 관계가 도시, 국가, 지구, 더 나아가 사이버스페이스 등으로 넓혀지고 또한 그러한 스케일간의 교류를 통해서도 더욱 활성화될 수 있음을 가정하는 것이다.

6.

마지막으로 이 책이 제시하는 ECO에서의 협동조직화의 의미를 간략히 서술하고자 한다. 크로포트킨이 지적한대로 공동체가 적자생존의 경향을 분명히 지니지만 상호부조의 논리도 동시에 포함하고 있듯이, 공동체화에도 역시 갈등과 협동의 두 측면이 공존한다고 할 수 있다. 주지하다시피 구조기능주의의 통합과 균형에 대한 입장은 이와 같은 양 측면 가운데 상호부조의 차원이 아니라 질서 유지라는 맥락에서의 공적 영역에 대한 종속을 강조하는 것이다. 다른 한편으로 베버(Weber)의 이해사회학이나 이에 뒤이은 사회적 구성주의 관점은 인간 상호관계망에 좀 더 관심을 두지만, 상호작용의 결과물로서의 사회를 해석하는데 치중하여 인간 상호관계의 협동적 측면에 대해 적극적으로 부각시키지는 않는다고 하겠다.

이 책은 물론 ECO 개념이 협동뿐만 아니라 갈등을 내포할 수 있음을 배제하지는 않는다. 즉 생태적 조직화가 약육강식의 먹이사슬 속에 존재하듯이, 시장 사회에 대항하는 경제적 조직화 또한 구조기능주의의 추상적인 합의와 질서와는 다른 맥락에서 갈등과 숙의의 진통이 내재된 협동(協動; collaboration)의 과정 속에서 이루어진다는 것이다. 하지만 생태적, 경제적 협동조직화는 기존의 시장경제 조직의 '보이지 않는 손'에 의한 개별 집단화 기제가 아니라, '얼굴 있는' 생산자와 소비자 간 신뢰와 상호 교류에 바탕을 둔다는 점에서 근본적인 차별성이 있다고 하겠다.

제 2 장

연구의 배경

이 장에서는 공동체화와 ECO의 개념화에 대해 본격 논의하기에 앞서, 공동체를 둘러싼 기존의 관점들을 식별한 다음 정보사회에서 변화되는 공동체의 위상을 예비적으로 고찰하고 공동체화의 얼개에 관한 필자의 문제의식을 소개하기로 하겠다.

1. 기존의 한국에서의 공동체 논의에 대한 검토

신자유주의적 지구화에 따른 고삐 풀린 시장의 권능이 인간의 삶을 점점 위협하게 되면서 최근에 우리나라에서도 공동체에 대한 저작들이 과거보다는 눈에 띄게 속속 출판되고 있다. 물론 한국에서의 공동체 논의들은 그 양적, 질적 수준이 그리 높지는 않다고 판단된다. 여기서는 1980년대와 2000년대에 한국에서 다루어진 공동체 담론들을 고찰해 보고, 특히 2000년대 논의를 중점적으로 검토해 보도록 한다. 1980년대의 저작들로는 신용하(1985)와 공동체문화(1983, 1984)가 독보적이며, 2000년대에 들어서는 강대기(2001), 최협 외(2001), 이종수(2008), 김경동(2007, 2010), 박호성(2009) 등 비교적 많은 관심이 기울여지고 있다.

1) 1980년대

(1) 신용하와 김경일(1985)

한국 사회에서 공동체에 대한 논구는 1980년대 초반에 이론적, 실천적으로 본격화되었다. 이론적으로는 1985년에 신용하가 편저한 『공동체 이론』이 주로 서구의 공동체에 대한 논의들을 번역, 소개하고 있는 대표적인 책이라 할 수 있다. 특히 여기에 수록된 김경일(1985: 196)의 "공동체론의 기본 문제"는 그리스의 폴리스를 바탕으로 하고 있는 서구의 공동체 사상과 현대 미국의 유토피아적 공동체 접근 양자에서 공동체적 삶의 이상으로 간주되는 요소들을 완전성과 전인사상, 평등주의, 박애정신 또는 형제애로 요약한다. 이와 함께 제3세계의 공동체 논의에 관해 다음과 같은 독창적 관점을 제시하기도 한다.

> 식민지 경험을 겪은 오늘날 제3세계 대다수 국가들에서의 공동체 논의는 서구의 그것들을 각각이 지니고 있는 역사적 배경과 조건들을 사상해 버리고 무조건적으로 혹은 선택적, 임의적으

> 로 받아들이는 반면에 자신의 역사에서 공동체적 실체를 찾아내어 이를 돌보고 실현시킬 수 있는 시간적 여유와 공간적 장을 빼앗겨 버렸기 때문에 공동체의 개념은 더욱 모호해지고 그 이념이나 삶의 내용 또한 뚜렷이 제시될 수 없다. 따라서 사회 구성의 원리나 성격보다도 사상이나 이념, 문화적 제도 등이 훨씬 더 빠른 속도로 변화하는 '역문화지체'의 상황에 있는 이러한 나라들에서는 실체로서의 공동체 논의에 대한 가능성은 희박하게 되는 반면 원리로서의 공동체에 대한 논의는 무성하게 되고 이에 따라 그 성격도 문화나 종교운동의 방향으로 치닫기 쉽다(김경일, 1985: 191).

또한 이 논문(김경일, 1985: 204)은 서구적 경험에서 생겨난 공동체론을 한국적 현실이라는 대상에 걸러 보지도 않고서 무분별하게 받아들인 외생적 발전의 결과, 학문분과 상호 간의 공동연구가 저해되고 사회학, 경제학, 역사학 등에서 개념적으로 차별적으로 사용되는 문제가 발생됨을 지적하고 있다. 이를 해결하기 위해서는 한국에서의 공동체 논의가 여러 가지 흐름과 다양한 시도들이 실제적인 장을 통해 끊임없이 실행되는 것과 더불어, 전문분과화와 추상화의 흐름을 딛고 서서 과학적이고 종합적인 모색이 함께 이루어져야 한다고 제시된다(김경일, 1985: 210).

(2) 공동체 문화(1983, 1984)

한편 실천적으로는 1983년과 1984년에 출간된 『공동체 문화』라는 무크지가 1980년대 군사정권 아래 자본주의 시장 논리와 억압적 국가에 저항하는 근거를 공동체에서 찾으려는 시도를 보여주었다. 이 책에 대해 최협 외(2001)는 다음과 같이 평가하고 있다.

> (이 책은) 공동체 논의를 사회적 실천이라는 맥락과 결부시켜 전개하고 있으며 1970년대 이후 어느 정도 체계가 잡혀가기 시작한 실천적 문화운동의 이념적 배경을 요약하는 개념으로서 공동체를 부각시키고 있다. 이와 같은 움직임의 배경에는 해방 후 분단에 의한 민족구성원의 동질성 파괴와, 1960년대 이후의 근대화 정책이 초래한 갖가지 부작용에 대한 인식과 반성이 깔려있는 것으로 보인다. 즉 그것은 전체 사회의 구조적 변화의 와중에서 점차 이질화되고 단자화되어 가는 인간소외를 극복하기 위한 하나의 대안으로서 공동체 의식의 회복을 염두에 두고 있음을 뜻하는 것이기도 하다. 따라서 오늘날 공동체(또는 공동체 이념) 논의는 그것이 지난날의 공동체 그 자체를 재현하기 위한 것이 아니라 우리 사회의 바람직한 미래상을 제시하려는 노력의 일환으로 파악할 수 있다(최협 외, 2001:0 5-6).

이러한 실천적 맥락에서 백기완(1984: 37)은 김경일(1985)이 지적한 제3세계의 보편적 조건들과 한국의 분단이라는 특수한 상황에서 공동체 이념의 기본 과제들로 다음의 세 가지를 제시한다. 첫째는 일본 군국주의의 한반도 침입으로 조성되는 새로운 냉전 구조와 대립하여 거기서 쟁취하는 '자주성'이며, 둘째는 이와 같은 냉전구조와 불가분리의 관계 속에서 고도화하는 독재체제와 대립하여 거기서 쟁취해 내는 '자유'이고, 셋째는 안팎의 비인간적 독점자본과 대립하여 거기서 예속의 사슬과 착취의 올가미를 끊고 쟁취해내는 '해방'이 그것이다. 이에 대해 김경일(1985: 195)은 공동체 의식과 민중적 삶의 보편성을 구체화하여 진정한 민족, 민중공동체를 형성해 내려는 시대적 실천 과제와 맥이 닿는 것임과 동시에, 제3세계 일반의 보편성을 확보하려는 역사적 노력의 지평이기도 한 것으로 평가하고 있다.

이처럼 1980년대에 이루어진 김경일, 백기완 등의 공동체 논의는 민족주의, 민중론의 시대적 배경 아래 자주적이고 사회개혁적인 함의를 갖는 것이다. 이는 당시의 한국 사회가 민주화, 평등이라는 근대적 과제를 미해결한 상태였다는 점에서 지식사회학적 타당성을 갖는 것이기도 하다.

2) 2000년대

이후 1990년대에는 공동체와 관련하여 별다른 논의의 진전이 없다가, 21세기 들어 비교적 많은 연구 성과가 제출되고 있다. 이는 21세기 한국의 사회경제적, 생태적 조건이 공동체에 대한 지향을 더욱 필요로 하게 됨을 방증하는 것이라 풀이된다.

(1) 강대기(2001)

강대기(2001)는 '현대 사회에서 공동체는 가능한가'라는 문제의식 아래 시공간적, 사회적, 문화적 차원에서 공동체의 변화에 대해 접근하고 있다. <표 2-1>에서 이념형의 한 축인 시공간 차원은 초기 사회학 연구의 주된 분석 대상이고, 다른 한 축인 문화적 차원은 현대사회의 관심 대상이며, 이 두 축 사이에 사회적 상호작용을 위치지우고 있다. 그런데 그는 이러한 이념형적 배열이 직선적 사회변화를 나타내는 것이 아니라 분석적 관심의 변화과정을 나타내는 것이라고 한다. 세 차원은 공동체뿐 아니라 모든 사회집단과 조직의 공통적인 속성이기 때문에, 어느 단계에서나

복합적으로 존재하지만 특정 상황에서는 특정 차원이 상대적으로 더 강조될 따름이다.10)

〈표 2-1〉 공동체 분석의 관심 영역 변화

분석적 관심영역	시공간차원 (지리적 영역)	사회적 차원 (사회적 상호작용)	문화적 차원 (공동연대)
사회적 상황	농경사회 ——▶	산업사회 ——▶	정보사회
기능적 특성	기반 ——▶	과정 ——▶	목표

이 가운데 공동체의 시공간 차원은 통상적으로 자연환경을 의미해 왔으나, 오늘날에는 좀 더 추상적인 차원으로 확산되었다고 한다. 그는 아직도 지리적 경계가 중요한 지역 공동체가 존재하는가 하면, 물리적 공간을 완전히 초월한 사이버 공간이 중요한 공간으로 자리잡아가고 있음을 지적한다. 특히 물리적인 공간의 문제를 주로 다루어 온 인간생태학자 홀리(Hawley)도 현대 사회에서 생물리적 환경보다는 사회문화적 보편 환경이 더 중요한 의미를 가진다고 했음을 인용하고 있다.

---

10) 이런 관심 영역의 이동은 공동체 과정(community process)으로 설명될 수 있다. 공동체가 출현하려면 물리적 토대가 필요하다. 지리적 영역은 공동체의 기본토대로서 상호작용의 범위를 설정한다. 지리적 조건에 의해 제도화된 상호작용은 고유의 전통과 공동의 연대감을 형성시킨다. 그러므로 지리적 영역과의 상호작용은 공동체 출현의 과정이며 공동체의 궁극적 실체는 공동의 연대라 할 수 있다. 이런 공동체의 과정에도 불구하고 공동체의 궁극적 실체인 공동의 연대는 항상 사이버 공간을 포함한 물리적 토대와 개인 및 집단의 상호작용과정 속에서 파악된다. 이렇게 하여 분절된 공동체의 세 차원을 하나의 개념체계에 통합시킴으로써 각 차원별 분석과 이해에 분석적 준거 틀을 제공할 수 있다. 강대기(2001: 303) 참조.

〈표 2-2〉 시공간 차원의 변화

공간	현실 공간	사회적 공간	가상 공간
사회적 상황	절대적 시간 ──▶	상대적 시간 ──▶	동시화
기능적 특성	생물리적 환경 ──▶	보편적 환경 ──▶	사이버 문화환경

그에 따르면, <표 2-2>와 같이 뉴튼의 절대적 시간 공간은 아이슈타인의 상대적 시공간을 거쳐 사이버스페이스의 동시 세계로 옮겨져 왔다. 그러므로 공동체의 다양한 환경적 요소들을 현실공간과 가상공간의 양극사이에 위치시킴으로써 하나의 개념체계가 구성될 수 있다. 한편 <표 2-1>의 두 번째 차원인 사회적 상호작용은 공동체가 형성되는 과정으로, 개인 간 관계를 의미하는 미시적 차원과 집단 및 조직의 거시적 차원으로 나누어진다. 그 가운데 미시적 차원의 가장 중요한 변화는 본연의지의 관계가 합리적 의지의 관계를 거쳐 포스트모던의 감각적 관계로 변형된다는 것이다.

또한 그는 과거의 직접적 대면관계가 통신매체를 통한 간접적 매개관계로 변형되는 동시에 일대일이던 대인관계가 다수 대 다수의 의사소통방식으로 확대됨을 지적한다. 제도적 차원에서 보면 수직적 권위관계가 수평적 자율관계로 변형되면서 경직되어 있던 관료적 조직구조가 유연적 수평구조로 변화한다. 촌락공동체의 범주적 상부상조가 WTO나 유럽공동체와 같은 기능적 체계로 확대되면서 게젤샤프트적 협력관계가 새로운 형태의 공동체로 자리 잡게 되었다는 것이다(<표 2-3> 참조).

〈표 2-3〉 사회적 차원의 변화

<table>
<tr><td rowspan="3">미시적 차원</td><td>본연의지관계 →</td><td>감각적 관계</td></tr>
<tr><td>대면관계 →</td><td>매개관계</td></tr>
<tr><td>일대일 관계 →</td><td>다수 대 다수 관계</td></tr>
<tr><td rowspan="2">거시적 차원</td><td>범주적 협력체계 →</td><td>기능적 협력체계</td></tr>
<tr><td>권위적 수직 체계 →</td><td>자율적 수평체계</td></tr>
</table>

마지막으로 강대기에 의하면, 공동체의 이미지와 정체성은 문화적 차원의 특성에 의해 확인된다. 새로운 패러다임의 관점에서 보면, 총체적이던 공동체 문화는 분열과 탈구조적 포스트모더니즘의 특성을 띠게 되었다. 그럼에도 불구하고 특정 집단의 사람들은 근본주의적 성향을 강화하려 한다. 안정되고 통일성을 유지해온 자아는 유연하고 분절된 양상을 보이고 있다. 전통적 질서는 탈구조화 하고 분열되면 개인들은 우발적 사건에 즉흥적이고 감각적인 반응을 보인다. 그는 다양한 공동체의 문화적 특성을 <표 2-4>와 같이 총체적 복합체계와 포스트 모던적 분절체계의 두 축 사이에서 이해하고 있다.

〈표 2-4〉 문화적 차원의 변화

<table>
<tr><td rowspan="2">미시적 차원</td><td>통합된 자아 정체성 →</td><td>분열된 자아정체성</td></tr>
<tr><td>일관된 자아반응 →</td><td>즉흥적, 감각적 자아반응</td></tr>
<tr><td rowspan="2">거시적 차원</td><td>전통적 질서 →</td><td>포스트 모던적 탈구조화</td></tr>
<tr><td>범주적 상부상조 →</td><td>기능적 상부상조</td></tr>
</table>

(2) 최협 외(2001)

2001년에 출간된 최협 외(2001)의 논의는 8명의 공동 연구인데, 공동체 형성에 대한 이론적 전개를 평가한 다음, 한국의 농촌, 어촌, 도시 영역에서의 공동체운동 시도들을 실증 분석하고 있다. 이와 함께 한국인의 공동체 의식과 실태를 양적 자료를 통해 검토함으로써, 공동체 연구의 전망을 내리고 있기도 하다. 특히 이 저작은 공동체 연구의 전망과 관련하여, 통치와 복종이 아닌 작은 공동체들을 서로 연결시키면서 수평적 관계망을 확장시키려는 대안적 운동의 요소를 강조함으로써, 필자의 '공동체화'개념에 가장 유사한 문제제기를 하고 있다고 평가된다.

최협 외(2001: 278-279)에 의하면, 이러한 대안은 거부와 부정 속에서 개인과 대중이 갖고 있는 창조성을 막는 것이 아니라 이들의 창조적 역능에 기반하여 경건하고 무거운 삶이 아닌 즐겁고 가벼운 삶을 만들어 나가는 것이다. 물론 국가가 지배적인 위치에 있는 한, 그리고 자본주의적 시장 논리가 지배하고 있는 현실에서 이러한 흐름이 당장 대중의 많은 생활영역에서 영향을 끼치지는 않을 것이라고 한다. 그러나 무조건적인 무의식적인 복종에서 벗어나 스스로의 기반을 새롭게 만들어 나가려는 흐름은 삶의 방향을 제시해 줄 것이라고 제안한다. 또한 색다른 이질적인 흐름이 생김으로써 기존의 지형이 넓어진다는 지리철학적 사고로 진전한다면, 권력 장악이라는 승리적 관점이라는 강박 관념에서 벗어날 수 있음을 강조하고 있다. 이러한 시각은 서설의 도입부에 소개한 '즐거움'과 '사이좋음'을 강조하는 이남곡의 공동체 개념과도 맥락을 같이한다고 볼 수 있다.

(3) 이종수(2008)와 김경동(2007, 2010)

한편 이종수(2008)는 한국 사회의 현 단계가 직면한 가장 커다란 과제로 '공동체 회복'을 손꼽으면서, 정치적 민주주의와 경제적 성장, 문화적 안정성과 삶의 질을 위해서도 이것이 필요하다고 전제한다. 특히 지역공동체에 초점을 둔 논문들을 편집하여 제시하고 있는데, 이는 편자가 관심을 기울이고 있는 지방자치 문제가 주민 스스로의 참여를 통한 권력의 분산과 풀뿌리 민주주의에 대한 소망을 구현할 수 있기 때문이라고 한다. 그는 공동체의 회복 없이는 첨단 기술사회로의 진입은 물론 민주주의의 성숙이나 행복의 증진이 불가능하다고 보아, 1980년대의 상대적으로 진보적인 공동체 논의들의 전망에 견주어서는 행정학과 관련한 제도적인 접근을 취하고 있는 셈이다.

이에 덧붙여 김경동(2007, 2010)은 1980년대나 최협(2001)의 논의에 비해서는 다소 보수적인 입장에서 자원봉사의 활성화와 기독교 공동체 운동을 대상으로 공동체의 의의에 접근하고 있다. 그는 공동체 개념의 주요 요소로서 시공간적 조직, 사회적 상호작용과 사회구조적 하부구조, 동질성, 사회심리적 요소 등을 적시하면서, 현대 사회에서는 공동체를 규정하는 기본 요소가 지리적, 공간적 맥락을 넘어 공유하는 종교, 문화, 조직체, 직업적 전문성, 자원봉사 활동, 가치, 신념, 정서적 유대, 이해 관심 등으로 확대해 가는 추세라는 데에 주목한다. 그에 의하면, 21세기 새로운 공동체의 특성은 다음과 같다.

첫째, 뚜렷한 정체를 강력히 추진한다. 둘째, 구성원의 기준을 분명히 정한다. 셋째, 공간적 경계를 넘어 정보를 공유한다. 넷째,

연속적인 호혜성을 조성한다. 다섯째, 공유하는 가치를 창출하고 지탱하기 위해 상징물, 신화, 역사회상 일화 등을 활용한다(김경동, 2010: 91). 또한 사회가 이익사회적 특성이 강해지는 방향으로 변해 갈수록, 그리고 인간의 사회적 관계가 이기적이고 타산적이 되어 갈수록, 그에 반비례에서 인간은 상실되어 가는 원초적 관계를 그리워하고 공동체적 삶에 대한 동경이 커지는 성향을 보인다고 지적하고 있다.

이러한 입장은 전통적인 사회학에서의 '국가/개인의 이분법'에서 비롯된 '어떠한 실체'로서의 공동체 개념에 가깝다. 따라서 공동체와 사회를 통일적으로 이해하면서 다양한 스케일에서의 협동적 조직화를 공동체화로 파악하는 이 책의 관점과는 거리가 있다고 하겠다.

(4) 박호성(2009)

끝으로 박호성(2009)은 인간 본성의 본질적인 구성 요소로서 '고독'과 '욕망'에 초점을 맞추고, 역사적 · 물질적 조건의 차이에 따라 그 속성과 유형이 달라진다고 본다. 그에 의하면, 이 고독과 욕망이 끝내는 자연으로 되돌아갈 수밖에 없는 인간의 숙명적인 유한성에서 비롯하는 것임은 새삼 되뇌일 필요도 없다.[11)]

---

11) 인간은 '고독'한 존재이기에 공포심을 지닐 수밖에 없고, 또 '욕망'으로 가득찬 존재이기에 이해관계를 본능적으로 추구할 수밖에 없음은 대단히 자연스러운 일이다. 그런데 인간의 본성에서 유래하는 바로 이 '공포심'과 '이해관계'야말로 인간을 서로 결집토록 해 공동체를 구성하도록 이끄는 자연적 추동력이다. 다시 말해 공동체는 근원적으로 인간 본성의 직접적 산물이라는 것이다. 박호성(2009: 593-594) 참조.

그는 특히 인간과 인간의 다양한 관련성을 일러 '인연'이라 부른다. 이 '인연'은 바로 공포심과 이해관계에 의해 성립하는 '관계성'을 의미한다. 바꾸어 말하면, 인간 공동체의 기본적 형성요인이 바로 이 '인연'이다. 박호성(2009)에 의하면, 모든 인류 사회의 기본 토대가 바로 '인간관계'이기 때문이다. 그런데 이 인간관계라는 개념 속에는 사회의 토대가 되는 "제도와 인간이라는 두 개의 범주"가 하나로 통합되어 있다. 이런 의미에서 "사회는 인간관계의 지속적 질서"라고 일컬을 수 있는 것이다.

인류사적으로 볼 때, 이 인간관계는 예컨대 주종 관계, 지배·피지배 관계, 계급관계, 억압 · 피억압 관계, 착취 · 피착취 관계 등등 다양한 형식을 띠며 존속해왔다. '인연'은 인간과 인간의 다양한 만남, 즉 인간관계를 형성하는 기본 동인으로 작용하는 것으로 이해된다. 다른 한편 공포심과 이해관계는 바로 이러한 '인연'을 성립시키는 기본 요인으로 기능하게 된다는 것이다. 달리 말하면, 인류는 공포심과 이해관계에 입각하여, 요컨대 '인연'에 기초하여, 다양한 제도를 만들어가며 함께 모여 살기 시작했다는 말이다.

그러므로 인류의 역사는 이러한 '인연'의 구조 및 내용의 차이에 의해 다양한 속성을 드러내며 발전하고 또 변화해 간다. 그리고 이 '인연'의 유형 및 본성은 이해관계와 공포심의 역사적 본질 및 내용의 변화와 차이에 따라 역사적으로 달라질 수밖에 없다고 한다. 예컨대 '가족 공동체'는 굶주림에 대한 공포에서 비롯하는 생존의 이해관계를 충족하기 위해, 그리고 '종족 공동체'는 타 공동체로부터의 침탈 공포심에서 벗어나 축적된 농경 수확물 보호라는 이해관계를 수호하기 위해 성립한 것으로 파악될 수 있다. 나아가 그에 의하면 '민족 공동체'는 특권 체제에 대한 공포심을 척결함으로써 자본주의적 사회질서를 관철시키고자 하는 부르주아계급의 이해관계로부터 출범했다.

박호성(2009)은 계급 관계, 민족 관계, 지배 · 피지배 관계 등으로 구축되는 정치 · 사회 · 역사적 기본 구조와 그 전개 상황을 이러한 '인연' 개념을 통해 관찰하고 해석하는 것이 보다 합당하다고 주장한다. 그리고 이런 관점에서 철학적 인식의 대상으로서의 보편적 · 사변적 공동체보다는 특수하고 구체적인 유형의 정치 · 문화적 공동체, 무엇보다 실재하는 한국적 공동체를 일차적인 관심과 연구의 직접적인 대상으로 삼는 것이 보다 온당하다고 인식하고 있다. 이처럼 그는 세계사를 '인연의 역사'라 규정한다. 역사란 끊임없이 새로운 인연을 창조하고, 또 그에 대한 개조와 혁신을 되풀이하면서 앞으로 나아가는 인간적 노력의 총화와 직접 그 자체라는 것이다. 그러므로 인간의 공동체적 삶의 전개 과정이 세계사의 주축을 이룬다고 보고 있다. 그는 다음과 같은 이유로 이 '인연' 개념에 입각한 역사 해석이 본질적이고 또 바람직하다고 생각한다.

첫째, 인연 개념에 입각한 역사관은 인간 중심적 역사인식으로서, 총체적인 '인간사관'이라 할 수 있다. 따라서 문화적 고유성과 그에 따른 정서적 일체감만을 고수한다거나 정반대로 순수하게 물질주의적이고 경제주의적인 관점에만 집착하는 획일주의적 역사 인식의 한계에서 탈피함으로써, 정신과 물질의 종합적 통일성을 지향하는 진취적인 역사 이해 방식이라고 한다. 그러므로 사회경제적 생활 및 생산양식뿐만 아니라 그 변동에도 불구하고 강인한 지속성을 유감없이 발휘하는 문화적 차원의 역사적 특성까지 함께 포괄함으로써, 역사를 바라보는 객관적인 시각을 제시할 수 있다는 것이다.

둘째, 이처럼 인간의 구체적인 공동체적 삶에 입각하는 역사적 접근법은 '인연'의 차이에 따른 시대적·역사적 특성의 상이성을 논리 전개의 출발점으로 삼아 보편적 개념 틀로 접근한다. 그러므로 특히 현실적 실천의 문제와 직결되는 사회과학적 개념 규정이 초래하기 쉬운 주관적 · 비역사적 오류에서 벗어날 수 있는 지혜를 제공할 수도 있다고 한다. 인간에 대한 가장 나쁜 죄가 인간에 대한 증오가 아니라 인간에 대한 무관심이라는 원리에 뿌리내리고 있다고도 한다.

셋째, 역사 발전의 '목표'는 궁극적인 도달점, 그리하여 더 이상 나아갈 수 없는 마지막 극한을 의미한다. 그 지점은 따라서 일체의 변화 없이 영원히 지속되는 무한의 세계이거나 반대로 영원한 소멸이 비롯하는 최후의 기점으로 기록될 수 있다. 목표는 원초적 생성을 전제한다. 그러나 생성과 궁극적 목표에 관한 논의는 불가피하게 추상적이고 관념적일 수밖에 없다고 한다. 무엇보다 우리의 체험 세계를 초월하는 영역에 속하기 때문이다. '왕권신수설'이나 '사회계약론'도 그러하고 '무계급 사회'에 관한 구상도 다를 바 없다. 사회과학은 예언의 이론 체계가 아니라 단지 예측할 수 있을 따름이라는 점을 강조하면서, 학문 또한 결론에서 출발하는 것이 아니라 단지 결론을 찾는 과정이라는 점이 지적된다. 이렇게 역사를 영원한 발전의 과정으로 파악할 때 '마지막' 목표는 존재하지 않으며, 끝없는 지향과 도달할 수 없는 유토피아만이 있을 뿐이라는 것이다. 유토피아는 실현할 수 없으나, 우리에게 실현가능성을 항상 인지시키고 있다고 한다.

박호성의 논의는 한국에서의 공동체 발전의 전망을 종합하고자 하는 야심찬 기획이라 할 수 있다. 그러나 인연 공동체라는 그의 대안은 동양적이고 한국적인 네트워킹의 중요성을 개념화하고 있지만, 그것의 사회적, 경제적, 생태적 함의를 적극적으로 구체화시키지는 못하고 있는 것으로 생각된다.

3) 기존의 공동체 논의에 대한 비판

지금까지 살펴본 한국에서의 공동체에 대한 논의들은 최협 외(2001)의 예외도 발견되지만 대체로 공동체를 '국가-개인의 축'에서 개인과는 다른 차원의 집합적 실체로 간주하는 공통점을 나타낸다. 이러한 근대성에 입각한 공동체 접근의 특징에 대해 바우만(Bauman, 2001: 176)은 다음과 같이 서술하고 있다.

> 근대성에 대한 사회학 이론은 '홉스적 문제'에 대한 해결책을 끊임없이 추구하면서 동질화와 갈등 해결에 치중해 왔다. 이러한 관점은 모든 '불확정적' 행위자에게 사전적으로 자격을 박탈함으로써, 패턴화되지 않고 규제되지 않은 자율적 행위자의 자발성이 불안정적이고 심지어는 사회 전체의 생존을 위한 지속적 투쟁에서 길들여지고 추방되어야 할 반사회적 요소라고 사전적으로 정의(pre-defined)해 왔다. 동시에 우선적 중요성이 부여된 것은 질서 증진과 패턴 유지의 기제이자 무기인 국가 및 그 권위의 정당화, 권력, 사회화, 문화, 이데올로기 등이었으며,

> 이 모든 것은 패턴, 단일성, 예측가능성의 증진 뿐만 아니라 행동의 관리가능성에서 역할을 수행하도록 선별된 것들이었다.

이 가운데 특히 1990년대 이후 공동체에 대한 이론적 무관심이 팽배한 가운데 독야청청하게 이를 둘러싼 사회학적 접근을 시도한 강대기(2001)의 노력은 높이 평가되어야 하지만, '공동체화'라는 이 책의 관점에서 볼 때 "현대사회에서 공동체는 가능한가?"라는 그의 저서 제목과 동일한 질문은 문제제기가 잘못되었다고 볼 수 있다. 왜냐하면 이익사회와 차별화되는 공동사회에 대한 추구나 국가적 차원의 실체로서의 공동체 회복에 대한 바램 등은 더 이상 현실적으로 가능하지 않은 것들에 대한 관념적 희구에 불과하기 때문이다. 따라서 그의 문제의식은 현대의 맥락에서 인간 상호간의 관계망이 어떻게 형성되고 국가, 시장의 영향을 받으면서도 이에 저항하는 경제와 생태의 조직화가 어떻게 가능한가라는 질문으로 대치되어야 한다는 것이 필자의 소견이다.

물론 필자의 공동체화와 ECO에 대한 개념적 시도 또한 당위적 수준의 관념적 담론에 그친다고 비판될 수도 있겠다. 그러나 '공동체화'를 촉발시킨 역사적인 계기가 경제의 부자연스런 성장에 따른 사적 영역과 공적 영역의 혼합으로서의 '사회의 등장'임을 상기한다면, 21세기의 시점에서 인간과 자연의 공존이라는 생태적 차원을 포괄하는 사회적 경제의 대안은 논리적, 역사적 필연성을 갖는 것으로 정당화될 수 있다. 더욱이 이 책은 경제의 사회로의 배태화(embeddedness)가 갖는 당위적 정당성만을 반복적으로 기술하는 것이 아니라, 21세기의 정보기술이나 환경문제의 새로운 상황을 고려하면서 사회, 경제, 생태의 상호 연계와 스케일의 다변화를 공동체화와 ECO의 확산 수단으로 제시하고자 한다.

2. 정보사회의 공동체 - 지역공동체와 가상공동체의 변화하는 조건

여기서는 정보사회의 공동체에 대해 지역공동체(local community)와 가상공동체(virtual community)라는 두 가지 측면에서 그 특성과 동학을 살피고자 한다.[12] 전통적으로 공동체는 지리적으로 구획된 지역사회와 비슷한 말로 사용되어 왔다. 그러나 정보통신기술이 보편화되면서 지역공동체의 성격이 변모하고 있을 뿐만 아니라, 전자적으로 구성된 공간에서 커뮤니케이션하는 가상공동체라는 새로운 공동체 형태 또한 출현하고 있다.

지금까지 사회학에서 공동체는 "어떻게 사회가 가능한가?"라는 질문에 대한 화두였다. 뒤르껭, 맑스, 베버 등 초기 사회학자들은 전근대적 사회관계가 근대적 권력 아래 대치되는 과정을 이 개념에 기대어 밝히려고 했다. 이후 공동체는 동질성을 가진 소집단, 타인과 일체가 되어 협동적 관계를 맺고자 하는 심성적·정신적 현상, 지역과 결부된 조직체의 단위 등 여러 각도에서 정의되어 왔지만, 대체로 사회적 연결망으로서의 인성적 공동체(personal community)와 공간적 단위로서의 지역공동체라는 두 가지 의미로 사용되고 있다. 그 가운데 지역공동체 개념은 유럽

12) 이 절의 논의는 한상진(1999)에서 요약, 인용된 것임.

공동체, 국가공동체, 도시공동체 등 다양한 공간적 수준에서 적용되고 있다.

그런데 정보사회에서의 공동체를 다루기에 앞서 우선적으로, 정보사회를 바라보는 균형 잡힌 관점은 어떻게 확보할 수 있을까? 여기서는 기술사회학의 흐름 가운데 맥케이(Mackay, 1995)의 미시적 접근과 까스뗄(Castells, 1989)의 거시적 접근을 그 디딤돌로 살피고자 한다. 맥케이는 기존의 기술사회학이 설계, 개발 과정에만 초점을 두고 사용자에 의한 기술의 전유(appropriation) 과정을 놓쳤다고 주장한다. 그는 미디어 소비에 대한 문화 연구의 성과를 수용하여, 기술을 첫째 구상, 발명, 개발 및 설계, 둘째 마케팅, 셋째 사용자에 의한 전유라는 세 가지 영역의 산물로 설명한다. 여기에서 마케팅은 설계에 대해 정보를 제공하면서 수요 구성에도 일정한 역할을 한다는 점에서 기술형성의 요인이다. 또한 사용자는 기술을 거부하고 그것의 기능적 목적을 재정의할 뿐더러 나름대로의 상징적 의미를 고안할 수도 있다. 이러한 시각은 기술의 사회적 형성 기제를 유통, 소비의 단계로까지 확장시켰다는 의의를 지닌다고 볼 수 있다.

한편 까스뗄은 생산의 사회적 관계에 의해 규정되는 생산양식 이외에, 생산의 기술적 관계(생산력)에 의해 규정되는 발전양식(mode of development)이라는 개념을 제안한다. 그는 농업적 발전양식, 산업적 발전양식에 뒤이어 정보적 발전양식, 곧 정보양식(mode of information)이 출현한다고 보아, 후기 산업사회의 정보양식이 자본주의 생산양식을 대체한다는 벨(Bell) 등의 논의가 사회조직 원리와 사회의 기술적 하부구조라는 상이한 분석수준을 무시했다고 비판한다. 역사적으로 산업적 발전양식에서 정보적 발전양식으로의 이행은 생산, 소비, 국가개입 영역에서 모두 발생하며, 이 과정에서 정보기술 혁명의 역할이 매우 중요하다. 더 나아가 정보양식의 진화는 기술과 조직구조 간 상호작용의 변동에 따른 자본주의 생산양식의 재구조화에 의존한다고 파악되고 있다. 이와 같은 까스뗄의 개념화는 기술에 독자적 의의를 부여하면서도 사회조직과의 상호작용 가능성을 열어놓은 의의가 있다.

결국 정보사회를 제대로 그려내는 핵심은 기술과 사회의 상호작용을 얼만큼 적절하게 설명하는가에 달려있다고 하겠다. 맥케이와 까스뗄은 기술사회학의 논의 틀을 더욱 정교하게 짬으로써, 정보통신기술과 사회구조의 상호작용에 대해 한발자욱 더 접근하고 있다. 필자는 정보사회의 동학을 '새로운 기기는 단지 문을 열 뿐이고, 누군가 들어오는 것을 강요하지는 않는다'라는 화이트(White, 1978; Mackay, 1995: 45)의 비유에 빗대어 정리해 보고자 한다. 이 말은 정보통신 기술의 급속한 발전이 사회변동의 가능성을 제공하며, 실제의 사회변동은 그러한 바탕에다가 계급, 성, 공동체 등 사회조직의 역동적 관계가 얽혀서 결정됨을 함축하고 있다. 따라서 중요한 것은 정보사회에서 기술에 의해 어떠한 새로운 문들이 열리는가, 그 문에는 누가 들어가고 들어가지 못하는가, 문 안의 질서는 어떻게 형성되며 문 밖의 세계에 어떤 영향을 미치는가 등을 제대로 분별하는 일이다.

1) 정보사회의 지역공동체

여기서는 정보기술이 세계적, 국가적, 지방적 수준의 실제 공간에 야기하는 문제를 지역공동체의 변화라는 틀에서 검토하기로 한다. 먼저 세계적 수준의 공간 변동은 세계화라는 자본주의의 국경을 초월한 재구조화로 대표된다. 주지하다시피 세계화는 국제화(internationalization), 다국적화(multinationalization)[13]와 구별되는 것으로, 세계의 다양한 장소에서의 다양한 혁신방법에 따라 불확실성과 시장 유동성이 증가하는 현상을 가리킨다. 이처럼 세계화는 자본주의의 세계적 동질화가 아니라, 유럽, 북미, 아시아 등 권역별 협력체 구성에 의한 경제블록화로 대표되는 차별화 과정이다. 어쨌든 이제 자본, 생산, 관리, 시장, 노동, 정보, 기술 모두가 국민경제의 울타리를 넘나들고 있으며, 세계적 규모의 경쟁은 선진국이나 신흥공업국, 대기업이나 중소기업 가릴 것 없이 활발하게 전개되고 있다.

이러한 세계화의 배후에 정보기술의 급성장이 촉매 구실을 하고 있음은 의심할 나위가 없다. 19세기에 철도가 국민경제를 형성했던 것처럼, 정보통신망은 세계적 차원에서 생산, 관리의 유연한 수직적 분업을 가능케 하는 세계화의 물적 하부구조로 구실하고 있다. 그 결과 자율적으로 이루어지는 생산과 무역은 정보

---

13) 국제화와 다국적화는 세계화에 비해 단순한 국제관계를 표현한다. 국제화는 영국이 산업을 지배하던 때의 국제무역을, 다국적화는 미국 패권 아래의 해외 직접투자를 핵심으로 한다. 즉 국제화와 다국적화는 둘다 하나의 지배강국이 해외에서 이윤을 얻으며 다른 경쟁 국가는 모방을 위해 힘쓰는 시대의 특징이라고 할 수 있다.

통신망에 의해 재통합되는데, 까스뗄(Castells, 1989)은 이를 '장소의 공간(space of places)'에 대비시켜 '흐름의 공간(space of flows)'이라 이름붙이고 있다. 이 개념은 구체적인 장소가 세계적으로 순환할 수 있는 자본의 능력, 비밀스럽게 이전할 수 있는 정보의 능력 등에 직면하여 무력해짐을 함축한다. 즉 정보통신 기술은 흐름의 공간을 경제적, 기능적 조직들이 피할 수 없는 공간논리로 제시하며, 장소의 의미를 이러한 새로운 공간에 어떻게 접합시킬 것인가라는 과제를 던져준다고 할 수 있다.

국가 중심의 국제무역이나 해외 직접투자 수준을 뛰어넘는 세계화는 민족국가를 세계적 차원에서의 하나의 경제단위로 기능하게 한다. 그리하여 과거에는 국가활동에 포섭되었던 지방 또한 또 다른 경제단위로서 세계와 직접 대면하는 경우가 많아지고 있다. 뉴욕, 도쿄, 런던 등이 국제적 금융, 업무, 정보, 서비스 면에서 세계도시(world city)로 등장하게 된 것도 이러한 변화의 한 예이다.[14] 한편 이에 발맞추어 국가를 고정된 하나의 범주나 분리된 실체로 보는 관점을 넘어설 필요가 있다는 주장들도 제기되어 왔다(김용창, 1994: 91-93). 즉 오늘날의 민족국가는 경제블록화라는 위로부터의 압력과 지방화(localization)라는 아래로부터의 압력이라는 이중적 상황 가운데 있다는 것이다. 세계적, 지방적 상호작용이 단일한 기제로 이루어짐을 뜻하는 글로컬라이제이

---

14) 세계도시의 등장은 1980년대의 금융업 등 생산자 서비스업의 호황이 도시성장의 한계나 도시집중의 입지 비용을 상쇄하고 남았기 때문에 가능했다. 그러나 1990년대 들어 불황에 따른 규모 축소(downsizing)와 비용 절감 시도가 두드러지면서, 세계도시의 침체를 진단하는 분석도 제출되었다. Hepworth(1994: 212) 참조.

션은 이와 같은 공동체로서의 국가의 위기를 암시한다.

이처럼 정보사회에서의 세계적 경쟁의 다양화는 지방의 역할을 뚜렷이 증가시킨다. 까스뗄이 본 것처럼 정보사회의 생산과 관리가 흐름의 공간을 통해 조직된다 하더라도, 사회적 재생산은 여전히 장소적, 지방적으로 특정한 것이다. 그런데 정보기술에 의해 매개되는 글로컬라이제이션은 한 나라 안에서 분산화된 균등발전이 아니라 대도시와 기타 지방의 불균등발전을 더욱 촉진시키는 경향이 있다. 생산의 적기(just-in-time)화, 무역과 유통의 중요성 증대, 정보서비스 활동의 연쇄 등은 구상기능과 공항, 전문노동력을 고루 갖춘 대도시의 기능 집중을 가속화시키기 때문이다. 정보사회의 세계도시들은 경제회생과 미래의 성장을 위해 정보통신 기술을 응용한 지능도로 체계, 환경감시 등 새로운 고부가가치 서비스 경쟁에 나서고 있다(Hepworth, 1994: 219-222).

한편 정보기술은 지역공동체 내부에서도 불균형을 심화시킨다. 이는 이중도시(Castells, 1989), 분단된 도시(Fainstein et al., 1992) 등 대도시 계급구조의 양극화 현상으로 표현되어 왔다. 즉 정보도시에서 정보직종에 종사하는 전문노동력의 사회적 지위는 상승하는 반면에, 비공식부문에 종사하는 하류계급(underclass)의 지위는 저하한다는 것이다. 또한 이같은 분절은 대도시 안에서 정보전문직의 세계주의(cosmopolitanism)와 단순노동직의 지방주의(localism)가 대립하는 결과를 낳는다고 지적되고 있다(Castells, 1989: 227). 그런데 1990년대 들어 정보산업 자체가 재구조화되면서, 선진국 도시의 경우 정보관련 종사자에서도 양적 감축, 지위하락 경향이 발견되고 있다. 따라서 정보사회 대도시의 불평등은 양극화로 파악되기보다는, 성, 인종, 연령의 차별과 겹쳐지는 파편화된 양상으로 이해되어야 할 것이다. 이러한 가운데 세계도시들의 정보하부구조 투자는 시민을 정보부자로 만들지언정, 물질적으로는 눈요기 밖에 할 수 없는 빈민으로 남게 할는지도 모른다.

2) 정보사회의 새로운 커뮤니케이션 형태와 가상공동체

커뮤니케이션(communication)의 어원은 라틴어의 'communis'로, 어떤 것과 어떤 것 사이를 무엇인가가 이동해서 양자 사이에 공통적인 것을 만드는 활동을 의미한다고 한다(立川敬二, 1994: 250). 따라서 그것은 인간들이 서로 정보, 또는 메시지를 전달하고 수신하여 공통된 의미를 수립함으로써, 서로의 행동에 변화를 유발하는 과정으로 정의될 수 있다. 인류의 역사에서 커뮤니케이션의 변동은 정보를 전달하는 매개체인 미디어의 기술적 진보에 의해 영향받아 왔다.[15] 특히 구텐베르그(Gutenberg)의 인쇄술 발명 이후 신문, 잡지, 책 등의 인쇄 미디어, 라디오, TV 등의 전파(電波) 미디어가 대중적으로 전파(傳播)됨으로써, 매스(mass) 커

15) 미디어를 기준으로 볼 때, 커뮤니케이션은 대면(face-to-face) 커뮤니케이션과 매개된(mediated) 커뮤니케이션으로 구분된다. 그런데 미디어 기술의 발달은 매개된 커뮤니케이션 뿐만 아니라 대면 커뮤니케이션의 내용 또한 변화시킨다고 볼 수 있다. 대면 커뮤니케이션에서 어제 시청한 TV 프로그램에 관한 대화가 늘어나는 것이 그 예이다. 한편 매개된 커뮤니케이션은 대면 커뮤니케이션보다 감각적 교류가 적은 통제된 사적 공간에서 발생하는 경향이 있다. 즉 미디어 기술의 혁신은 커뮤니케이션 뿐만 아니라 커뮤니케이션이 일어나는 장소도 변형시키는 것이다.

뮤니케이션이라는 형태가 등장했다. 이와 함께 다른 한편으로는 통신기술의 발전으로 전신, 전화 등에 매개된 대인(interpersonal) 커뮤니케이션도 확산되어 왔다.

그런데 정보사회에서의 정보기술의 비약적 혁신은 멀티미디어[16]라는 새로운 미디어를 출현시켰다. 멀티미디어는 컴퓨터에 의해 방송, 통신을 매개함으로써, 매스 커뮤니케이션과 대인 커뮤니케이션 모두를 새로운 커뮤니케이션 형태로 복합화시킨 것이다. 이처럼 컴퓨터, 모뎀(modem), 전화선을 이용한 새로운 커뮤니케이션 형태는 컴퓨터 매개 커뮤니케이션(Computer-Mediated Communication; 이하 CMC)이라고 불린다.

CMC의 특성은 첫째 참가자들이 새로운 방식으로 비구어적 내용을 쉬운 텍스트로 전달한다, 둘째 메시지가 일시적으로만 인지된다, 셋째 컴퓨터의 본성상 항상 기록될 수 있다는 것으로 요약된다. 그 동안 CMC의 역사는 하나의 목적을 위해 고안된 기술을 사람들이 스스로의 커뮤니케이션 욕구에 맞게 적용시키는 과정이었다. 컴퓨터에서 가장 심오한 기술변동은 컴퓨터 산업이나 컴퓨터과학에 종사하는 전문가로부터가 아니라, 주변적인 하위문화의 사용자로부터 나왔다.[17]

---

16) 멀티미디어는 단지 컴퓨터에서의 기술진보를 의미한다기보다는, 미디어에서 커뮤니케이션이나 자기표현의 장애가 제거된 세계에 대한 하나의 전망이라고 할 수 있다. 즉 멀티미디어는 미래를 향해 열려 있는 개념이며, 미디어의 역사적 전개라는 흐름에서 커뮤니케이션 형태에 바탕을 두고 파악되어야 한다. 한상진(1999) 참조.

17) 이와 같은 주변적인 하위문화의 사용자는 해커(hacker)로 상징된다. 해커라는 말은 1950년대 말에 매사추세츠 공과대학에서 만들어진 은어로, 한군데 집중하여 파고드는 행위를 뜻하는 'hack'이라는 단어에서 비롯되었다. 오늘날 많은 사람들은 해커를 정보범죄자로만 인식하고 있지만, 대부분의 컴퓨

사이버스페이스(cyberspace)[18]란 이들 CMC 사용자의 단어, 인간관계, 자료, 부와 권력이 표현되는 개념적 공간을 가리킨다. 즉 그것은 정보가 이용되고 활동하는 컴퓨터로 그려낼 수 있는 의사체험 공간이다(안영섭, 1995: 296-297). 이렇게 볼 때 까스뗄이 말한 흐름의 공간은 위로부터 자본이 만든 정보망이지만, 사이버스페이스는 CMC 사용자에게 열려 있는 아래로부터의 흐름의 공간이라고 말할 수 있다. 한편 가상공동체는 이러한 사이버스페이스에서 사람들이 지속적인 토론을 통해 형성하는 인간적 관계망에서 비롯된 사회적 집합체(aggregation)로 정의될 수 있다(Rheingold, 1993: 5). 그런 뜻에서 가상공동체는 전통적인 공동체 개념의 한 축이었던 인성적 공동체의 정보사회에서의 변용인 셈이다.

니스벳(Nisbet, 1966)에 의하면, 인성적 공동체란 인격적 친밀, 감정적 깊이, 도덕적 헌신, 사회적 응집, 시간의 지속성을 특징으로 하는 집단이다. 이와 마찬가지로 가상공동체에 속한 사람들은 컴퓨터 화면의 언어를 통해, 즐거움을 나누고 계획을 세우며 지적인 논쟁을 벌이기기도 한다. 이와 같은 개방성은 가상공동체를 실제의 인성적 공동체와 구분짓게 하는 특징이기도 하다. 실제의 인성적 공동체에서는 외부와 단절된 내부의 결속이 중요한 데 비

터 기술 발전은 '개방성과 나눔, 집중배제'라는 철학 아래 컴퓨터에 몰두한 이들에 의해 이루어졌다. 인터넷상의 「전자전위재단」, 「민주주의 및 기술센터」 등은 일반대중이 정보의 생산자인 동시에 소비자가 되는 정보의 인간화, 민주화를 위해 투쟁하는 해커들의 사이버 조직들이다.

18) 사이버스페이스라는 용어는 1984년에 깁슨(Gibson)이 『뉴로맨서(Neuromancer)』라는 공상과학소설에서 처음 사용했다. 그는 사이버스페이스를 '눈으로는 확인할 수 없지만 실제 존재함을 알 수 있는 공간'이라고 표현했다.

해, 가상공동체에 대해서는 CMC 사용자라면 누구나 접근할 수 있기 때문이다.[19)]

가상공동체와 관련하여 분명한 것은 사이버스페이스에서의 CMC는 멀티미디어의 등장에 따라 더욱 더 활발해지고 있다는 점이다. 정보사회에서 CMC의 대중화는 특정집단의 소유물이었던 지식을 일상생활인도 공유할 수 있는 가능성을 제공한다(최종덕, 1995: 26). 뿐만 아니라 가상공동체에서의 다대다(many-to-many) 커뮤니케이션은 일대다(one-to- many) 매스커뮤니케이션이 갖고 있던 정치과정의 왜곡과 조작을 교정하는 비판적 기능을 강화시킨다.

그렇지만 이는 컴퓨터 기술의 발전에 의해 열려있는 가능성의 영역이며, 그것을 통한 정보의 공유, 참여민주주의의 실현[20)]은 사회적으로 결정된다고 할 수 있다. 즉 정보사회의 새로운 커뮤니케이션 형태는 기존의 사회구조를 변형시키는 새로운 장(場)을 제공하는 것이지, 그 자체가 새로운 사회구조를 강요하지는 않는 것이다. 더욱이 세계화의 추세 속에 멀티미디어를 둘러싼 기업, 국가의 경쟁을 감안해 볼 때, 가상공동체는 이들 유력 집단이 대세를 장악하지 못한 정보 공간의 틈새에서 작동하는 과도적

---

19) 이러한 점에서 가상공동체에 전통적인 공동체 개념을 적용하기는 어렵다는 주장도 나오고 있다. 미국의 유스넷(Usenet) 뉴스집단에 대한 분석에 의하면, 회원 가운데 열심히 의견을 올리는 사람이 있는가 하면 거의 활동을 하지 않는 사람도 많아 공동체라 하기에는 모임의 성격이 너무 무정형적이고 일시적이라는 것이다.

20) 아터튼(Arterton, 1994)은 의제설정이라는 측면에서 정보사회의 참여민주주의 구상이 여전히 주요한 한계를 지닌다고 본다. 즉 어떤 문제에 대해 토론하고 결정할 것인가라는 문제는 개인 판단에 맡겨질 수 없는 것이며, 누군가 다른 사람이나 조직이 대행할 수밖에 없다는 것이다.

형태라고 볼 수도 있다.

지금까지 2010년대의 관점에서는 이미 구식이 되어버렸지만, 정보화의 측면들을 예시하면서 지역공동체, 가상공동체의 변화되는 조건에 대해 검토해 보았다. 이 절의 취지는 공동체화의 사회적, 경제적, 생태적 측면과 그것의 공간적 확장과 관련하여 사이버스페이스라는 인간 상호관계의 새로운 연결망이 ECO의 동학에 영향을 미치는 배경에 관한 이해를 돕기 위한 것이다.

3. 공동체화의 얼개와 요소

1) 공동체 해석에 대한 이 책의 입장

국내외를 막론하고 공동체에 대한 사회과학 담론은 다음의 두 가지 접근으로 대별 될 수 있다. 하나는 기존의 한국에서의 공동체 논의와도 비슷한 흐름에서, 사회를 근대적 이익사회로 규정하는 전제 아래 2차 집단의 합리적 관계에 의해 1차 집단의 원초적 관계가 와해되어 온 현대 사회의 지평에서 전통적 공동체를 회복하려는 지향이다. 한편 또 다른 하나의 접근은 앞서 살핀 최협(2001)의 논의에서 선도적으로 제시된 것과 유사한 문제의식 아래, 공동체와 사회를 이분법적으로 구분하지 않고 정보화에 따른 가상공동체를 포함한 개방적 공동체들을 활성화시키려는 입장과 전략이라 하겠다.

이 책은 첫 번째 해석을 비판적으로 바라보기 때문에, 21세기

현 시점에서의 공동체가 개인주의화와 자본주의적 물신숭배를 극복하기 위한 전근대적 마을공동체로의 회귀를 지향할 수는 없다고 전제한다. 퇴니스 등 초기 사회(과)학자들의 문제의식이었던 이와 같은 관점은 전통과 근대가 확연히 구분되는 것으로 인식되었을 산업화 초기의 유럽을 상상한다면 지식사회학적 타당성을 갖는 것이기는 하다. 또 뒤르껭의 경우 개인의 기능 통합으로서의 사회에 대한 이미지를 유기체 생명활동의 결합 형태로 묘사한 것은 탁월한 비유적 개념화라고 할 수 있지만, 사회학주의에 의거하여 사회가 개인에 선행하고 개인을 체계로부터의 사회화 대상으로 한정시킴으로써 인간에 의한 '사회적인 것'의 형성 측면을 놓쳤다고 지적될 수 있다.

즉 그의 논점은 분업과 과학기술의 성과로 인해 인간이 이제 농경사회의 기계적인 공동체 유대를 벗어나 자유롭게 자기 이익을 추구하기만 하면 사회의 기능에 기여한 성과를 받는 유기적인 존재로 생존할 수 있다는 데 있다. 이처럼 기계적 연대에 대한 비판을 통해 인간의 공동체로부터의 자유를 강조하는 듯 보이다가 결국 사회라는 공동체와 구별되는 체계에 대한 개인의 수동적 적응에 초점을 맞춤으로써, 뒤르껭의 논의 역시 퇴니스의 게마인샤프트/게젤샤프트라는 이분법과 마찬가지로 공동체를 농경적 공동사회로만 한정시키는 당시 시대적 상황의 제약에서 배태되었음을 유추케 한다. 어쨌든 산업혁명 이전의 농경사회에서는 뒤르껭이 '기계적 연대'라고 이름붙인 마을 단위의 계절노동과 협업, 그리고 신분제도와 종교권력에 기초한 규범적 획일화가 '공동체'라는 미명 아래 인간으로 하여금 그 구성원으로 적응할 것을 강제했다고 볼 수 있다.

그런 흐름에서 자본주의의 등장이 산업문명의 편리함과 더불어 개인들에게 신분과 종교적 굴레로부터의 해방이라는 자유를 부여한 점은 인간적 관점에서 '진보'인 것은 분명하다. 그런데 근대 경제학이 아담 스미스의 '보이지 않는 손'이라는 신비주의로 시장에서의 효용과 비용을 통한 이익 추구가 사회전체적인 균형을 낳을 것이라고 인간 상호관계의 연결망을 물신화시킨 데 비해, 뒤르껭 등의 고전 사회학 접근은 개인의 자유를 보장하면서도 인간 간 연대의 통합체이자 인간에게 영향을 미치는 집합체로서의 사회를 어느 정도 공동체적[21]으로 기술하고 있다는 점도 흥미로운 대목이다. 그렇다면 산업혁명 이후 시장의 발흥에 따라 화폐, 노동, 자연의 상품화가 인간의 이기적인 경쟁을 부추기고, 분업의 확산에 따라 유기적 연대에 기초한 기능적 통합이 탈공동체화(de-communalization)를 정당화시켜 온 역사 속에서 공동체화는 어떤 함의를 지니는 것일까?

필자는 앞서의 두 번째 접근에 근거하여 퇴니스적 의미에서의 이익사회가 지배하는 근대에서도 공동체가 가능하다는 입장을 취하고 있다. 고전 사회학이나 이후 도시사회학에서 발달된 인간생태학[22] 등은 공동체화의 기반인 생명체, 생태계와 사회의 관

---

21) 이 때 '공동체적(communal)'이라는 의미는 서설에서도 언급했듯이 퇴니스의 공동사회(Gemeinschaft)라는 근대 이익사회(Geselleshaft)와 구별되는 전근대적 시대 맥락을 가리키는 것은 아니다. 필자의 공동체화 개념이 내포하는 함의는 농경사회나 산업사회, 정보사회라는 사회 유형을 가로지르며 근린, 도시, 국가, 지구라는 스케일도 가로지르는 것이기 때문이다.

22) 홀리(1995: 16)에 의하면, 인간생태학은 일반적인 생태학의 원리를 인간사회에 적용시키는 것으로 다음과 같은 두 가지 입장에서 다루어진다고 볼 수

련성을 탐구하는 이론적 의의를 갖지만, 그것을 호혜나 상호작용의 관점보다는 유기체나 서식지의 '유추' 차원에서 모델화하는 한계를 갖는 것이다. 이에 비해 이 책은 인간이 지구 생명체의 공동체 속에 연계되어 있으며, 시장에서 개인의 이익을 위해서만 계산하는 합리적 인간(homo economicus)이 아닌 다른 인간, 다른 사회, 다른 종과 소통하면서 공동의 이익과 상호 기부(mutual giving)를 추구하는 호혜적 인간(homo reciprocus)으로 존재할 수 있음을 가정한다.

이와 관련해서는 서구에서 공동체주의의 국가/개인 축에서의 담론과 구별되는 차원에서 전개되어 온 급진적 전통인 커뮤날리즘(communalism)에 주목할 필요가 있다. 최협 외(2001: 15-16)에 의하면, 커뮤날리즘은 비맑스주의적이면서도 비자유주의적인 흐름으로서 다음과 같은 특징들을 지닌다고 볼 수 있다.[23]

첫째, 고립 지향적이며, 현재의 사회에 대한 강한 사회적이고 종교적인 비판과 현재의 관습에 대한 강한 거부감에 뿌리를 두고 있다. 둘째, 카리스마적 지도력에 의해 시작되어 내부구조가 위계적이고 공동체 내의 중요 직무가 종신제인 경우가 있으며, 성

있다. 하나는 인간도 동식물의 범주에 속하는 대상으로 일반생태학적 원리를 그대로 적용하되 다만 인간이라는 특성을 고려하여 생태학적 원리를 선택적으로 적용하는 것이다. 그리고 다른 하나는 인간이 여타의 동식물과 성격을 달리하기 때문에 생태학적 원리를 그대로 인간사회에 적용하기보다는 그것을 독특한 인간사회의 법칙으로 재구성해야 한다는 입장이다.

23) 최협 외(2001)에서는 커뮤날리즘도 커뮤니테리어니즘(communitarianism)과 마찬가지로 공동체주의로 번역되고 있는데, 후자의 경우 최근에 대두된 신보수주의적 정향까지 포함한다는 점에서 용어를 달리 구분하는 것이 정당하다고 판단된다. 또 김경일(1985: 186)은 커뮤니테리어니즘을 공동주의로 번역하고 있으나 이 용어가 최근에는 공동체주의로 통용되고 있다.

원들은 주변 사람들과 관련하여 엘리트 의식을 지닌다. 셋째, 친밀한 공동체 규모를 유지하기 위해 공동체의 규모를 작게 하고 직접적 대면관계를 중시함과 동시에, 자주적 참여조직이기 때문에 국가라는 공적 압력 및 권위에 의존할 필요 없이 가정이나 친밀한 집단 내에서 사용되는 압력을 사용한다. 넷째, 소유, 생산, 소비의 완전한 평등주의를 지향한다(최협 외, 2001: 16).

서구에서 커뮤날리즘의 전통은 종교적 흐름에서는 가톨릭 성직자들에 의한 수도원 제도, 개신교 신자들에 의한 유토피아 공동체 등에서 발견된다. 이러한 종교적 관점은 구조에 의해 영향을 받는 인간이 현재의 사회 구조에 근본적으로 저항할 수 있는 주체적 시각을 제공할 잠재력이 있으며 앞서의 이남곡, 제정구의 논지와도 일맥상통하는 것이다. 또 정치적 흐름으로 표출된 커뮤날리즘으로는 오원(Owen)의 협동조합 공동체 운동이 대표적이며, 1960년대 이후에는 반전과 생태주의, 개인의 자유 추구 등을 강조하는 신좌파의 이념으로 구체화되기도 했다.

그런데 시장 중심의 정보화와 세계화, 지구환경의 위기가 첨예화된 21세기의 시점에서 보면, 이러한 커뮤날리즘은 자본, 권력에 대한 근본적 비판의 관점을 보존하면서도 탈세속적 경건주의보다는 세계화와 정보기술의 현실을 어느 정도 인정한 바탕 위에서 복수의 인간들(plural humans)이 공유하는 즐겁고 가벼운 변화에 대한 지향으로 새롭게 해석될 필요가 있겠다. 물론 지구온난화와 자원고갈의 위험 등은 애초의 커뮤날리즘보다도 더욱 경건하고 절제된 행동을 요구하는 측면도 있지만, 사회, 경제, 생태를 통전적으로 이해한 바탕 위에서 아래로부터의 '스케일의 정치’를 추구하는 것 또한 요청한다고 볼 수 있다.

이런 논의들을 통해 볼 때, 공동체는 모든 생명체의 본성과 관련되는 생명 현상으로 상호관계의 연계망과 사회적 경제의 혼융으로 정의될 수 있다. 물론 크로포트킨도 적절히 인지하고 있듯이, 갈등이나 경쟁을 배제한 채 인간의 공동체가 갖고 있는 협동과 상호 기부의 측면만을 단일하게 과장하는 것은 현실과 괴리될 문제가 있다. 원론적으로 말하면, 인간을 포함한 생명체들의 공동체란 번식과 공동 노동의 단위임이 분명하다. 그러나 인간에게 공동체란 그러한 생태적인 의미 외에도 사회적인 의미를 동시에 갖고 있으며, 그러한 사회적 차원에는 호혜적 행위라는 자발성뿐 아니라 타자의 존재를 인식함에 따른 동물적 본성의 억제와도 관련된다고 할 수 있다. 앞으로 이 책은 ECO라는 새로운 개념적 틀 위에서 인간의 사회적 조건이 공동체적 과정을 향한 상호관계의 연결망으로 존재함을 아렌트에 의거하여 밝히고, 사회적 경제의 의의를 폴라니의 논의와 실제 경제의 발전 과정을 통해 살필 것이다.

2) 공동체화의 관련 요소들 - 사회적 경제와 상호관계의 연결망

앞서도 언급했듯이 근대 사회에서의 공동체 형성이 가능하게 된 역사적 배경으로는 국가의 신민으로 국한되었던 개인의 시민화(citizenization)[24]를 이끈 경제의 자립화를 지적할 수 있다. 경

---

24) 시민화의 원래적 의미는 부정의의 인식에서 책임으로 연결되는 시민적 참

제의 자립화는 '자연적인 것의 부자연스런 성장'(Arendt, 1996: 100)이라는 노동생산성의 가속적 증가로 인해 사적 영역인 가정을 뛰어넘는 사회가 출현하는 데 기여했다.[25] 이후 '가정(eco)의 관리(nomy)'라는 경제(economy)의 어원은 자립화된 시장은 물론 국가, 사회에도 적용되도록 확장되었다. 이 책에서의 ECO의 개념은 경제에서의 'eco'와 생태(ecology)에서의 'eco'가 거주지, 서식지라는 본질적으로 같은 의미를 가진다는 데 주목한다. 이렇게 본다면 자연적인 것이 부자연스럽게 성장된 자본주의 시장 사회는 애초의 어원대로 경제가 자연스러운 생태와 공존하는 방향으로 생태적, 경제적 재구조화를 필요로 하는 것이다.

주지하다시피 근대 시장사회의 경제학적 토대를 제공한 논의는 (신)자유주의적 시장경제론이다. 그러나 아담 스미스 이후 인간에 대해 시장에서의 이익을 추구하는 개인주의적 존재로만 그려 온 신고전파 자유주의 경제학은 사회적 경제활동의 가능성을 이론적으로 봉쇄하고 개인 심리에 따른 비역사적 설명에 의존하는 것으로 비판되어 왔다. 더욱이 이와 같은 개인주의적 경제관은 인간의 사회적 관계를 포착하지 못함으로써, 날로 점증하는 금융 불안의 세계화 등을 제대로 설명할 수 없는 한계를 나타내고 있다.

폴라니(Polanyi, 2002)에 의하면, 물질적 소유의 목적은 사회적

여전략을 개발시켜 시민 및 시민권에 대한 새로운 사고방식이 형성되는 과정과 관련된다. Smith et al.(2008: 57-58) 참조.

25) 아렌트(Arendt, 1958; 1996: 90)는 이에 대해 '사회의 출현은 가계의 활동, 문제 및 조직형태가 가정의 어두운 내부로부터 공적 영역의 밝은 곳으로 이전된 것을 말한다'고 표현하고 있다.

지위나 사회적 자산이며 그런 의미에서 경제는 사회에 배태되어 있는 것임에도 불구하고 시장 중심의 (신)자유주의 경제학은 사회를 경제에 함몰시켜 굶주림과 이익을 경제적인 것으로 규정하는 속류성을 드러내 왔다. 그에 따르면, 가족제도가 성적 동기에만 바탕을 두는 것이 아니듯이 경제는 굶주림의 동기에 의해서만 작동되는 것이 아니라 호혜성의 사회적 관계에 얽혀 있는 것이다. 이 때 호혜성은 비경제적 원칙에 의해 지지되는 가족적, 정치적 의무 등에 기초한 재화와 용역의 순환에 관한 것으로, 시장교환과는 다른 제도적 구조와 기능을 갖는 것이다(Stanfield, 1997).

이러한 호혜성의 경제조직화를 사회적 경제로 표현하는 까닭은 생태적, 경제적 살림살이가 개인적인 시장관계가 아닌 사회적인 협동에 기초한 공동체를 요구하기 때문이다. 폴라니(Polanyi, 2009: 185)는 개인에게 사회가 중요한 이유를 다음과 같이 설명한다. 첫째로 어떤 개인이 사회적으로 받아들여지는 명예나 관대함의 규약을 무시할 경우 그 개인은 공동체에서 쫓겨나 부랑자가 될 위험이 있기 때문이다. 둘째로는 장기적으로 보아 사회적 의무란 모두 호혜성을 갖고 있는 것이어서 그것을 제대로 지키면 개인적 수지타산이라는 차원에서 따져 보아도 최선의 결과가 나오기 때문이라는 것이다. 이렇게 볼 때 근대 경제의 발생과 궤를 같이 하는 '사회적인 것'은 인간들을 연계시키는 공동체적 관계로서의 호혜성을 그 특징 가운데 하나로 한다고 볼 수 있다.

공동체화의 주요 요소인 사회적 경제는 자본주의의 등장 이후 시장 경제에 의해 빛이 바랜 이상적 담론으로만 존재해 왔다. 그것은 개인주의에 기초한 시장경제가 자연의 파괴와 생태적 지속

불가능성을 악화시킨 역사적 맥락과 궤를 같이 하는 것이기도 하다. 또한 이는 사회적 경제가 이상적 담론의 수준이 아니라 실제 공동체에서 대안적 삶의 양식으로 정착, 확산되기 위해서는, 인간 상호간의 연결망이라는 사회적 관계 속에서 밑받침될 필요를 시사한다고 하겠다.

이 책에서 강조하는 ECO는 기존의 사회적 경제 담론을 생태적 차원으로 확장하는 데 더하여, 지구적 시장화에 대응하는 논리로서 상호관계의 연결망에 기초하여 '사회적인 것'의 스케일 확장을 중심으로 공동체화에 접근하는 것이다. 한편 이러한 개념은 공동체를 사회성, 지지, 정보, 소속감과 사회적 정체성이 부여되는 개인상호 간 연계망으로 정의하는 사회구성적 관점(Wellman, 2001)과 유사하다고 볼 수 있다.[26] 좀 더 구체적으로 아렌트(Arendt, 1996)를 재해석하고 있는 스터더트(Studdert, 2005: 2-3)에 의하면, 공동체란 고정된 상태의 명사가 아니라 행위로서의 사회성의 산물인 '공동체화'와 마찬가지 의미를 갖는 동사로서 규정되고 있다.

---

26) 이와 관련하여 오용선(2008: 542)은 '생태 나눔 사회'라는 대안을 제시하면서 인간의 존재 전환을 전제로 한 경제 모델인 '존재경제'로의 혁명을 주장하고 있다. 존재경제학의 대표 사례는 슈마허(Schumacher, 1986)의 불교적 경제 관점인데, 불교는 해탈을 추구하면서도 중도를 지키기 때문에 물질적인 복지 자체를 적대시하지는 않지만 부에 대한 집착이 해탈을 방해한다고 지적한다. 불교경제학은 적정 규모의 소비로 인간의 만족을 극대화하려고 노력함으로써 소비 극대화를 목표로 하는 근대 시장사회의 경제학과 차별화된다고 할 수 있다. 요컨대 개인적 이익의 합리적 추구를 뛰어넘는 공동체적인 협동과 상호 기부의 활동양식이 인간 상호간 연계망으로 내면화, 체질화되는 것이 공동체화의 요체라고 볼 수 있으며, 그러한 공동체화의 맥락에서 생태와 경제의 호혜성을 추구하는 것이 ECO의 내용이라 하겠다.

그에 의하면, 공동체(또는 공동체화)란 다른 사람의 실존 없이는 수행될 수 없으며 일련의 행위들의 산물인 까닭에 그것은 '역사', '인류'처럼 추상화될 수 없는 것이다. 그러므로 공동체화는 사회적 존재인 인간이 교직하는 행위 과정이며, 복합성, 하이브리드적 성격, 공동체 창조물로서의 사고(thought)가 아닌 행위, 동의의 형태로 구성되는 공동성(communality), 개인을 넘어서는 공동체 등을 요소로 한다고 본다. 제3장에서 좀 더 자세히 다루겠지만, 아렌트(Arendt, 1996)는 사회성을 통한 공동체의 설명을 시도하면서, 노동, 제작, 행위의 상호관계성을 강조했다. 아렌트에 따르면, 인간은 사회에 조건지우면서도 조건을 부과하는 존재이며 행위, 자유, 정체성은 상호 관련되면서 이러한 공동의 세계를 만드는 것이다.

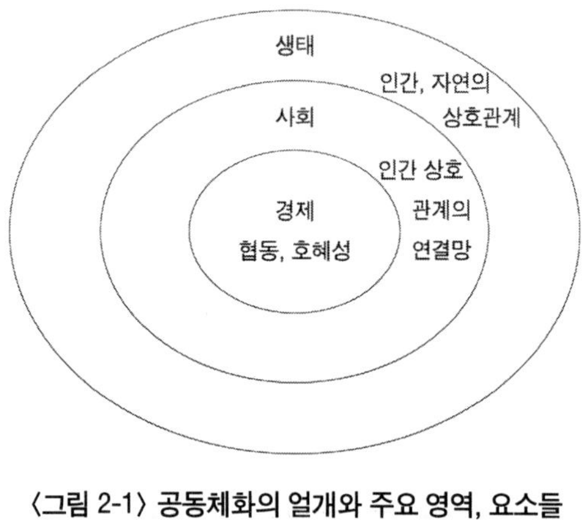

〈그림 2-1〉 공동체화의 얼개와 주요 영역, 요소들

사회적 경제와 인간 상호관계의 연계망을 공동체화와 ECO의 두 축으로 파악하는 이 책은 공동체화의 얼개에 대해 <그림 2-1>

과 같이 경제, 사회, 자연을 포괄하는 eco(서식지, 거주지)의 영역과 요소간 관계를 중심으로 이해하고자 한다. 먼저 경제의 영역은 경제적 공동체화와 관련된 협동, 호혜성을 요소로 하는데, 이는 사회에 배태되어 있는 것이고 인간과 자연의 살림살이와 관련된다는 점에서 사회를 포함하는 생태의 한 부분이라 할 수 있다. 또한 사회의 영역은 상호관계의 연결망을 요소로 삼고 있으며, 아렌트의 지적처럼 자본주의 이후 경제의 자립화에 따라 사적 영역(가정)과 공적 영역(국가)을 뛰어넘어 생성되어 온 공(共)적 영역으로서 공동체화의 핵심이라고 하겠다. 끝으로 생태의 영역은 '사회적인 것'과 공동체화가 형성되는 장소이자 인간과 자연의 상호관계에 의한 경제 활동이 이루어지는 영역으로 생태적, 경제적 협동조직화의 기반이 된다고 볼 수 있다.

<그림 2-1>은 폴라니의 관점에 의거하여, 경제는 사회에서 비롯된 것이며 사회는 자연의 한 부분이라는 사실을 나타내고 있다. 그리고 경제 영역에서의 호혜성과 사회 영역의 상호관계 연결망, 그리고 생태 영역에서의 생태적 공존이 공동체화를 구성하는 주요 성분으로 도출되어 있음을 보여준다. 또한 이 그림은 공동체화 개념이 공동체에 대한 다중적, 혼성적 정의를 추구한다는 점과, 사회적 경제라는 협동적 경제모델을 상호관계의 연결망으로 구체화시킴과 동시에 생태적 지속가능성과도 연관시키고자 한다는 점을 도시하고 있다. 이렇게 경제, 사회, 생태의 영역에서 이루어지는 인간 활동은 공간적 스케일과 관련해 보면, 근린, 도시, 국가, 지구는 물론 사이버스페이스에까지 걸쳐 있다고 하겠다. 요컨대 자본주의 시장 사회의 물질적 확대재생산 논리에 대

응한 공동체화와 ECO의 확장이란 인간 상호관계의 연결망이 이루어지는 사회를 서식지(eco)라고 가정할 때, 그것의 살림살이로서의 경제와 그것의 먹이사슬로서의 생태가 호혜적으로 공존하게 하는 실천 과정에 해당한다고 볼 수 있다.

제 3 장

공동체화의 기반 : 인간 상호관계의 연결망

<그림 2-1>에서 보았듯이 이 책이 제기하고자 하는 공동체화의 개념은 상호관계의 연결망으로 구성되는 사회와 생태, 경제의 협동적, 호혜적 변화를 주축으로 한 것이다. 이는 필자가 공동체화의 구체적 경로로 제시하는 'ECO의 확장'이라는 사회적 경제와 생태적 지속가능성의 상호교류 과정이 경제, 사회, 생태의 물리적 장소인 다양한 스케일에서의 인간의 상호관계성에 근거하고 있음을 나타낸다.

그런 맥락 아래 제3장에서는『인간의 조건』이라는 아렌트의 저술을 공동체의 맥락에서 해석하고 있는 스터더트(Studdert, 2005)의 논의에 기대어, 공동체화와 ECO의 기반이 되는 인간의 사회성에 대한 해명을 시도하고자 한다. 여기서는 공동체를 국가/개인이라는 담론 축에 의거하여 하나의 실체로 파악하는 것이 아니

라 다중적이고 혼성적인 공동체화의 과정으로 이해하기 위해, 아렌트가 시도한 행위, 제작, 노동의 범주화를 바탕으로 하여 상호관계의 연결망 개념에 대해 검토하기로 하겠다.

1. 아렌트의 『인간의 조건』과 공동체화

영-브루엘(Young-Bruehl, 2011: 116)은 아렌트가 『인간의 조건』에서 '우리의 가장 새로운 경험들과 가장 최근의 두려움이라는 관점에서 인간의 조건에 대한 재고'에 해당하는 것을 제안했다고 밝힌다. 즉 전례가 없는 기술적 향상과 탈전체주의적 사회와 정치적 형성물 속에서 '우리가 하고 있는 것'에 대해 사유하기 위해서, 그녀는 우리가 하고 있는 어떤 것, 특히 우리의 사유 활동 속에서 우리를 방해하고 있는 것에 관해 우리가 어떻게 사유하는지에 강조점을 두었다는 것이다. 한편 스터더트는 『인간의 조건』이 하나의 저작으로서의 일관된 통전성을 갖는 가운데, 사회성과 공동체에 대한 탈중심화된 모델화에 근본적 주춧돌을 제공했다고 이해한다. 따라서 이 책은 행위가 제작의 양식으로 개념적으로 변형되는 수단, 그리고 어떻게 행위가 서구 전통에서 사유에 부차적인 것으로 이론적으로 확립되었는가, 더 나아가 이러한 관념론과 추상의 특권화가 인간 존재를 그것의 사회적 존재성으로부터 분리시켜 왔는가에 대한 역사적 탐구로 읽힐 수 있다고 한다.

그에 의하면, 아렌트는 인간 존재의 약함과 상대성을 새로이 은폐시킬 수 있는 하나의 새로운 공고한 근거를 단지 재구성하는 것이 아니라, 실제로 정반대의 행동을 수행함으로써 플라톤적 철학 전통과 그것이 옹호하는 추상에 대항하여 존재성의 약함, 상대성, 개방성, 상관성 및 통제 불가능성을 고양시켰다는 것이다. 그리고 이는 기계론적 이론이 억압하는 연계와 혼융을 정확히 조명하게끔 이끄는 상호관계성을 특권화시키면서, 그녀의 반형이상학적이고 반기계론적 프로젝트의 이중적 지위를 유지하는 데 핵심적인 시도라고 할 수 있다.[27] 이와 관련된 그의 서술을 직접 인용해 보면 다음과 같다(Studdert, 2005: 135-136).

> 아렌트의 『인간의 조건』은 공동체와 사회성을 재질서화시키는 반기계론적이고 반형이상학적인 이론적 관점을 제시한다. 그녀의 저작이 중요한 까닭은 첫째 '사회적인 것'의 형이상학적이고 기계론적 구성에 대해 해체적 독해를 제공하며, 둘째 내재적인 대립을 포함하는 탈근대적 설명을 뛰어넘는 방식을 제안하기 때문이다. 이것이 가능한 것은 데카르트적이고 기계론적 관점에 대한 아렌트의 공격이 단지 본질적 주체에 국한되는 것이 아니라, 특정하게도 '사회적인 것'과 사회적 존재성(being-ness)의 탈권한부여를 다루기 때문이다.
>
> 더 나아가 그녀는 다양한 방법으로 전통적인 철학적 경계 외부

---

27) 이와 같은 당혹감과 중대한 문제에 대해 이 책은 어떤 답도 제시하지 않는다. 그러한 답은 일상생활에서 찾을 수 있다. 이것은 다수가 동의해야 하고 정치적으로 해결해야 할 실천적 문제이다. 이것은 결코 이론적으로 고찰하거나 한 사람의 의견으로 해결될 문제가 아니다. 우리는 하나의 해결책만이 있는 양 이 문제를 다루어서는 안 된다. 내가 아래에서 제안하고자 하는 것은 우리가 가장 최근에 가진 경험과 공포를 고려하여 인간 조건을 다시 사유해보자는 것이다... 그러므로 내가 여기서 제안하는 것은 단순하다. '우리가 활동적일 때 우리가 진정으로 행하는 것은 무엇인가?'를 사색해보는 것이다(Canovan, 1958: 56).

에 그녀의 저작을 명백히 위치시켜, 가치의 단순한 전도를 거부하는 대신에 개방적이고 공동체적인(communal) 사회적 공간의 보장이 가장 높은 우선순위를 부여받는 '사회적인 것'에 대한 상관적 구상을 구성하고 있다. 『인간의 조건』을 면밀히 검토하면 첫째 탈중심화된 인간 존재성에 대한 - 구성적이면서 대립적인 - 다면적 얽개, 둘째 미시적, 거시적 현시 두 측면에서의 사회성에 대한 반형이상학적이고 반기계론적 접근의 기초를 파악할 수 있다.

아렌트는 지속적으로 삶의 경험, 경험의 개별성, 실재의 사회적 현존, 그리고 핵심적으로는 경험의 상호관계성을 강조한다. 그러나 이것은 아렌트 프로젝트의 절반만을 대표하는 것이다. '우리가 무엇인가' 대신에 '우리가 누구인가'라는 질문을 제기함으로써, 아렌트는 행위에 대해 사유를 처방적 권력을 지닌 것으로 간주하는 전통적 서양 철학의 기준을 역전시키며 사유와 행위의 전통적 절연을 전환시킨다.[28] 스터더트에 따르면, 『인간의 조건』에 대한 더욱 정확한 독해는 행위의 특권화가 아니라 오히려 상호관계성 이론의 묘사로 기술될 필요가 있다. 아렌트의 세계는 사회적 세계이며, 인간들이 조건지어지고 조건화시키는 힘인 공통의 상관적 세계이기 때문이다. 그 곳에서 행위, 자유, 정체성은

---

28) 세계 내 활동, 모든 인간에게 그들의 존재성의 조건으로 개방된 활동인 '활동적 삶'에 대한 그녀의 선택에 의해, 아렌트는 '우리는 무엇인가'라는 형이상학적이고 관념화된 설명에 대한 '우리는 누구인가'라는 존재성의 우선성이 강조된다. 물론 아렌트는 사유 자체에 반대한 것이 아니라 플라톤적이고 데카르트적인 사고가 우리에 대한 사회성을 미리 구성하는 방식, 즉 인간 존재성과 그에 접근하는 존재성을 창조하는 활동을 거부하는 구성물에 대해 반대한 것이다. Studdert(2005) 참조.

모두 세계와 관계의 연결망 내에서의 그 스스로의 위치에 의해 제약되며 조건지어진다. 한편 캐노번(Canovan, 1958)는 『인간의 조건』 제2판의 '해제'에서 근대화의 특성에 대한 그녀의 문제의식을 다음과 같이 해석한다.

> 아렌트의 인간 활동에 대한 현상학에 결합되어 있는 또 하나의 거대 주제는 "노동자 사회"의 출현에 대한 그녀의 설명이다. 이러한 '사회적인 것'의 주제는 이 책의 가장 난해하고 논쟁적인 측면으로 남아 있다. 이 책의 또 다른 핵심 주제는 근대 사회를 발생시켜 온 바로 그 과정을 포함하는 행위자 통제를 벗어나는 새로운 과정들을 낳은 행위의 위험에 대한 관심이다. 인간의 조건에 대한 그녀의 분석의 핵심에는 자연적 과정에 대항하여 우리를 보호하기 위해 지구 위에 건설되어 우리의 유한한 삶의 안정적 배경을 제공하는 지속적인 인간 세계의 문명화된 실존에 대한 핵심적 중요성이 있다. 인간이 주변에 모인 탁자처럼 그 세계는 "동시에 인간들을 관계시키고 분리시킨다."
> 상이한 관점에서 그것을 바라보는 타인과 공통의 인간세계를 공유하는 경험만이 우리가 둘러싸인 실재를 보는 것과 공유된 공통의 의식을 개발시키는 것을 가능케 한다. 그것이 없다면 우리는 각자 우리 스스로의 주관적 경험에 의존하도록 추동되어 우리의 감정, 욕구, 욕망만이 실재성을 갖게 될 것이다. (중략) 아렌트의 인간의 조건에 대한 설명은 인간 존재가 사물을 시작시키고 일련의 사건들을 출발시킨다는 의미에서 행동하는 피조물임을 상기시킨다. 그녀가 "근대(17세기부터 20세기 초까지)"라 부른 시대를 바라 볼 때, 그녀는 급진적인 경제과정이 인간 행위에 의해 촉발되면서도 관련된 사람들이 사회경제적 힘들의 물결 위에 도와주는 이 없는 표류체로 점점 더 생각하게 되는 역설적 상황을 진단한다. 그녀가 믿기로, 둘 다의 경향은

> 전통적으로 가구에 대한 사적 관심사였던 경제활동에 대한 공공적 관심이라는 새로운 초점화와 연계되어 있는 것이었다. 그녀가 오늘날 살아있다면, 그녀는 아직도 사적 영역으로 숨겨져 있는 자연적 기능의 공적 영역의 출현과 또다시 연계되어 있는, 권력과 무력함이라는 친근한 주제에 대한 신기한 변이를 지적할 것이다. 한편으로 유전공학의 출현은 놀랍게도 인간 초월성과 그녀가 그것이 주어진 상태의 인간 존재에 대한 반역이라고 부른 것을 확증시킨다. 다른 한편으로는 동물로서의 우리의 자기이해가 생산 뿐 아닌 재생산에 대한 전례 없는 긴장으로 심화되어 왔다. 최근에야 공공의 장으로 허용된 성의 문제는 공공담론으로부터 다른 화제들을 급속히 밀어내는 한편, 신다윈주의적 과학자들은 우리에 관한 모든 것들이 유전자에 의해 결정된다고 믿도록 자극시킨다.

아렌트의 공동체 개념을 소개하기에 앞서, 『인간의 조건』에 대한 캐노번(Canovan)의 해설을 다소 장황하게 언급한 까닭은 근대의 인간과 공동체가 조건지어 있는 기술과 시장의 고도화에 따른 생태적 위기의 상황을 상기하기 위한 것이다. 한편 이와 비슷한 흐름에서 사이토 준이치(齋藤純一, 2009: 73)는 민주적 공공성과 관련하여 아렌트의 '사회적인 것'의 특징을 정상적인 행위의 공간이라는 측면 외에 생명과 생존의 공간이라는 측면을 포함하는 데 있는 것으로 파악하고 있다. 그의 해석에 따르면, 아렌트의 근대에 대한 시각은 인간의 생명이 공공적, 정치적 의의를 띠게 된 시대, 정치가 아리스토텔레스가 말한 '선(善) 의지'가 아니라 살아가는 것 자체를 주제로 하게 된 시대라는 데 초점이 모아져 있는 것이다.

스터더트(Studdert, 2005: 2-3)는 사회성의 발현으로서의 상식적인 공동체(이 책의 용어로는 공동체화)가 그 동안 제대로 탐구되지 못했던 까닭을 공동체는 물론 사회관계 전반을 국가/개인의 축으로 형해화시킨 구조기능주의와 같은 기존의 기계론적 사회과학의 오류에서 찾고 있다. 그 결과 기존의 공동체 접근들은 생명력 없는 부적절한 논의로 채워졌다는 것이다. 그에 의하면, 아렌트는『인간의 조건』에서 '사회적인 것'과 공동체에 대한 일관된 반기계론적(anti-mechanistic) 접근을 이론적으로 개발하기 위한 요건으로 다음의 세 가지를 다루었다고 할 수 있다. 그것은 첫째 관계망으로서의 사회성이 현상 공간(space of appearance) 내 구성되는 방식의 이해이며, 둘째로는 공동체가 어떻게 개별 현상 공간의 상호관계적 집단화에 의해 창조되고 구성되며 유지되는가를 보여주는 논의이고, 셋째로는 상호관계적 집단화가 관계망 내에서 규모를 증대하는 방식의 기술이라고 할 수 있다.

스터더트에 따르면, 공동체의 개념은 다음과 같은 다중성과 혼성성을 특징으로 한다. 즉 첫째 우리가 속한 공동체는 다중적이고 공동체적 다중성은 우리가 통제할 수 있는 어떤 것이 아니라는 점이다. 둘째 인간의 상호작용으로부터 출현하는 어떤 공동체라도 우리가 원하든 원하지 않든 이전의 모든 사회성과 역사의 혼성적 결과로 구성된다는 것이다. 첫번째 공동체의 다중적 측면에 대해서는, 모든 현대인들이 한국인, 울산광역시민, 가족구성원 등 복합적이고 겹쳐지는 스케일의 공동체에 살고 있다는 사실이 부각된다. 두 번째 공동체의 혼성적 측면에 대해서는, 공동체는 명사가 아닌 동사이며 그런 뜻에서 본질적으로 공동체화라는 점을 강조할 수 있겠다.

그러한 맥락에서 매우 상식적인 언술이지만, 공동체는 역사나 인류처럼 추상화될 수 없는 일련의 행위의 결과라고 할 수 있다. 즉 행위와 사회성 없이는 공동체는 존재하지 않는다는 것이다. 다중성과 혼성성은 둘 다 현재진행형의 과정으로 모든 공동체에 실재하며, 둘 다 일상적 현대인의 공동체적 존재성을 구성하고 재구성하는 사회성의 행위에 포함되어 있다. 스터더트에 의하면, 공동체성과 사회성의 행위에 내재된 요소들은 다음과 같은 다섯 가지로 구성된다. 즉 첫째는 다중성, 둘째는 혼성성이며, 셋째는 공동체를 창조하는 생각이 아닌 행위이다. 그리고 넷째는 몇몇 의식적이거나 무의식적 합의 형태에 의해 구성되는 것으로서의 공동체성이고, 다섯째는 개인을 뛰어넘는 어떤 것으로서의 공동체라고 한다.

그러면 아렌트와 스터더트의 공동체 논의가 이 책의 공동체화 개념에 대해 갖는 함의를 정리해 보자. 제2장의 2절에서 살핀 것처럼 21세기의 정보기술 발전은 기존의 지역공동체 변화와 가상공동체 출현이라는 공동체의 유동화에 기여하고 있다. 다른 한편 지구온난화라는 기상이변과 에너지 위기의 상황은 공동체의 경제적, 생태적 측면에서 새로운 변수로 부상되어 왔다. 이에 따라 바우만(Bauman, 2000)은 지난 30년 동안의 근대성은 경제적, 정치적, 사회적, 문화적 요소의 결합에 의해 좀 더 가볍고 액체적인 소프트웨어에 초점을 둔 세계의 출현으로 변화되어 왔다고 지적한다. 그에 의하면, 고체 근대성의 생산자 사회와는 현저히 대조적으로 액체 근대성은 개인들이 동시에 상품 촉진자가 되는 소비자 사회성을 특징으로 한다고 파악된다. 고체와 액체 간 가장 큰 차이는 후자의 경우 어떠한 두 지점 간의 압력 차이도 용인하지 않는다는 것이다. 이러한 물리학적 법칙을 비유로 적용하면서 바우만이 제기하고 있는 것은 우리가 오늘 살아가고 있는 세계는 덜 패턴화되고 과소결정되어 있으며 뿌리내려 있다기보다는 줄기가 묻혀있는 정도로 비유된다는 것이다(Blackshaw, 2009: 33).

요컨대 이 책이 제기하는 공동체화 개념은 아렌트가 중점적으로 제기하고 바우만이 최근에 '액체 근대성'이라고 명명한 것과 근사한 다중적 혼성성과 아울러, 크로포트킨의 상호부조론이 초점을 맞추고 있는 생명체로서의 군집적 속성 둘 다를 포괄한다고 볼 수 있다. 또한 그러한 다중적, 혼성적 공동체화가 발생되는 다양한 스케일의 생태적 환경은 아렌트적 의미에서의 '제작의 대상'으로만 국한되어서는 곤란하고 애초에 같은 뿌리에서 발원한 사회 및 경제와의 재연결을 요구하는 것이다.

사이토 준이치(齋藤純一, 2009: 92)는 1973년의 석유위기 이후 '사회적인 것'과 '경제적인 것'이 상호 이반됨으로써 사회보장과 경제성장을 동시에 추구하는 사회국가에서의 사회적=국민적 연대에 균열이 발생되었다고 본다. 그 결과 현재의 시장 사회에서 '두 개의' 국민, 두 종류의 시민이라는 이미지가 조성되며, 사람들은 경제적으로 생산적인 부문과 비생산적이고 복지에 의존하는 부문의 두 개로 나뉘어 양자 사이에는 '원한의 정치'가 항상 잠재하게 된다고 한다. 또 이를 극복하기 위해 그는 '사회적인 것'이 '경제적인 것'에 부과해 왔던 무게를 완화시키는 것이 필요함을 제안하고 있다(齋藤純一, 2009: 93). 이와 같은 인식은 '보편적 복지'라는 의제가 여전한 정치적 과제가 되고 있는 21세기 초반의 한국 상황에 완벽한 적실성을 갖는다고 보기는 힘들지만, 그 대안 가운데 하나로 이 책의 제4장에서 다룰 사회적 경제 모델을 다음과 같이 제시하고 있어 주목된다.

> ('사회적인 것'이 '경제적인 것'에 부과했던 무게를 완화하는) 다른 한 가지의 차원은 공동체나 결사체(association) 등의 중간 단체에 의한 '자기통치'='자치'이다. 공동체(여기서 말하는 공동체는 지연이나 혈연에 의한 것 뿐만 아니라 종교적, 도덕적 가치관이나 라이프스타일의 공유 등에 의한 네트워크도 포함한다)는 사회국가의 비인칭적이고 강제적인 연대를 대신하여, 보다 인칭적이고 자발적인 연대를, 즉 추상적인 사회적 연대가 아니라 보다 구체적인, '얼굴이 보이는' 연대를 가능하게 한다. 공동체의 자기 통치(자치)는 국가의 집권적, 권위적, 획일적 통치와는 달리 거기에 참가하는 사람들에게 더욱 확실한 연대 감각을 부여한다(齋藤純一, 2009: 93-94).

이와 같은 공동체 자치를 통한 사회국가의 극복이라는 그의 해법은 '사회적인 것'과 '경제적인 것'의 상호 이탈에 따른 시장사회의 문제점을 사회적 경제라는 경제의 사회로의 재배태화라는 공동체화 과정으로 극복할 수 있다는 필자의 문제의식과 맞닿아 있다고 하겠다.

2. 행위, 제작, 노동의 범주

캐노번(Canovan, 1958)은 『인간의 조건』의 '해제'에서 아렌트가 행위, 제작, 노동의 범주를 구분한 것이 맑스의 제작, 노동에 대한 행위와의 혼동을 비판하기 위한 것이라고 다음과 같이 밝히고 있다.

> 이 책에서의 아렌트의 결론은 맑스가 결정적으로 정치적 행위를 그녀가 제작, 노동이라 부른 여타 인간 활동의 혼합의 측면으로 잘못 개념화했다는 것이다. 정치적 행위를 '어떤 것을 만드는 것'으로 이해하는 것은 아렌트의 관점에서는 위험한 오류이다. 제작은 장인이 그의 주형에 원료를 강제로 틀 지우면서 행하는 어떤 것이다. 원료는 과정에서 발언하지 않으며 인간 존재도 원료처럼 새로운 사회를 창조하거나 역사를 만들기 위해 어떤 것도 던지지 않는다.
>
> 정치를 제작처럼 만드는 것으로 개념화하는 것은 이론적으로 인간의 복수성(plurality)을 무시하는 것이고 실천적으로는 개인을 강제하는 것이다. (중략) 따라서 『인간의 조건』에서 아렌트의 주요 목적 가운데 하나는 이렇게 간과된 인간의 역량을 재발견하고 조명함으로써 전체적으로 정치철학의 전통에 도전하는 것이었다. (중략) 맑스는 장인정신의 용어를 사용하여 만드는 것에 대해 말했지만, 아렌트는 그가 실제로 역사를 사실 노동이라는 동물 생활에 더욱 가까운 생산 및 소비의 과정에 의해 이해했다고 주장한다. 그의 예측가능한 과정으로서의 인간 역사에 대한 전망은 독자적이고 유한한 개인들이 아니라 종들의 집합적 생애과정의 이야기이다.
>
> 아렌트의 견해로는 맑스가 이러한 과정이 혁명을 통해 "자유의

영역"으로 이끌 것이라 가정한 것은 명백한 잘못이지만, 그녀는 생산과 소비에 바쳐져 냉혹하게 제 갈 길을 가는 인간 종의 집합적 생명으로 병합된 개인성에 대한 그의 묘사에 충격을 받았다. 그녀는 경제적 관심이 정치와 인간 자의식 둘 다를 지배하는 근대 사회의 폭로적 재현임을 발견했다.

캐노번의 해설대로 아렌트는 정치철학의 맥락에서 공적 영역의 행위를 제작, 노동과 구별시켜 강조하려는 문제의식을 가졌다고 볼 수 있다. 그런데 아렌트가 근대의 시장사회에 대해 언급한 '자연스러운 것의 부자연스러운 성장'은 제작에 의해 노동이 압도되고 이러한 사적 영역을 공적 영역의 행위가 정당화시키는 과정이었다고 말할 수 있다. 그런데 사적 영역, 또는 공사의 혼융 차원과 관련하여 제작과 노동을 구별한 것 또한 의미가 적지 않은 것이다. 왜냐하면 자연 상태의 동물과 유사한 노동은 생태적 차원에 비견되며, 기술발전의 동인이라 할 수 있는 제작은 자연 파괴의 속성을 내재하는 경제적 차원과 연결될 수 있기 때문이다. 즉 아렌트나 캐노번 자체가 크게 강조하지는 않은 개념이지만, 인간의 활동적 삶을 구성하는 노동과 제작의 양 측면은 상호 모순적이면서도 공동체를 통해 상호 연관되어 있다고 볼 수 있다.

이제 스터더트(Studdert, 2005: 135-157)의 해석을 중심으로 노동, 제작, 행위라는 세 가지 범주의 관계를 검토해 보도록 하겠다. 서론에 이어 아렌트는 『인간의 조건』 제1장, 제2장에서 우리의 인간적 존재성, 인간의 조건과 세계의 조건지우는 틀 내에서의 인간의 존재성을 인간화시키는 '활동적 삶(viva activa)' 등과 같은 용어를 배치한다. 따라서 '활동적 삶'은 생명과 관련하여 처음에는 논의되다가, 다음에는 철학, 마지막에는 공간과 관련하여 논의된다. 이러한 검토의 이중적 효과는 첫째, 동시에 결합된 활동과 존재의 조건으로서의 노동, 제작, 행위의 삼위일체를 위치시키는 것이고 둘째, 아렌트 탐구의 받침대로서의 행위와 존재를 고양시키는 것이다.

이러한 검토에서 노동, 제작, 행위는 구별되지만 분리된 이념형적 범주로 제시되는 것이 아니라 상호 연계되어 있다. 또 이것들은 스터더트에 의하면 수동적 형태와 능동적 형태를 갖는 것이다. 우선 수동적 형태는 탄생 전에 존재하는 것으로 주어져 있는 것이다. 우리는 노동, 제작, 행위에로 태어나고 우리의 존재성의 조건으로서 동의가 요구된다. 한편 능동적 형태에서 '능동적'이라는 의미는 어느 정도 우리 스스로의 인간적 투입에 의해 창조된다는 의미이다. 따라서 비록 처음에는 아렌트가 세 가지 각각을 생명의 조건으로 연계시켰지만, 관련된 부분을 면밀히 독서해보면 그것들은 상호 관계적으로 확립되어 있음을 알 수 있다. 이러한 그의 아렌트 해석을 다소 많은 양이지만 그대로 옮겨보면 다음과 같다(Studdert, 2005: 140-141).

> 노동, 제작, 행위 등의 활동은 모두 인간의 조건지어진 실존에서의 삶의 조건들로 함축되는 탄생성, 사멸성, 세속성, 생명 자체와 복수성이다. 그것들은 태어날 때부터 존재한다. 예컨대 모든 사람들은 그들의 생물학적 욕구를 위해 몇몇 수단이나 다른 수단을 통해 어떤 형태나 다른 형태를 제공해야 한다. 사람들은 스스로 노동해야 하며 그렇지 않으면 다른 사람이 그것을 하도록 만들어야 한다. 따라서 생물학적 욕구의 충족으로서의 노동은 탄

생성, 복수성, 사멸성과 마찬가지로 인간 존재성의 조건이다.

노동은 단지 또는 배타적으로 물질적으로 표명된 활동의 집합이 아니라, 오히려 지배적으로 생물학적 욕구를 충족시키기 위해 어떤 것이든 행해지는 것이다. 따라서 하나의 수준에서는 어떤 활동도 원칙적으로 이러한 욕구들에 봉사하기 위해 수행될 경우 잠재적으로 노동하는 것을 충족시킨다. 만약 그렇지 않다면, 노동 원리가 모든 활동에 침윤되어 있는 사회로서의 근대성에 대한 아렌트의 분류는 단지 아무런 의미를 갖지 못하게 될 것이다.

비슷한 맥락에서 아렌트는 처음에 행위가 복수성의 인간 조건에 속한다고 언급했지만(175쪽), 그녀는 행위가 탄생성의 인간 조건과 가장 밀접한 연관을 갖는다고도 말한다(9쪽). 주목해야 할 것은 탄생성이 복수성을 그 특정한 조건으로 하는 정치에도 존재한다는 것이다. 더 나아가 행위는 복수성 없이는 불필요하다(8쪽). 행위는 모든 인간 활동에 내재적인 반면에, 그것은 또한 인간이 피할 수 없는 존재의 조건이다. 이러한 구도는 물론 행위를 상호관계의 연결망 내에 포함되는 것으로 가정하고 따라서 의식/무의식, 구조/행위 등등의 기계론적 실재론, 양극화 및 구분에 영향을 받지 않는 것이다.

이러한 맥락에서 아렌트는 복수성이 정치의 배타적 조건이 아니라 오히려 마치 노동과 제작의 차이가 실재적 정의가 아니라 맥락적 판단에 기초한 것과 마찬가지로 특정 조건이라고 말한다. 그래서 인간의 조건의 제1장은 '활동적 삶'을 모든 실천(담론적, 물질적)과 모든 활동(주관적, 객관적) 내에 함축되는 것으로 확립한다. 『인간의 조건』의 제2장은 공공 및 사적 공간의 소개와 이러한 사회적 공간의 세 가지 근본적 실천의 현시와 공간화로서의 지도화(mapping)에 의해 노동, 제작, 행위의 공간적 위치를 소개한다.

여기서 처음으로 아렌트 저작의 이중적 초점이 명료해진다. 노동, 제작, 행위가 인간 존재성의 세계 내에 존재하기 때문에, 그것들은 인간 존재성의 조건이며 세계를 조건화시키고 잇따라 세계에 의해 조건화된다. 즉 그녀의 설명에서의 강조는 상호구성적으로 묘사되는 연계에 놓여진다. 이러한 인간의 조건들 각각은 인간세계와 자연세계 둘 다에 관계되는 사고, 실천, 공간 내에 공동의 위치를 갖는다(23쪽). 더욱이 이 위치화는 역사적으로 특정할 뿐 아니라 주관적이며 객관적이다. 이러한 역사적 자리잡기는 아렌트 검토의 비실재적 위치를 확립하는 데 핵심적이다.

박홍규(2008: 424-245)에 의하면, 아렌트에게 노동은 '생물학적 삶 자체', 제작은 '세계성'(인간 존재의 비자연성), 행위(그의 번역어로는 '행동')는 '복수성'이라는 인간의 조건에 대응하며, 노동과 제작이 '사적인 것'이라면 '행위'는 '공적인 것'이라고 해석된다. 그리고 행위와 제작이 수단-목적의 범주 아래 결합하여 '가정과 가정 영역이 공론 영역의 사안'이 되고, 사회가 공적인 것과 사적인 것을 잠식하여 '사회를 통해 삶의 과정 자체가 여러 형식의 통로를 거쳐 공론 영역으로 전화'되는 것이다. 이와 같은 사회성, 또는 '사회적인 것'은 자연적인 것이 부자연스럽게 성장하도록 만들어 근대 시장경제의 동력이 되었지만, 사적 영역에서의 인간 상호관계가 공적 영역으로 확산되는 기초가 될 수 있다.

그러면 이제 마지막으로 아렌트가 활동적 삶의 핵심이자 상호관계의 연결망을 기초 개념으로 본 '행위'에 관해 마찬가지로 스터더트의 분석에 의거하여 중점적으로 살펴보도록 하겠다. 행위는 타인이 내게 나타나듯이 내가 타인에게 나타나는 공간이며, 인간들이 단지 다른 움직이지 않는 사물처럼 존재하는 것이 아니라 그들의 외양(appearance)을 명료하게 만드는 것이다. 그런데 스터더트의 아렌트적 행위에 대한 묘사는 행위의 상호관계성, 그 용어를 둘러싼 의미의 이중성, 이러한 상호관계성의 조건으로 발생하는 역설들에 초점을 맞춘다.

> 아렌트가 언급한 행위의 중요성에 대한 주장으로는 행위가 '인간의 배타적인 특권', '인간 사회 외부에서는 상상될 수 없는 단일한 성질'이라는 것 등이 있다. 사실 아렌트는 사람(man)이 뚜렷이 인간(human)이 되는 수단으로서 행위의 독특성을 강조한다. 그러나 첫 번째 역설은 인간 존재성에 그토록 핵심적인 행위가 또한 아렌트가 명명한 활동이라는 것에 가장 조건지어지고, 가장 상호관계적일 뿐더러 가장 제한적이(라는 점이)다.
> 한편 존재양식으로서의 행위와 말(발언)에 대한 신뢰는 자아의 실재성, 스스로의 정체성과 세계의 실재성을 확립시킨다. 그렇게 해서 인간은 행동해야만 한다. 사람들은 그 문제에 선택권이 없다. 인간 존재성이 인간이 그들 존재를 현실화시키도록 요구하고 이것이 행위를 통해서만 단지 수행될 수 있기 때문에 행동하는 것에 저항하는 것은 불가능하다.
> 두 번째 역설은 어떻게 행위가 모든 인간 활동 중에서 가장 유약한 동시에 가장 핵심적인가라는 것이다. 그것의 제한적 조건을 고려할 때 행위이 어떻게 존재할 수 있는가를 의아해 하게 된다. 운 좋게도 『인간의 조건』 내에 행위의 세 가지 의미가 있는데, 세 번째 역설은 아렌트가 『인간의 조건』의 대부분을 단지 가장 유약하고 가장 허무하며, 공동체의 관점에서 가장 문제가 되는 행위에 할애했다는 점이다.
> 이 지점에서 이해해야 할 중요한 점은 다른 조건들과는 달리 행위의 조건은 2개가 아니라 3개라는 것이다. 첫째, 다른 활동들, 조건들과 마찬가지로, 태어날 때 단순하게 확립된 수동적 조건

> 이자 출생이 구현하는 시초의 역량과 영원히 연계되어 있는 행위이다. 둘째, 실제화시키는 활동으로서, 인간의 독특한 정체성, 인간관계 및 객관적, 주관적 세계를 다리 놓는 것으로 파악되는 창조적 행위이다. 셋째, 특정한 공공 공간을 창조하며 진실된 정치를 언명하는 행위이며, 더 나아가 이러한 정치적 행동은 역사적으로 폴리스와 프랑스 및 미국혁명에서 형성되었고 20세기 직접 민주주의 사례에서도 발견된다. 아렌트가 가장 고도의 행위라고 언명한 것은 마지막 세 번째 형태이다.

위의 내용에서 알 수 있듯이 스터더트는 아렌트의 인간의 상호관계적인 사회적 존재에 대한 언급을 재강조하고 있다. 이는 상호관계성이 형이상학적이고 기계론적인 이론의 본질주의적 진리와 관념론적 정식이 할 수 없는 방식으로 역설을 창조하기 때문에, 왜 스터더트가 아렌트적 '행위' 내에서의 역설을 강조하는가의 이유가 된다. 한편 행위는 다음 절에서 다룰 인간 상호관계의 연결망 속에서 행해지므로 그것이 일단 개시되면 무한한 연쇄반응을 시작하여 활동자의 통제를 떠나 다른 활동자에 의해 예상치 못한 결과를 야기하는데, 아렌트는 이를 '과정'이라고 일컫고 있다(박홍규, 208: 435). 이는 사회학에서의 '행위의 의도하지 않은 결과'와 유사한 논법이라 할 수 있으며, 캐노번(Cannovan, 1958)에 의해 다음과 같이 설명되고 있다.

> 그녀의 행위 분석이 어두운 시대의 희망의 메시지였다면, 그것은 또한 경고를 전달한다. 그러한 행위의 기적적인 불가예측성의 다른 측면에는 그것의 결과에 대한 통제 부족이 있다. 따라서 행위는 심도하게 좌절적일 수 있는데, 왜냐면 그것의 결과는

행위자가 의도했던 것과는 꽤 다른 것으로 판명될 수 있기 때문이다. 아렌트는 행위의 곤경에 대한 몇몇 처방책이 있음을 관찰하나, 그것의 제한적 효능을 강조한다.
그녀가 지적하듯이, 아무도 스스로 용서할 수 없다. 단지 타인과의 예측할 수 없는 협력만이 그렇게 할 수 있고, 어떤 사악함은 용서를 초월한다. 더욱이, 행위에 의해 촉발되는 이러한 방식의 결과의 연쇄에 대한 깨뜨림은 인간적 결과를 위해서만 작동한다. 핵반응을 발생시키거나 멸종을 야기하는 "자연에로의 행동"에 대하서는 용서를 통한 치유가 불가능하다. 다원적 이니셔티브의 예측 불가능한 결과에 대처하는 또 다른 방식은 약속을 만들고 지키는 인간 능력이다. 그녀는 물론 우리가 구원의 손길 없는 동물이 아님을 상기시킨다. 우리는 더 나아간 행동에 참여할 수 있고 그러한 과정에 개입하는 이니셔티브를 취할 수 있으며 협약을 통해 그것들을 통제 아래 가져오도록 할 수 있다.

지금까지 인간 상호관계의 연결망을 구성하는 행위, 제작, 노동이라는 세 가지 인간의 조건이 갖는 의미에 대해 다루어 보았다. 이러한 세 가지 범주는 필자의 공동체화 개념화에 구체적으로 어떤 함의를 갖는 것인가? 아렌트가 제작, 노동에 견주어 행위의 중요성을 강조한 것처럼 이 책의 공동체화와 ECO도 '사회적인 것'으로서의 인간 행위의 호혜성과 협동을 무엇보다 중시한다고 볼 수 있다. 그리고 그녀의 행위, 제작, 노동이라는 구분에 조응하는 맥락에서 사회, 경제, 생태를 개념적으로 영역화시킴으로써, 각각이 서로 분리되면서도 사회적 경제나 사회적 생태로 재구성되어야할 필요성을 부각시키려 한다고 하겠다. 이제 다음 절에서는 지금까지의 행위, 제작, 노동에 대한 이해에 바탕 위에서, 인간 상호관계의 연결망 개념에 대해 살펴보고, ECO라는 이 책의 하위범주화에서 사용되고 있는 '협동'의 특성에 대해 검토해 보기로 한다.

3. 상호관계의 연결망과 협동

아렌트는 인간 상호간의 관계망을 모든 인간 존재성, 인간이 함께 살아가는 어느 곳에서든 존재하는 인간사의 공통세계라는 일반적이고 중요한 지점으로 위치시킨다. 그녀에 따르면, 인간 존재성과 접촉해 오는 모든 것(인간 존재성을 함께 관계시키고 결속시키는 모든 것, 모든 관심대상, 우리가 대상들과 설립하는 관계들, 문화, 언어, 법, 관습, 습관, 건물 물질성, 담론, 관념, 영성 및 궁극적으로 종종 유 의식이라 불리는 것의 모든 현시)은 이와 같은 공통세계, 관계망으로 진입해 온다. 무엇보다도 이러한 관계망에 대한 아렌트의 이해 방식은 근대 사회학의 기계론적 사회화 입장에 반대하는 공동체화라는 과정적 인식의 개념적 기반을 제공해 주는 것이라 할 수 있다.

스터더트는 아렌트가 상호관계성 개념에 대해 다음과 같은 세 가지 단계를 거쳐 접근한다고 파악한다. 첫 번째는 철학적 경계 외부에 그녀의 프로젝트를 위치시키는 것이다. 두 번째는 개인 위와 외부의 것으로서 다원성과 '사회적인 것'을 강조한다는 것이다. 그리고 마지막으로는 『인간의 조건』을 니체, 하이데거, 푸꼬 등의 명백히 비슷한 저작들로부터 구별시키는 '사회적인 것'의 상호관계성에 대한 강조이다.[29] 더 나아가 그는 사회적인 것에 대한 포스트 기계론적 모델을 확립하려는 어떠한 시도에도 중요한 『인간의 조건』내에는 첫째 복수성, 둘째 행위에 대한 그녀의 기술로부터의 요소들, 셋째 관계의 연결망에 대한 전(全) 개념이라는 세 가지 요소가 있다고 주장한다.

이 가운데 복수성 개념은 그녀가 상호관계의 연결망을 제시하는 데 초석이 되는 의의를 지닌다. 이에 관한 스터더트의 해석을 인용해 보면 다음과 같다.

> 사회성에 핵심적인 첫 번째 활동은 아렌트가 복수성이라고 언급한 근본적인 인간의 조건이다. 아렌트에 의하면 복수성은 지구의 법칙이다. 각각의 조건과 공통적으로 복수성은 수동적, 능동적이라는 두 개의 공통된 양식을 갖는다. 수동적 양식은 복수성을 인간 삶의 조건으로 확립하며 능동적 양식은 인간 생애성의 능동적 상호관련성 내에 포함되어 있는 복수성과 관계된다. 더욱이 평등과 구별의 이중적 성질이 이러한 두 가지 방식의 의미에 내재적이다.
>
> 첫 번째 의미에서 복수성은 인간(Man)이 아닌 인간들(men)이 지구에 거주하기 때문에 그리고 인간으로서의 우리들이 항상 똑같고 독특하기 때문에 존재한다. 그것은 우리의 탄생 순간에 설립되고 작동되는 인간의 존재조건이기 때문에 수동적이다.

---

29) 그녀가 '활동적 삶'이라는 용어를 사용하는 것은 모든 활동에 대한 관심이 현대적 삶에 대한 핵심적 관심에 대해 우월하지도 열등하지도 않다는 것을 전제하는 것이라고 명백히 언급한다. 이것은 중요한데, 왜냐면 아렌트가 만약 하나를 다른 하나보다 우월한 것이라 가정했다면 단순한 전치(reversal)가 그녀가 수행한 바의 한계가 될 것이기 때문이다. 그녀가 이러한 단순한 전치를 수행하지 않았다는 사실은 스터더트가 아렌트 프로젝트가 니체를 비롯하여 다른 반형이상학적 프로젝트보다 우월하다고 주장하는 이유가 된다. Sttudert(2005: 141-142) 참조.

수동적 조건으로서 그것은 물론 여전히 상호 관계적으로 존재하나, 이러한 상호관계성은 유아가 그것의 형성에 아무런 역할을 하지 못해온 어떤 것이다. 그것은 능동적 힘이 아니라 오히려 단순히 존재하는 것이다. 그것은 세계의 조건이고 그 자체로 세계 내에서 지속적이며 우리의 주관성에 대한 객관적 입지와 세계를 어떠한 단일한 인간 실존 위의 어떤 것으로 남게 하는 지속하는 측면 둘 다를 제공하는 대상들의 구성으로서의 '제작'과 관계된다. 이러한 측면에서 그것은 그것을 아는 바 없이 우리가 '아는' 어떤 것이다. 그것은 타자들의 단순한 현존에 의해 거기에 있다.

두 번째 의미에서 복수성은 우리의 탄생의 단순한 조건으로서가 아니라 우리의 인간 존재성의 현실로서 상호관계적으로 이해될 필요가 있다. 첫 번째 의미는 복수성을 주어진 것으로 제공하는 데 반해, 두 번째는 우리의 '반응성'과 그 안의 우리의 상호관계적 관여에 관한 말한다. 두 번째 의미에서 중요한 것은 그것의 존재가 아니라 복수성의 지위이다. 아렌트가 여기서 주장하는 것은 능동적 조건으로서의 복수성이 수용되고, 양육되며, 유효화되고 가장 중요하게는 인식될 필요가 있다는 것이다. 그러나 이러한 관점에서 선택지가 있는데 만약 선택이 그것을 인식하지 못한다면, 삶들은 상이하게 형성되고 사회적 의지는 '희미해질 것'이다. 그러나 복수성 자체는 사라지지 않고 오히려 단지 무시되고 은폐된 잠재력이 될 것이다. 아렌트는 다중적 관점을 말할 때 종종 이러한 두 번째, 복수성의 능동적 의미를 함축한다. 따라서 공공 세계에 대해 말할 때 그녀는 명백히 관점들을 복수성에 연계시킨다.

따라서 복수성이 인지되지 않고 유효화되지 않을 때, 그것이 위장될 때, 공통의 세계는 상실된다. 우리가 우리 스스로를 볼 수 있고 인식될 수 있는 공통의 세계가 정확히 없기 때문에, 실존은 배타적으로 주관적이며 고립되고 단조로우며 박약하게 된다.

이와 함께 스터더트는 앞 절에서 다룬 행위 개념에 근거하여 '상호관계의 연결망'을 도출하고 있는데 그 주요 논지를 직접 인용하면 다음과 같다.

> 행위는 관계를 창조하는 공간을 체현한다. 가장 인지가능한 아렌트적 공간은 폴리스에 의해 비유적으로 대표되는 정치이다. 그러나 아렌트가 행동에 대해 두 가지 적극적 의미(하나는 포괄적 행동, 다른 하나는 협소한 의미의 정치적 행동)를 부여하듯이, 그녀는 또한 이러한 각각의 적극적 의미에 대해 두 개의 동등한 공간들을 제시한다. 그 가운데 포괄적인 행동의 공간이 여기서의 초점인 관계의 연결망인데, 왜냐하면 그것만이 '사회적인 것'이 일상적 기초 위에서 접합될 수 있는 수단들을 확립하기 때문이다.
>
> 아렌트는 관계의 연결망을 "인간들이 함께 사는 곳이면 어디든 존재하는" 공간을 의미하는 "상호간 내의 것"으로 정의한다. 이 공간은 인간이 이동하는, 인간들 간에 물리적으로 존재하고 그것으로부터 그들의 특정한 세속적 관심들을 발생시키는 사물세계의 문제들에 관련되는 것이다. 요컨대 이 세계는 공통의 세계이고, 폴리스의 좁은 정치적 공간과는 달리, 공통의 세계로서의 관계의 그물망은 모든 사람과 모든 관심을 함유한다. 그것은 인식되든 인식되지 않든 간에 절대적 복수성의 세계이며 주관성과 객관성이 상호 교차하는 세계이다.

그런데 개념의 추상 수준이 다르기는 하지만, 상호관계의 연결망을 공동체(화) 차원에서 현실화시킨 것이 '얼굴 있는' 생산자-소비자간 관계로서의 사회적 경제 네트워크라고 할 수 있다. 이 같은 사회적 경제의 관계망은 본질적으로 경쟁이나 위계, 갈등보다는 협동과 호혜성의 조직화를 지향한다. 이것이 필자가 제안하는 ECO라는 공동체화의 구체적 방식이 시장이나 국가와는 다른 관계 형성의 논리를 갖는 까닭이다. 주지하듯이 시장은 개별적으로 존재하는 합리적 인간이 상품 교환과 화폐라는 매개를 통해서만 서로 연결될 뿐인 것으로 가정된다. 즉 시장 사회에서의 인간은 가시적인 상호관계의 연결망이 부재한 채, 물신적인 자기이익의 추구에 매몰된 개인주의적 존재라는 것이다.

다른 한편으로 국가와 관련된 인간의 연결망은 권력을 둘러싼 위계질서 안에 존재한다. 이것은 다양한 공동체주의의 흐름에서 공적 영역에 대한 헌신, 도덕성 등을 강조하지만, 진정한 호혜성과 협동에 기초하기보다는 공적 권위에 의한 일방적 복종과 그로 인한 갈등을 초래하기가 쉽다. 어쨌든 아렌트의 지적대로'사회적인 것'의 등장이 역사적으로 사적 영역의 공적 융합 과정인 경제의 시장화에 병행하는 것이었지만, 21세기 현재 시점에서의 사회, 또는 '사회적인 것'은 시장 경제에 복속되기보다는 다양한 스케일에서의 인간 상호관계망에 의거하여 공동체화를 추동하는 진지가 되어야 할 것이다. 특히 정보화에 따라 분출되고 있는 사이버스페이스의 사회적 네트워크를 통한 인간 상호관계의 연결망이 근린, 도시, 국가, 지구 등 실제의 스케일들과 어떠한 협동적, 갈등적 차별성을 갖는지에 대한 면밀한 고찰이 요구된다고 할 것이다.

그렇다면 마지막으로 아렌트 접근에서 상호관계의 연결망에 대한 척도로 설정되고 있는 협동(co-operation)이 파슨스적인 구조기능주의의 균형이나 통상적인 갈등(confict)의 개념과 어떻게 차별화되는가를 살펴보도록 하자(Studdert, 2005: 173-174). 이는 ECO가 내포하는 생태적, 경제적'협동'조직화의 근거를 상호관계의 연결망으로부터 찾아보기 위한 시도이기도 하다.

스터더트에 의하면, 협동은 첫째로 모든 현상 공간의 부분들과 모든 사회성의 행위 수준에 존재하기 때문에 상호관계성과 복수성에 대한 최적의 척도이다.

둘째, 아렌트의 접근에서 협동은 갈등과는 달리 존재성의 조건 가운데 하나이다. 우리의 존재성은 우리보다 미리 존재하며 우리를 존재케 만드는 상호관계의 연계망과 협동할 것을 요구한다. 그러나 이러한 협동은 근본적인 것(foundational)으로 제시되지는 않으며 그것이 취하는 형태는 현상 공간에 의존하여 매 순간마다 상이하다.

셋째, 갈등이 다만 능동적 측면만을 갖는 데 비해, 협동은 수동적이고 능동적인 측면을 동시에 갖는다. 따라서 공통의 세계 내에서 단지 수동적 협동만 존재한다 하더라도 항상 어느 정도의 협동은 언제나 발생한다.

넷째, 모든 형태의 협동은 몇 가지 갈등의 요소를 포함하는데, 이는 아렌트가 어떠한 것이라도 순수한 형태로 존재하는 것은 없다고 주장한 것과 조응되는 것이다. 즉 협동은 갈등과 이분법적으로나 대립적인 것으로 개념화될 수 없으며, 사전적(prior) 지점에서 절대화된 것이 아닌 갈등과의 스펙트럼 내에 위치한다고 볼 수 있다.

다섯째, 협동은 그 요소들이 사전적 특권화가 아니라 현상 공간 내에서의 위치에 의해 결정되기 때문에 본질주의적 가치가 될 수 없다. 필연적인 상태란 없으며, 어느 정도의 갈등이 있듯이 협동에도 정도 차이가 존재하는 것이다.

여섯째, 결론적으로 협동은 상호관계성의 능동적인 방식으로 구체화된다. 능동적인 방식에서의 협동은 복수성 내에서 살아가는 존재성의 필연성 인식으로 파악될 수 있다.

제 4 장

사회적 경제와 ECO

1. 경제 진화의 역사와 경제의 다양성

21세기의 한국에서 '사회적 경제'라는 말은 시장 경제에 비해 아직까지 생소한 것이 사실이다. 최근 들어 협동조합에 대한 인식이 확산되고 사회적 기업과 관련하여 사회적 경제의 호혜성이 강조되고 있기는 하나, 한국에서의 경제는 국가 정책이나 시장 대기업의 대상으로 취급되고 있을 뿐 '사회적인 것'의 차원에서 수용되지는 못해 왔던 것이 사실이다. 여기서는 제4장의 서설 차원에서 서구에서의 다양한 경제의 존재라는 역사적 사실을 검토함으로써, 경제의 형태 가운데 시장 경제만이 유일한 것이 아님을 예증하기로 하겠다.[30)]

30) 이 절의 내용은 Bridge et al.(2009)에서 주로 인용되었다.

경제학은 "어떻게 사람들이 그들의 한정된 자원을 그들의 결핍에 제공하기 위해 배분하는가에 대한 학문"이고, 경제는 사람들이 그러한 배분을 하는 체계로 정의된다. 그렇다면 역사적으로 경제의 상이한 부문들은 언제부터 진화되었을까? 독자적 종으로 존재한 초기 단계에 인간은 모두 식량을 찾아 가족 무리로 이동해 다니는 유목적 수렵채취인이었을 것이다. 그들은 그들이 원하는 식량, 주거, 난방 및 기타 등등을 제공하기 위해 시간, 기술과 같은 그들을 자원을 직접적으로 사용하면서 일했다. 이러한 노동은 아마도 '하나를 위한 전체, 전체를 위한 하나'라는 기초 위에서 수행되었을 것이며, 개인들이 상이한 과업을 수행하는 상대적 능력에서는 차이를 보였으리라 생각되지만 전문화란 거의 없었고 모든 조직된 활동이 뚜렷이 가족이라는 사적 영역의 맥락에서 발생했을 것이다. 또 그러한 상황에서 공적, 사적 부문의 노동을 구별하려는 시도는 무의미했을 것이다.

수렵 채취에 의존한 생존경제에 대한 최근의 연구에 의하면, 종종 단기적으로 소비될 수 있는 것보다 더 많은 식량이 모아지기도 했지만, 그러한 잉여는 미래를 위해 투자되거나 타인과 교환되지 않은 채 일정 기간 동안 저장될 수도 보관될 수도 없었으므로 크게 소용이 없었다고 한다. 그리고 거의 대부분의 사람들이 사회의 모든 노동에 참여하는 특징을 보였다. 경제적 진화의 다음 단계는 농업의 출현이었다. 여러 경제사 분석에 따르면, 수렵채취자가 농부보다 하루에 더 적은 시간을 일해도 되었음에도 불구하고 더 조밀한 인구밀집을 가능케 했기 때문에 농업이 점점 더 필요해졌다고 한다. 수렵채취에서 벗어나 농업을 중심으로 하게 된 사회는 좀 더 정착되었고 잉여가 저장, 보호되었으며 궁극적으로 지배자, 관료를 포함하는 비식량 전문가를 출현시키기도 했다. 가족들은 부족으로 집단화되었고 농업이 더 크고 조밀하게 계층화된 사회를 이끌었지만, 확대 가족이나 부족의 외부에 어떠한 의미 있는 인간 조직도 없었기 때문에 집단의 기초로서의 혈연의 중요성은 지속적으로 유지되었다고 할 수 있다.[31)]

결국 부족들이 더 큰 단위로 집단화되고 왕과 다른 지배자의 우월적 권한이 확립되면서, 정부의, 또는 정부를 위한 활동들이 가족 외부에서 발생되었다. 이러한 정부 활동은 식량과 같은 재화의 소비를 위한 노동으로부터 분리된 채 수행되어, 독자적인 공적 부문 활동의 시초를 이룬 것이었다. 오늘날 공적 부문의 핵심은 공공 서비스(civil service)라고 할 수 있는데, 영국에서 공무원의 기원은 영국 왕을 한 곳에서 다른 곳으로 수행했던 법정 관리였다. 물론 그들은 진정한 공적 서비스 수행자라기보다는 군주의 개인적 수행 관리였다. 한편 농업 기반 사회의 또 다른 측면은 궁극적으로 전문화된 비즈니스의 확립을 이끈 수공업자의 출현이었다고 볼 수 있다. 그들 중 많은 경우는 가족 비즈니스였으나, 스스로의 소비를 위해 음료수와 같은 재화를 생산하지만 남는 재화는 타인들과 거래하는 수도원과 같은 비가족 조직도 있었다. 그러한 벤처들이 가족보다 더 크게 성장하거나 거래되는 정규적

---

31) 이런 상황은 부족사회가 존속하는 한 지속된 것이 분명한데, 예컨대 초기 아일랜드 경제의 경우 시민지도자 아닌 주교가 교회기능의 전권을 갖는 대륙 모델로 알려졌으나 기독교가 아일랜드에 처음 전도되었을 때에는 혈족의 기초 위에서 설립되었다. 그 시대부터 지속되는 하나의 사례는 특히 수확기에 협동조합 작업의 초기 체계였던 농민 간 상호부조를 위한 전통적인 아일랜드 근로집단(meithecal) 체계이다. Bridge et al.(2009) 참조.

인 잉여를 얻게 될 경우, 그 역시 분리된 경제활동으로 구별될 수 있었다.

그레고리 킹의 17세기말 자료를 보면, 산업혁명 전의 영국에서 가족 기초의 생계형 농업이 남아있는 흔적이 있었음에도 불구하고, 많은 사람들은 이미 토지로부터 이탈된 채 오늘날 사적 부문이라고 고려될 수 있는 활동과 마찬가지로 대부분 타인을 위해 일했다. 단지 소수의 부분만 오늘날 공적 부문으로 불릴 수 있는 정부를 위해 일했으며, 그 가운데 가장 많은 고용은 군사 서비스에 해당하는 것이었다. 이루 산업혁명은 농업에서 제조업에로의 방대한 재배열을 초래했는데, 예컨대 1801년에는 국부의 1/3을 산출하는 농업에 고용된 노동력이 36%였는 데 비해 1851년에는 그 비율이 20%로, 1901년에는 6~7%로 감소되었다. 이에 비해 같은 기간인 1801~1901년에 광공업 및 건설업 고용 노동력은 30%에서 46%로, 무역 운송 관련 노동력은 11%에서 22%로 증가된 반면에, 공공서비스 및 전문직에 고용된 숫자는 약 23%로 비슷한 수준에 머물렀다.

근대 이전의 경제에서 농업뿐 아니라 초기 제조업도 사적 부문인 가족에 기초한 것은 마찬가지였으며, 재정은 이윤의 재투자에 의해 보통 충당되었다. 그러나 19세기 동안 더 많은 비즈니스들이 통합되어 더 폭넓은 소유에 속하게 되었다. 예를 들어 영국에서 1809년의 주식시장에는 단 하나의 양조장만 있었는데, 1900년에 그 숫자는 20개나 되었다. 그러나 이것이 모든 가족 비즈니스가 사라진 것을 의미하는 것도, 가족을 위해 일하는 것이 많은 사람들에게 더 이상 규범이 아니게 된 것을 가리키는 것도 아니었다.

18세기와 19세기 사이의 산업혁명으로 영국과 같은 유럽 나라들에서의 경제는 그들의 필요를 가족에 기초한 농업에서 제공받던 대다수의 사람들로 하여금 독자적인 사적 부문에로의 변화를 경험하게 만들었다. 하지만 동시에 경제 활동의 많은 측면들이 명확한 공적 및 사적 부문으로 분리되면서, 가족 외부에서 국가나 사적 이득 모두와 무관하게 경영되는 다른 조직(제3섹터)도 확립되었다. 직접적인 개인적 이득이나 위협, 또는 강제에 의해 수행되지 않는 이타적 자선이나 다른 사회적으로 자선적인 활동은 아주 초기부터 발생된 것이 틀림없으며, 이들은 사원, 교회와 더불어 영구적인 지속가능한 조직으로 출발되었다. 그 후 좀 더 세속적인 조직도 출현했다. 일찍이 19세기 초에 로마에는 장인을 위한 대학이 생겼으며, 독일 지역에서는 길드가 나타났다. 중세에는 많은 나라들에서 풍요한 결사체적 삶이 이루어졌는데 그러한 회사 형태는 무역이나 직업을 기초로 종종 조직되었으며 호혜적 지지와 자선을 제공했다. 초기의 학교, 대학, 병원들은 국가에 의해 경영되지 않았고 무역회사처럼 사적인 화폐 이득을 위해 설립되지도 않았으며, 설립자나 기부자에게 어떤 이득도 부여하지 않았다.

자신보다 덜 부유한 사람들을 돕는 자선적 개인과 집단의 참여는 특히 협동조합운동이 발생했을 때인 19세기말의 영국에서 괄목할만 정도로 발전했다. 그러나 20세기 중반 들어 많은 선진국 경제는 포드주의에 기초하여 국가가 건강, 교육 등 많은 사회 서비스의 책임을 떠안게 됨으로써, 대부분의 병원과 학교는 공공부문에 속하게 되었다. 따라서 제3섹터에 대한 필요는 거의 없어지는 듯 했다. 그럼에도 불구하고 공적 부문이지도 사적 부문이지도 않은 자선이나 종교를 지향하는 제3의 활동영역은 국가에 의해 인수되지 않았다. 그것들은 많은 유럽 나라들에서 협동조합과 비슷한 조직들과 함께 두 부문의 외곽에서 계속 존재해 왔으나, 공적 부문이 거의 모든 것을 장악하는 공산주의 나라들에서는 예외였다.

대부분의 근대 경제들에서 시장은 욕구를 충족시키기 위해 자원을 배분하는 데 핵심적 역할을 수행해 왔다. 그러한 시장경제에서 자원 배분은 소비자가 낮은 가격의 지불을 추구하고 자원 소유자가 그 사용에 대해 가능한 한 많은 보상을 얻기 위해 재화나 서비스의 생산을 추구하는 가운데 소비자가 기꺼이 지불하려는 가격에 기초하여 이루어졌다. 이러한 체계는 공급과 수요의 균형을 맞추게 하고 효율성이라는 보상을 가져오지만, 정책 실행이나 사법과 같은 지역사회 서비스 전달이나 모든 사람이 기초 생활을 제공받아야 함을 보증하는 데에는 좋지 않다고 할 수 있다.

그럼에도 불구하고 많은 욕구들이 시장을 통해 해결됨으로써 지금까지의 주류 경제학은 주로 사적 부문 활동에 집중해 왔다. 그 종류에는 다국적기업, 주식회사로 설립된 대규모 비즈니스, 중소기업과 개인 자영업자에 의한 영세자영 등의 소규모 비즈니스, 범죄 및 지하경제 등이 있다. 시장경제의 대안은 우선적으로 생산, 분배, 재화 및 서비스의 가격 결정이 전권을 위임받은 계획당국에 의해 중앙에서 결정되는 '통제 경제'라고 할 수 있다. 이것은 예컨대 자원이 단지 지불될 수 있는 데라기보다는 필요로 하는 데 배분되는 것을 보장한다. 그것은 조세를 통해 지불되는 국방과 기초 의료보호 같은 서비스를 제공할 수 있으나, 공급과 수요를 일치화시키거나 매우 폭넓은 범위의 소비재를 공급하는 데에는 좋지 않다고 평가된다.

혼합경제에서도 공공부문 조직들은 전부는 아니더라도 보통 조세에서 도출되는 공공 예산으로부터 재정을 조달한다. 이러한 공공부문의 조직들로는 UN, EU와 같은 국제 수준의 조직들, 국방, 경찰, 건강 서비스, 교육체계를 포함하는 국가 및 지방정부와 그 부서, 기관들, 도로, 도서관, 폐기물 처리, 관광촉진 등을 책임지는 지방자치단체(이하 지자체) 및 그 활동들, 지방의회 및 유사기구 등이 있다.

지구상에 존재하는 대부분의 경제는 완전한 시장경제도, 순수한 통제경제도 아니다. 국가부문도 비즈니스 부문도 아닌 나머지 부문에는 자선적 목적으로 설립된 조직들, 원래 가족 기초로 운영되었던 경제의 잔존형태 등이 속해 있다. 그 예로는 호스피스, 요양보호시설, 아름다운 가게, 내셔널 트러스트, 공정무역 회사, 로타리클럽, 소녀시대 팬클럽, 노동조합, 대학, 협동조합, 신앙촌 등을 들 수 있다. 다음 절부터 다룰 사회적 경제에는 이윤을 구성원에게 분배하는 협동조합과 같은 사적 부문에 가까운 조직도 있고, 필요에 기초하여 사람들에게 서비스를 전달하고 공공 예산에 의해 지불되는 호스피스나 보호센터와 같은 공적 부문에 가까운 조직도 있다. 사회적 경제는 돈을 버는 것보다는 사람들이 필요로 하거나 결핍되어 있는 것들을 공급하려는 목적으로 설립된다. 자선조직(사회복지법인 등)이 이러한 범주에 명백히 해당된다.

2. 사회적 경제와 폴라니 이론

1) 폴라니의 사회적 경제론

제3섹터와 사회적 경제에 대한 유럽의 접근은 경제에 대한 폴라니의 실체주의 이론에 크게 의존해 있다. 그의 주된 아이디어는 경제가 시장과 교환이라는 영역에 제한되는 것이 아니라, 재분배, 호혜성의 원리 또한 포함한다는 것이다. 게다가 시장과 교환이라는 관련 원리는 '다른 경제 요소와는 달리 반드시 사회체계에 배태될(embedded) 필요는 없다.' 재분배는 강제와 의무를 부여하며 현금급여를 배분하는 제도-당국의 중심성을 전제한다. 호혜성은 필연적으로 사회관계에 배태되어 있는데, 왜냐하면 그것은 기본적인 사회적 사실로서의 기부나 폴라니의 용어로는 선물 및 보답 행위에 근거하고 있기 때문이다. 호혜성은 기부를 받는 각각의 부분이 상호 혜택을 공유하고자 하는 인센티브를 가지나, 중앙 당국에 의해 그렇게 하도록 강요받지는 않음을 전제한다. 결국 폴라니는 생산이 가족, 마을, 장원 등 단위의 자치를 위해 수행되는 내부 관리의 원리를 묘사하고 있는 셈이다. 분석 단위를 폐쇄적으로 할 경우, 이러한 내부관리의 원리는 호혜성 원칙이나 소규모 재분배의 원칙으로 복속되는 것이다.

이와 같은 경제 원리의 유형화는 곧이어 세 개의 상이한 경제 유형들과 연결될 수 있다. 우선 시장교환의 원리는 가격 기제가 재화, 서비스의 고안물을 배분하는 시장경제를 특징으로 한다. 다음으로 재분배의 원리는 복지국가 기능을 주로 함축하는 비시장 경제를 특징으로 한다. 마지막으로 호혜성은 선물과 보답의 관행이 상징적 네트워크에서 대칭적 위치를 갖는 행위자에 의해 행사되는 비화폐적 경제에서 주로 작동된다. 비화폐적 경제에 속하는 경제활동의 예로는 가족관계 외에도 자조집단에 대한 기부, 지역사회 보호센터에서의 자원봉사 활동 등이 포함된다.

이러한 원리의 유형화에 제3섹터와 사회적 경제를 위치시키는 것이 필요한데, 여기서 중요한 것은 하나의 원리를 각각의 경제 축에 연관시킬 때 그 축이 다른 두 개와 해체되어 있음을 필연적으로 의미하는 것이 아니라는 점이다. 예컨대 시장경제는 경영 보조금 형태로 재분배로부터 이익을 보기도 하기 때문이다. 한편 제3섹터에 대한 이론화에는 두 가지 접근이 있다. 첫째는 시장, 비시장과 비화폐 경제의 상호접점(interface)에서 활동하고 시장경제의 지배 및 비시장, 비화폐경제의 이에 대한 종속이라는 위계구조와는 긴장 상태에 있는 하이브리드 형태의 경제 축으로 이론화시키는 것이다. 둘째는 애더맨과 매드러(Adaman & Madra)의 관점으로, 제3섹터가 재분배 보조금을 받고(거나) 시장교환에 관련될 수 있음을 인정하지만 호혜성을 작동 원리로 하는 비화폐 경제라고 식별하는 것이다.

이러한 제3섹터, 사회적 경제에 대한 실체주의 접근의 이점은 다음과 같다. 첫째 경제활동의 복수성과 다양성을 드러낼 수 있게 하여, 이윤에 의해 추동되는 화폐화된 시장경제가 근대 세계에서 수행되는 유일한 경제활동이 아니며 지방통화체계(Local Exchange and Trade System; LETS), 물물 교환, 협동조합, 비영리조직, 자원봉사, 공동소비 등 다른 관행들도 공존함을 보여준다.

이러한 관행의 복합성을 인정하는 것의 중요성은 다음 두 가지이다. 하나는 깁슨과 그래엄(Gibson and Graham)의 용어로 “자본주의의 표상들이 정치적 상상력과 경제적 가능성을 제약하기 때문”이고, 다른 하나는 다양한 경제활동의 예시가 연대적 프로젝트나 해방적 대안을 계시, 구성, 확립하는 공간을 열 수 있기 때문이다.

둘째 이러한 이론적 틀은 상이한 경제부분 간의 상호연계가 가시적일 수 있도록 한다. 이러한 관점에서 시장경제는 가내 비화폐경제의 여성에 의해 공급되는 보호 서비스 형태인 부불노동의 제공 위에 세워진 것이다.

셋째 자기이익을 좇고 계산적 이윤극대화를 추구하는 개인의 본성에 기초하지 않은 이론의 구성을 가능케 한다. 따라서 사회적 경제의 시도를 준시장(공동 재화에 대한 가변적 기여를 통합시키는 효용 기능)이나 병리(상호부조 조직은 그 분야에서 시장이 발전되지 않았기 때문에 존재), 또는 시장이나 국가의 실패에 따른 보완으로만 국한시키지 않는 이론적 개념화가 가능해지는 것이다.

여기서 중요한 것은 폴라니 이론 틀에서 관찰되는 모순을 해결하는 데 있는 것이 아니라, 사회적 경제의 이론적 개념에 영향을 줄 수 있는 문제들을 조명하는 데 있다. 첫 번째 쟁점은 배태성(embeddedness) 개념의 선험적 성격으로 표현된다. 폴라니(Polanyi, 2002)는 자기조절적 시장의 성취가 경제의 사회로부터의 분리, 특히 사회관계의 시장논리에 대한 종속을 낳는다고 주장했다. 만약 이러한 위치가 옳다면, 폴라니가 주장하는 경제의 사회적 관계에 대한 배태성의 가정은 방법론적 원칙이 아니라 시간과 장소에 걸쳐 이동하는 단계적 개념이라고 할 수 있다. 만약 시장 자본주의 아래 사회로부터의 경제의 분리 가정을 수용한다면, 이기적이고 계산적인 행태가 편재한다고 관찰하는 경향이 있는 신고전파 경제학에 대한 비판은 심각하게 손상될 것이다. 시장 자본주의 아래 경제가 사회로부터 분리되어 있다면, 신고전파 패러다임의 방법론을 통해 경제의 윤곽을 잡는 것이 가능할 수도 있기 때문이다. 그런 관점에서는 지방통화체계나 사회적 협동조합처럼 명확한 사회적 경제도 다른 작동 원리를 추동하지 않고 (빈곤이나 사회적 배제에 대처하는) 단지 시장 실패의 부산물인 것으로 이론화될 것이다.

호혜성에 바탕을 둔 사회적 경제의 모델은 현단계 자본주의가 겪고 있는 시장 경제의 위기를 타개해 나갈 하나의 가능성이다. 20세기 초중반 국가 사회주의와 사회 민주주의에 의해 시도된 재분배 경제 모델은 20세기 후반 이후 경제적 자유주의 이념에 투항해 온 것이 분명하다. 폴라니(Polanyi, 2009)에 의하면, 시장 경제란 현실에 존재할 수 없는 유토피아이며 인간, 자연, 화폐가 상품에 불과하다는 허구는 일종의 상상일 뿐이다. 그리고 그가 제시하는 해결의 방향은 국가에 의한 개입으로 시장경제를 규제, 또는 폐절하는 것이 아니라, 사회라는 실체에 입각하여 국가와 시장을 인간의 자유, 가치, 이상이라는 목적에 복무할 수 있는 기능적 제도로서 제자리에 돌려놓는 것이다. 그가 발견한 시장 자본주의의 문제점은 단순한 경제적 착취가 아니라, 인간이 영혼을 가진 존재라는 사실을 무시하고 시장에서의 상품이라는 허울을 씌워 모든 사회적, 문화적 욕구를 부정해버리는 더욱 포괄적인 인간 파괴의 실상이었다(홍기빈, 2009: 617). 여기서 폴라니가 언급한대로 인간, 자연, 화폐의 상품화라는 허구를 강제하는 시장경제의 폐해에 맞서는 사회적 경제조직의 근거를 제시해 보면 다음과 같다.

첫째로 인간 노동의 상품화는 노동 시장을 형성시키는데, 논리적으로는 그것의 본래 목적을 달성하려면 물가가 하락하는 것과 같은 비율로 임금이 떨어지도록 작동시킨다. 폴라니에 의하면 이러한 논리는 인간의 사회적 성격을 간과한 허구에 불과하지만, 21세기 여러 곳곳에서 아직도 '노동조합으로 뭉쳐 행동하는 것을 멈추고 노동시장이 요구하는 대로 맞추어 자신의 수요를 줄이며 사는 곳과 직업을 계속 바꾸어 나간다면 결국 일자리를 찾을 수 있을 것'이라는 신자유주의로 재판(再版)되고 있다. 그는 실제의 현실에서 아무리 노동이 상품이라고 우겨대도 그것은 인간이라는 본성을 가진 것이기 때문에, 노동시장이라고 해도 노동의 인간적 본성을 지켜낼 수 있도록 임금, 노동조건, 각종 규제를 두는 한도 내에서만 작동이 허용된다고 본다.

이에 반해 사회적 경제는 사회를 경제 영역과 정치 영역으로 분리하는 것을 용납하지 않는데, 경제라는 분리된 영역이 따로 존재한다는 것을 받아들일 경우 사회를 조직하는 힘으로서 이윤원리를 인정하는 것을 함축할 것이기 때문이다. 따라서 협동조합의 창시자 오언은 노동자의 삶이란 자연적, 가정적 환경, 상품의 질과 가격, 일자리의 안정성, 지위의 보장 등 다양한 요인들로 구성되며, 임금은 그 중 하나에 불과함을 강조한다. 그가 운영한 뉴래너크의 협동조합은 인간이 인간의 형상을 빼앗기지 않고도 영리적 공장을 성공적으로 경영함으로써, 뛰어난 노동조직화와 충분한 휴식 덕에 낮은 임금과 짧은 노동시간에도 높은 노동생산성을 낳는 데 성공했다. 이것이 현재의 협동조합형 사회적 경제조직이 지향하는 경제 문제의 사회적 해결이라는 기본 원리이다.

둘째로 자연의 상품화는 토지를 인간에서 떼어내고 사회 전체를 부동산 시장의 작동 조건을 충족하는 방식으로 조직하는 가공의 작업을 수행케 한다. 이러한 인공 환경의 투기적 상품화는 토지의 자연성을 훼손시키는 지구환경 파괴의 주범이라 할 수 있다. 이에 반해 사회적 경제는 매매되는 것들은 모두 판매를 위해 생산된 것이라는 상품화 논리가 노동, 화폐와 마찬가지로 토지에도 적용될 수 없다는 입장을 취한다. 폴라니는 인간과 자연환경의 운명이 순전히 시장 메커니즘 하나에 좌우된다면 사회는 완전히 폐허가 될 것이라고 본다. 전통적으로 토지와 노동은 분리되지 않았는데, 토지는 자연의 일부인 채 남아 있고 삶과 자연은 함께 유기적 전체를 구성해 왔다. 토지는 인간 존재에 대해 삶의 안정성, 육체적 안전의 조건, 계절과 아름다운 경치 등 다양한 절대적 기능을 수행하며 경제적 기능이란 그 중 하나에 불과했던 것이다. 오늘날 자원순환 사회를 위한 재활용, 귀농, 귀촌의 생태마을, 로컬푸드 운동 등이 자연의 상품화에 맞선 사회적 경제 활동에 해당된다고 하겠다.

셋째로 화폐의 상품화는 현재의 금융 위기가 보여주듯이 시장경제의 또 다른 아킬레스건을 이루고 있다. 폴라니에 의하면, 현실의 화폐는 구매력의 징표일 뿐이고 그러한 구매력이란 은행업이나 국가 금융의 메커니즘에서 생겨나는 것이지 판매를 위해 생산되는 것이 아님을 명확히 한다. 화폐라는 구매력의 공급을 시장 기구가 관리하게 되면 영리기업은 주기적으로 파산하게 되며, 화폐의 부족이나 과잉이 경기에 엄청난 재난을 가져 올 것이다. 그러한 화폐의 상품화라는 허구적 강요에 맞선 사회적 경제조직으로는 지방통화체계가 대표적이다. 대전 한밭 레츠의 경우 의료 생활 협동조합과 결합하여 대안적 화폐 운용의 실험을 계속해 왔다.

2) 사회적 경제의 개념과 실제

사회적 경제는 주로 유럽에서 협동조합[32], 상호부조 조직, 결사체 등을 가리키는 것으로 통용되어 왔다. 이 용어는 1830년에 프랑스 경제학자 샤를르 뒤노이예(Charles Dunoyer)에 의해 처음 사용되었지만, 중세 때부터 일련의 사회경제적 위기 때마다 출현, 재출현을 거듭해 온 실천적 경험의 산물이라 할 수 있다 (Bridge et al. 2009: 73). 예컨대 길드 및 기타 결사체들은 중세 초기의 불확실한 시대에 후원, 상호부조와 자선 등을 제공하기 위

32) 국제협동조합연맹(ICA)은 협동조합의 기본적 가치를 참여, 민주주의, 성실, 타인에 대한 배려 등으로 규정한다. 민주적 조직인 협동조합은 기본적 가치라는 우수한 조직목적을 가지고 있음에도 불구하고, 역사적으로 볼 때 크게 발전하지는 못했다. 그 이유로는 다음의 다섯 가지를 들 수 있다. 첫째, 생산자 협동조합이 자본집약적 산업으로 발전하지 못한 이유는 노동자에게 위험부담이 집중되기 때문이다. 둘째, 협동조합은 투자자본을 조달하는 데 문제가 있다. 셋째, 협동조합은 경영 수익을 투자로 전환하는 데 많은 제약이 있다. 넷째, 협동조합의 조직은 그 특성상 기존 조합원의 신규 가입을 꺼리는 경향이 있다. 다섯째, 민주적 의사결정과 효율 사이에는 모순이 발생하고 있다. 그러나 스페인 몬드라곤의 사례처럼 협동조합은 민주주의의 기본적 가치를 잃지 않으면서 효율과 성장을 추구하는 협동조직화의 여전한 대안으로 존재하고 있다. 이소영(2008) 참조.

해 만들어졌고, 산업혁명으로 장인 협동조합이 감소되면서 '결사체 사회주의(associational socialism)'와 협동의 가치에 대한 관심이 갱신되어 왔다. 20세기에 들어서도 1929-32년의 대공황 이후 먹을거리, 주택과 관련한 소비자 협동조합이 설립되었으며, 1970년대에는 대량생산체계의 위기와 복지국가 과잉부담에 대한 반응으로 호혜적 결사가 촉진되기도 했다.

〈표 4-1〉 사회적 경제의 유형화와 해당 사례들

	사회적 욕구에 대한 반응	새로운 기회에 대한 반응
시장에 기초하지 않음	노숙자 쉼터, 공동급식, 학교부적응학생 재통합 등	주간보호센터, 산전산후센터, 생태박물관 등
시장에 기초함	교육훈련 비즈니스, 재적응센터, 연대 금융 등	노동자 협동조합, 재활용, 문화 등

※ 출처 : Mendell(2009: 181).

21세기 초반의 현 시점에서 사회적 경제가 활성화되고 있는 사례 가운데 하나인 캐나다 퀘벡(Quebec) 주의 '사회적 경제 현장'에서 사회적 경제는 다음과 같은 원리와 작동 규칙을 지니는 일련의 조직 및 활동으로 규정되고 있다. 그것은 첫째 단순한 이윤창출이 아닌 구성원이나 공동체를 위한 봉사라는 목적, 둘째 국가로부터 어느 정도의 독립성을 갖고 작동한다는 점, 셋째 정관과 비즈니스 방식을 통해 모든 이용자, 노동자가 관련되는 민주적 경영과정을 촉진한다는 것, 넷째 잉여 및 수익 분배에서 개인과 노동의 자본에 대한 우위성을 방어한다는 점, 다섯째 개인 및 집단의 참여와 권한 강화라는 원칙에 바탕을 둔 활동 등이다 (Mendell, 2009: 186). <표 4-1>는 멘델(Mendell, 2009: 181)에 의한 것으로, 기회 및 욕구에 대한 반응, 시장과의 관계라는 두 차원을 교차하여 사회적 경제의 네 유형을 도출한 결과이다.

한편 정책적 흐름에서 보면, 1970년대 이후 서구에서는 완전고용의 종언과 복지 공급의 위기를 특징으로 하는 탈포드주의[33]가 출현함으로써 창업 보육, 사회적 보수(補修), 복지 전달 등을 둘러싼 사회적 경제의 역할에 대한 정부의 기대가 높아져 왔다고 할 수 있다. 특히 최근의 국가관리 위기에 직면하여 한국에서도 관찰되듯이, 복지 서비스의 일자리 겸 공급자로서의 사회적 경제의 잠재력이 새로이 각광받고 있다. 따라서 뮬래와 에일러니(Moulaert and Ailenei, 2005; Bridge et al. 2009에서 재인용)에 의하면, 현 단계에서 사회적 경제는 시장(교환), 비시장(재분배), 비화폐(호혜) 경제가 혼성된 폭넓은 이니셔티브와 조직 형태들의 묶음으로 이해될 수 있는 것이다.[34] 또 영국 정부 문건에서 이 개념은 국가로

33) 탈포드주의의 특징은 다음과 같다(Amin et al., 2002). 첫째 지구적 에너지 가격 상승, 둘째 저임금 나라로부터의 수입 증가와 유연하게 조직된 새로운 경제, 셋째 임금 표류와 조직된 노동으로부터의 지속적 반대, 넷째 잠식된 자본에 대한 수익 감소, 다섯째 신기술 성장과 조직화 원리가 더 이상 규모의 경제에 의존하지 않게 됨, 여섯째 대량생산 재화에 대한 수요 하락과 주문소비의 상승, 일곱째 대중적 대의 민주주의에 대한 지지 저하, 여덟째 고가의 복지서비스를 공급하려는 정부에 대한 압박과 국가와 경제의 관계 관리에 대한 신우익 시장 관념의 대두 등이다.

34) 이런 관점에서 사회적 경제의 독특성은 호혜성에 우선순위가 두어짐으로써, 시장과 재분배의 기여가 호혜성에 복속되는 형태로 해석될 수 있다. 한편 김기섭(2009)은 사회적 경제를 정치사회적 개입 전략이자 동시에 대안적 경제조절 메커니즘으로 파악하여, 협동조합은 시장과 공동체가 교차하는 영역에서 호혜에 기초한 교환의 원리로 움직이며 상호부조 조직은 국가와 공동체가 교차하는 영역에서 호혜에 기초한 재분배의 원리로 움직이고 결사체는 공동체와 공동체가 교차하는 영역에서 호혜의 원리로 움직인다는 독특한 관점을 제시한다.

부터 독립적으로 서비스와 재화를 공급하며 이윤 분배가 아니라 사회적 목적으로 거래를 하는 조직으로 정의되어, 사회적 기업과 유사한 의미로 통용되기도 한다(Bridge et al. 2009: 75).

이에 덧붙여 로이드(Lloyd, 2006)는 사회적 경제 모델을 영미 유형과 유럽 대륙 유형으로 구별하는데, 전자는 '사회적 기업' 접근으로서 사회적 목적의 성취를 위한 잉여 발생이라는 비즈니스 맥락을 강조한다. 이에 비해 후자는 1980년대 이후 강화되어 온 신자유주의적 시장의 힘에 굴하지 않는 '사회적 경제' 접근으로, 단순한 비즈니스 초점이 아닌 전체 사회의 관점을 선호하는 것이다. 후자의 유럽 대륙 모델은 사회적 경제를 의사결정에서의 시민 참여 등 좀 더 민주적인 구조를 향한 제도 변동의 추동력으로 파악하는 정치적, 이데올로기적 지향을 나타내는 반면에, 전자의 앵글로색슨 모델은 사회적 경제조직이 공동체 재생이나 재정적 지속가능성의 도구로서 복지국가의 부적절성을 보완하는 데 국한된다고 보는 경향이 있다.

한국의 경우 노동부 인증 사회적 기업 제도의 시장 지향성에 반대하여 사회적 경제를 정치적, 이데올로기적으로 실천하려는 '사회적 경제 연대회의' 등의 조직이 폭넓게 존재하고 있다. 물론 사회적 기업의 제도화 특성이나 2008년 이후의 정치사회적 지형을 볼 때, 한국의 사회적 경제는 유럽 대륙형보다는 영미형에 가까운 것이 사실이다. 그러나 한국을 비롯하여 영국, 미국에서도 신자유주의의 세계화에 따른 시장 위기가 계속 심화된다면, 유럽 대륙처럼 대안적 모델로서의 사회적 경제의 의의가 더욱 강화될 수도 있을 것이다.

3. ECO의 확장을 위하여

1) eco와 사회적 생태(주의)

이제 이 책의 개념적 논의와 관련해서는 결론적으로 <그림 2-1>에서 제시된 공동체화의 얼개와 제3장, 제4장에서 다룬 상호관계의 연결망, 사회적 경제가 어떤 관계에 있으며, 이러한 공동체화의 사회적, 경제적 측면이 왜 생태적 지속가능성을 포함하는 ECO의 전략으로 구체화되는지 서술해 보기로 한다. ECO의 확장에 대한 논의는 다음 소절에서 다루기로 하고, 우선 사회, 경제, 생태 차원의 공동체화가 어떻게 연계되는지를 밝히기 위해 eco라는 원래의 '서식지' 개념을 바탕으로 사회적 경제와 '사회적 생태'주의(Bookchin, 2002)의 연관성을 살피기로 하겠다.

<그림 2-1>에서도 도시했지만, 자연은 아렌트적 의미에서의 제작과 노동의 터전으로서 폴라니가 적시한대로 인간 존재에 대한 절대적 기능을 담당하는 공동체화에 직접 관련되는 장소이다. 즉 생태와 경제의 관계는 '살림살이'라는 용어가 함축하듯이, 인간의 경제적 삶이 지구자연의 살림과 연계되어 있다는 사실로 우선적으로 이해될 수 있다. 그런데 근대 이후 경제의 자립화와 '사회'의 등장은 인간 공동체와 자연 생명체의 공동체 간에 엄밀한 분리의 계기를 만들었다. 그럼에도 불구하고 북친에 의하면, 인간의 사회는 자연 속에서 자연보다 우월하지도 열등하지도 않은 상태에서 자연과 함께 진화했다고 볼 수 있다. 즉 인간 사회는 '제2의 자연(second nature)'을 만들었으며 '사회(제2의 자연) 생

태주의(제1의 자연)'라는 북친의 담론은 사회를 심층생태주의자[35]처럼 자연의 확장된 영역이라고 보는 것이 아니라 불가분의 관계이자 분리된 존재로서 자연과 인간을 바라보는 입장이라고 하겠다(이소영, 2008).

북친(Bookchin, 1995: 370)은 사회생태주의의 기반으로 휴머니즘을 옹호하면서 인간의 이성에 근거한 자유의 성취를 강조해 왔다. 그런 뜻에서 북친이 제시하는 대안은 크로포트킨의 상호부조 원칙의 흐름 위에서 근린 환경과 조화를 이룬 자급자족의 지역공동체라고 할 수 있다. 이는 국민국가의 연합이 아니라 지방자치조직의 연합체이며, 다음과 같이 인권과 생태를 지향하는 협동조직화에 근거한 것이다.

> '사회생태주의'라는 말을 창시한 북친은 환경문제를 해결하기 위해 무비판적으로 자연을 신봉하는 것이 아니라 정치적, 역사적 상황을 고려하여 사회를 근본적으로 변혁시켜야한다고 믿는 사람이다. 그에 따르면, 국가는 관료적 합리성이라는 명제로 사회를 지배하고 자본주의자들은 과학과 기술이라는 명제로 노동자와 자연을 제압한다고 본다. 따라서 사회생태주의는 전통적인 사회주의자들의 목표인 계급타파를 넘어서서 모든 계급의 종결을 그 최종 목표로 하며, 사회변혁의 엔진은 프롤레타리아트가 아니라 진보적 자유시민이 된다. 그리하여 사회생태주의자들은 지방분권과 자유의지의 정치 즉, '자유해방주의적 지역자치주의(libertarian municipalism)'를 제안하는데, 이것은 국가와 자본주의에 대항한 제도화된 반권력(counter-power)

---

35) 심층생태주의(deep ecology)란 맑스주의를 표층 생태학(shallow ecology)로 비판하고 사회가 자연의 일부임을 강조한 나에스(Naess) 등의 사상을 일컫는다.

으로서 생태적 사회를 이끌어내는 기제가 된다(이소영, 2008).

북친은 자신의 '자유해방주의적 지역자치주의'가 정치적 참여를 보여주는 현실적 수단이라 간주하여, 개인들이 존재의 방법을 다시 배워가는 장기 과정으로서 직접 참여의 중요성을 부각시킨다. 이를 통해 점차 능동적으로 변화된 시민의 지역공동체가 산발적으로 발생하게 되며, 이것이 사회구조를 변혁하고 이후 명백하게 국가를 대신할 수 있다 본다. 필자의 소견으로는 다음 소절에서 좀 더 자세히 다룰 ECO의 확장이 반드시 아나키즘적인 상호부조론이나 북친의 사회생태주의에 의지할 필요는 없다고 생각된다. 그렇지만 사회, 경제, 생태에 대한 통전적 인식에 기초한 사회적 경제와 사회적 생태(주의)의 호혜적 협동조직화의 전략을 지속적으로 구체화시키는 데 이들의 혜안은 참고가 될 수 있을 것이다.

아렌트의 표현을 빌리면 근대 이후의 자립화된 경제가 사회를 등장시킴으로써 자연과 사회의 관계는 제작에 의해 노동이 압도당하는 환경파괴와 생태적 지속불가능성의 악순환을 가속화시켰지만, 다른 한편으로는 시장경제에 대항하는 사회적 경제의 시도와 결부된 생태적 경제의 필요성을 확장시켜 온 셈이다. 그렇다면 어떤 이유로 사회적 경제의 협동조직화라는 공동체화의 사회적, 경제적 측면이 생태적 차원까지 포괄하는 ECO로 개념화되어야 하는지를 좀 더 설명해 보기로 하자. ECO의 양대 단위인 경제와 생태가 eco(서식지)라는 공통 어근을 갖는다는 점은 앞서도 언급했지만, 21세기의 현 시점에서 인간의 eco는 현실 공간과 사이버스페이스를 포괄하는 생명 유지를 위한 전반적인 환경에 해당한다고 가정될 수 있다. 그런 맥락 위에서 인간 eco의 구성 부분을 나누어 보면, <그림 2-1>에서 도시했듯이 군집단위로서의 사회, 군집에 대한 관리영역으로서의 경제, 군집의 관계망(먹이 사슬)로서의 생태로 이루어진다고 하겠다.

이와 같은 eco의 세 가지 구성 부분인 사회, 경제, 생태는 사회적 경제와 사회적 생태(주의)의 협동과 연대에 의해서만 그 지속가능성을 담보 받을 수 있다고 생각된다.[36] 더 나아가 사회적 경제가 강조하는 '경제의 사회에 대한 배태화'와 마찬가지로 '사회의 생태에 대한 배태화'라는 논리도 적용 가능하다고 하겠다. 단지 심층생태주의와 달리 사회적 생태주의는 자연생태가 사회의 뿌리라는 측면만 부각시키는 것이 아니라, 사회와 경제의 지속가능한 수준을 민주적 의사결정에 의거하여 확보하는 것을 중시함에 유의할 필요가 있다. 또한 북친의 독특한 주장인 '인간의 자연에 대한 착취는 인간의 인간에 대한 착취와 같은 맥락'이라는 명제도 무엇보다 강조되어야 할 것이다. 이와 같은 성찰 아래에서만 사회적 경제가 지향하는 협동조직화 원리가 계급, 성, 인종 등에 대한 차별을 용인하는 시장에서의 개인주의적 자유를 뛰어넘어 사회적 생태의 인간과 자연간 호혜적 공동체화 전략에 구체적으로 결합될 수 있기 때문이다.

---

36) ECO의 개념화 과정에서 필자는 사회적 경제와 사회적 생태의 뿌리가 동일한 eco라는 데 착안하여 '사회적 생태경제(social ecological economy)'라는 모델을 구상해 보았으나, 좀 더 면밀한 검토가 필요하다고 보아 이 책에서 자세히 다루지는 않았다.

2) ECO의 수평적 영역과 수직적 스케일

이제 ECO의 정의에 대해 구체적으로 검토해 보기로 한다. 우선 앞 소절에서 언급한 eco의 사회, 경제, 생태라는 요소에 비추어 본다면, ECO는 인간 상호관계의 연결망인 '사회적인 것'에 기초하여 생태적 경제의 살림살이를 호혜적, 협동적으로 지속화시키는 것을 가리킨다고 할 수 있다. 또한 스케일의 개념을 적용하여 볼 때, ECO라는 생태적, 경제적 협동조직화란 다중적 스케일에서의 사회적 경제와 생태적 지속가능성의 확산이라고 개념화될 수 있다. 이러한 구상에 근거하여 eco를 수평적 차원, 스케일을 수직적 차원으로 놓고 ECO의 영역과 스케일 확장을 도시하면 <그림 4-1>과 같이 나타낼 수 있다.

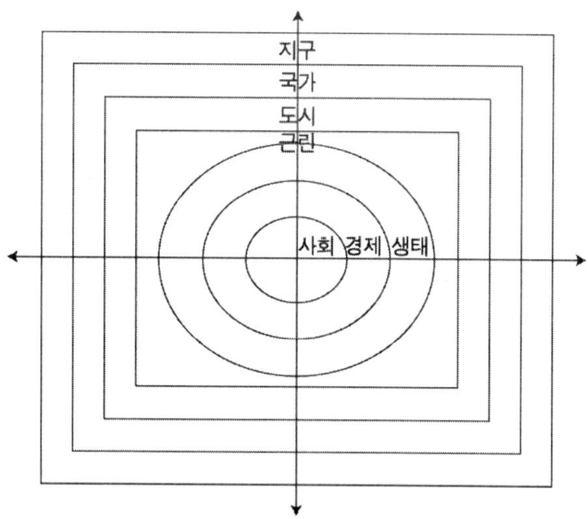

〈그림 4-1〉 ECO의 영역과 스케일

이렇게 볼 때 ECO의 확장이란 eco와 스케일의 수평적, 수직적 교직의 과정이라 할 수 있다. 이 때 수평적인 eco의 영역과 관련해서는, 인간 상호관계의 연결망이라는 '사회적인 것'에 기초한 경제와 생태의 사회적 경제화, 사회적 생태화가 중요하다. 다시 말해 ECO의 수평적 차원은 eco의 연계로서의 사회적 네트워크, 사회적 경제, 사회적 생태의 협동조직화로 이루어진다고 하겠다. 다른 한편 스케일의 측면에서는 협동조합, 생태공동체의 글로컬(glocal) 연대와 같은 근린, 도시, 국가, 지구 스케일마다의 생태적, 경제적 협동조직화의 공간적 연계가 핵심적이다.[37] 이는 글로컬라이제이션에 따른 자본의 신자유주의적인 지리적 경계 넘나듬에 대응하여 공동체적 협동조직화의 지리적 장소가 아래로부터 리스케일링되는 과정이기도 하다.

ECO의 수평적 영역과 관련해 볼 때, 사회적 경제, 사회적 생태, 생태적 경제의 혼융으로서의 사회적 생태경제 모델의 모색이 요구된다고 할 수 있다. 이 모델은 시장경제에 대항하여 인간의 살림살이를 호혜성과 협동에 기반한 사회적 차원으로 재결합시킴과 동시에, 시장경제적 개인주의화가 초래한 글로컬 차원의 환경파괴에 대한 반성 아래 사회적 관계망과 경제활동을 생태적 순환의 맥락으로 재일치시키는 것을 지향한다. 이를 수직적 차원의 스케일 확장과 종합하여 본다면, ECO는 생태와 경제의 협동조

37) 수직적 차원의 스케일과 관련하여 사이버스페이스라는 기술적 조건이 근린, 도시, 국가, 지구라는 지리적 스케일의 상호 넘나듬을 촉진하는 요인이 된다고 할 수 있다. 따라서 사이버스페이스까지 고려한 스케일의 측면에서 ECO의 확장은 실제 공간의 협동적 공동체와 관련 사이버공동체의 연계도 필요로 한다고 하겠다.

직화를 통한 '사회적인 것'의 스케일 교류와 리스케일링을 의미하게 된다. 이러한 ECO의 사례로는 이 책의 제2부에서도 일부 다루고 있는 도시, 국가, 지구 등 다양한 스케일에서의 재활용 사회적 기업, 재생에너지 관련 생태공동체 등을 들 수 있겠다.

한편 ECO의 수직적 확장과 관련하여 지리학에서 리스케일링과 스케일의 정치(politics of scale)에 관한 논의가 어떻게 전개되어 왔는지를 정리해 보면 다음과 같다. 스윈거도우(Swyngedouw), 콕스(Cox) 등의 '스케일의 사회적 구성' 개념은 특정 영토의 이해관계 및 정체성 동원이 이미 주어지거나 고정된 것이 아니라, 장소 의존적 행위자의 영토화(territorializing) 실천을 통해 사회적으로 구성된다고 파악한다. 이들에 따르면, '스케일의 정치'란 권력투쟁의 과정에서 상이한 지리적 스케일에서의 권력, 자원에 대한 동원 노력과 관계되는 스케일 (재)구성 과정의 정치적 측면을 강조하는 것이다.

그런데 이는 단지 스케일의 구성과 관련하여 발생하는 정치 뿐 아니라, 근린, 도시, 국가, 지구 등 상이한 지리적 스케일의 장소 의존적 이해관계에 대한 행위자간 갈등 및 협동에서 비롯되는 정치과정도 포괄한다(Park, 2003: 176). 박배균(2011: 89)에 의하면, 이와 같은 다중스케일의 지구, 국가, 도시, 근린 등 스케일 간의 수직적 관계를 하향적인 위계의 관계로 바라보기보다는 서로 영향을 주고받는 과정으로 이해하는 것이다. 즉 이 접근은 지구화가 국가 스케일의 과정을, 또한 국가 스케일의 영향력이 지방적 변화를 추동하고 야기하는 것으로 일방적으로 이해하는 것이 아니라, 다양한 스케일의 공간에서의 상호작용에 복합적으로 관심을 둔다고 하겠다. 그런 맥락에서 이 책에서는 공동체화의 주요 경로로서 ECO의 공간적 확장에도 초점을 맞춤으로써, 관련된 다양한 스케일을 활용한 사회적 생태경제의 리스케일링의 의의를 부각시키고자 한 것이다.

제2부

공동체화, ECO관련 사례연구

제 5 장

산업 대도시에서의 근린공동체 관계와 재생의 방향

1. 머리말

한국에서 근린 공동체(neighborhood community)에 대한 관심은 참여정부 후반기에 국가균형발전위원회가 '공간의 질과 삶의 질을 제고한 지역의 창조'라는 비전 아래 '쾌적하고 아름답고 특색 있는 지역공동체'를 만들려는 목적의 '살기 좋은 마을 만들기' 정책을 입안하면서 활성화되었다(이종수, 2008; 한상진, 2008 등). 그러한 흐름 아래 이재열(2006: 45-46)은 지역사회 공동체의 발전을 위해, 어떤 미래를 그릴 것인가 하는 목적과 지역 정체성의 문제, 누가 참여하고 누가 주도할 것인가 하는 조직화와 리더십의 문제, 어느 정도의 자원을 어디에 어떻게 투자할 것인가 하는 공간, 시설 및 인프라 구축의 문제 등이 선결되어야 한다고 제안한 바 있다. 이와 함께 김영정(2006: 9-18)은 공동체에 기반을 둔 지역 재활성화 전략을 둘러싸고, 공간 개발과 물리적 건조 환경 조성 원칙에 대한 반성과 전환, 다양한 휴먼웨어 사업의 개발, 사업추진 체계로서의 지역 거버넌스 구축 및 주민 참여기법의 구체화 등 세 가지 과제를 제시한다.

그런데 이처럼 현 시점에서 공동체 활성화나 근린 공동체 복원을 둘러싼 담론이 꽤 유포되고 있음에도 불구하고, 이를 구체적인 도시 수준에서 실증적으로 분석하는 사례 연구는 그리 많지 않은 것으로 보인다. 다른 한편으로 도시행정학, 도시계획 등의 분야에서는 재생(regeneration) 방안에 관한 연구들(김용웅, 2007; 대한주택공사, 2007 등)도 상당히 진척되어 왔다. 그렇지만 대다수 논의들은 재건축, 재개발 위주의 기존 방식을 비판하는 정책적 검토의 수준에 머물러, 대안적인 재생의 방향을 모색하기 위한 이론적 논의나 근린 공동체 관계를 연계시키는 등의 실증적 탐구로는 심화되지 못하고 있다.[38]

이 글의 연구 대상인 인천과 울산은 서울, 부산 등 거대 도시에 인접하여 제조업에 특화된 발전을 경험해 온 우리나라의 대표적인 산업 대도시이다. 물론 두 도시는 공통점 외에도, 도시 규모, 도시화 역사, 제조업 특성 등의 측면에서 뚜렷한 차별성을 갖고 있기도 하다. 여기서는 인천, 울산의 주민의식 자료를 토대로 산업 대도시의 근린 공동체 관계가 어느 정도 활발하며, 그것이 재생의 방향에는 어떠한 영향을 미치는지 검토하고자 한다. 이 때

38) 예외적인 연구들로는 인천 구도심의 재생 전략을 다루는 한국사회학회(2009), 기든스의 구조화 이론을 도심 쇠퇴 현상에 적용하여 동두천시의 사례를 분석하는 김병섭.서순탁(2008) 등이 있다.

산업 대도시별 근린 공동체 관계에 대한 매개변수로는 각 도시 내부의 구시가지 및 제조업 집중 지역 여부를 도입하기로 하겠다.

퇴니스(Tönnies)와 제이콥스(Jacobs) 등의 고전적 논쟁 이후 도시화, 산업화가 근린 공동체의 사회관계를 해체시킬 것인가, 아니면 유지, 존속시킬 것인가라는 문제는 도시사회학의 주요 쟁점이 되어 왔다. 그러한 맥락에서 이 글의 주된 이론적 질문 가운데 하나는 "사례 산업 대도시의 근린 공동체 관계가 얼마나 활성화되어 있는가, 또는 얼마나 취약한가?"에 대한 것이다. 부수적으로는 산업 대도시별로 도시화의 역사와 제조업 특성이 근린 공동체 관계에 어떠한 영향을 미치는지도 해명하기로 하겠다. 한편 이 글의 또 다른 연구 질문은 "산업 대도시의 근린 공동체 관계가 재생의 방향에 어떻게 연관되는가?"에 대한 것이다. 이를 둘러싼 구체적인 변수 설정과 연구 가설에 관해서는 2절의 2)에서 다루기로 한다.

2. 이론적 배경과 연구 방법

1) 이론적 배경

(1) 도시의 근린 공동체

근린 공동체는 도시사회학, 지역사회복지학 분야는 물론, 사회과학 전체의 핵심적인 연구 대상 가운데 하나이다. 주지하다시피 영어의 community나 독일어의 gemeinschaft[39]는 우리말의 마을,

고을, 고장 등에 해당되는 근린 개념에 뿌리를 둔 것이다. 그런데 퇴니스가 공동체를 이익사회에 대비시켜 정의내린 후, 이 개념은 단순한 지리적 범역을 가리키는 데 그치지 않고 산업화, 도시화, 근대화에 따라 쇠퇴를 겪게 되는 정신적 유대관계까지 함축하는 논쟁적 핵심어로 자리 잡게 되었다. 어쨌든 인간의 공동체는 공동생활을 가능케 하는 지리적 공간과 구성원 상호 간을 묶어주는 정신적 유대관계 둘 다를 필수적으로 요구한다(박호성, 2009). 이렇듯 함께 주거할 물리적 공간과 함께 더불어 살아가겠다는 심성적 기대를 충족시켜줄 정신적 가치가 공존하는 공간이 바로 근린 공동체라 할 수 있다.40)

한편 퇴니스의 문제의식을 이어 받은 워스(Wirth)는 도시의 인구 규모, 인구 밀도, 인구의 이질성이 전일적인 개인의 인격을 특수 목적 지향으로 단편화시킨다고 보았다. 이처럼 워스의 도시성 이론은 자본주의적 경쟁관계가 도시에서의 전통적인 공동체 구조를 와해시키는 데 주된 역할을 하게 된다는 것을 암시한다. 그런데 이 같은 근린 공동체 해체론에 반대하여, 갠스(Gans)는 도시에서 직장 동료, 이웃 등 한정된 사람들과의 관계가 실질적인 공

39) 퇴니스가 『게마인샤프트와 게젤샤프트』를 저술한 시점인 19세기 중반까지 독일에서 공동체라는 말은 단순한 농촌 촌락을 지칭하는 것으로 통용되었다. 당시의 공동체는 특정 규모와 조직화된 내적 특성을 지닌 지역집단이 아니라, 단지 소규모의 집합적 사회단위를 말하는 것이었다(강대기, 2004: 36-37).

40) 곽현근(2008: 239)에 의하면, 근린 공동체에서의 사회관계란 주어진 공간을 기반으로 구성원이 갖는 다른 사람들과의 유사성에 대한 인식, 인지된 다른 사람과의 상호의존성, 다른 사람들로부터 자신이 기대하는 것을 다른 사람을 위해 주거나 실행함으로써 이러한 상호의존성을 유지하려는 의지, 자신이 의존할 만하고 안정적인 좀 더 큰 구조의 일부라는 느낌에 바탕을 두는 것이다.

동체의 구성 요소이므로 인구 규모나 밀도, 그리고 인구의 이질성 자체가 직접적으로 공동체 약화에 영향을 끼치지 않는다고 주장했다(강대기, 2004: 85-87). 최근의 논의 가운데 까스뗄(Castells)의 경우에도 이중 도시의 위험을 강조하기는 하나, 정보화의 진전으로 산업 도시의 근린 관계가 제고될 수 있음을 언급하기도 한다(Delanty, 2003: 63-71).

(2) 재생의 방식

서구에서 재생은 구체적인 정책의 수준에서 공동체 활성화와 근린 개발로 실행되며, 이를 위한 주요 추진 전략으로는 지역사회 안전성 제고, 주택개발, 지역사회 기업 또는 지역사회 비즈니스 등이 있다(Association of Community Workers, 2001: 2). 이 때 구도심의 지속가능성을 위한 재생의 원리로는, 첫째 일자리와 부를 제공하기 위한 근린 경제의 번영, 둘째 변동에 긍정적으로 반응할 수 있는 강력한 지도력, 셋째 주민집단 및 기업의 효과적 참여, 넷째 공공녹지 공간을 갖춘 안전하고 건강한 환경, 다섯째 근린의 기본적 어메니티를 지원하는 충분한 규모와 밀도의 레이아웃, 여섯째 지역사회를 연계하는 양호한 교통 하부구조, 일곱째 자원 사용을 극소화하고 상이한 욕구를 충족시킬 수 있는 건축물, 여덟째 가구 규모, 연령 및 소득별로 지원되는 상이한 유형의 잘 통합된 주거 혼합, 아홉째 교육 훈련 기회, 건강 보호 및 여가, 공동체 시설을 포함하는 양질의 공공서비스, 열째 공동체에 대한 자부심을 격려하는 다양하고 창조적인 지방 문화, 열한째 더 폭넓은 국가 및 국제 공동체와의 연계 등이 제시된다(Johns et al.,

2008: 90).

한편 한국에서의 도시 재생의 원칙은 생활재생, 경제재생, 환경재생의 세 범주로 분류될 수 있는데, 각각의 내용을 근린 단위를 중심으로 살피면 다음과 같다(이제선, 2008: 181). 우선 생활재생이란 문화, 복지 및 교육환경의 쇄신과 지속가능한 공동체 조성, 주민참여 활성화를 목표로 하는 것이다. 다음으로 경제재생은 신산업 및 소외계층을 위한 일자리 창출, 기존 경제활동의 재활성화, 상권의 확대 재창출을 포함한다. 마지막으로 환경재생은 토지의 고도 이용, 건축물 및 기반시설 정비, 환경부하의 저감 등과 관련된다고 할 수 있다. 이 글에서는 이 가운데 경제재생을 제외한 생활재생, 환경재생이라는 두 가지 재생의 방식을 중심으로 산업 대도시의 근린 공동체 관계와 연결시켜 다루고자 한다.

2) 연구의 방법

(1) 연구 대상과 자료

2010년 6월의 지방선거 결과, 인천과 울산에서는 진보 성향의 후보가 상대적으로 많이 당선되어 주목을 끈 바 있다. 당시 전국의 기초자치단체장 당선자 가운데 민주노동당 출신은 모두 3명이었는데, 이 중 2명이 인천광역시(동구, 남동구)에서, 1명이 울산광역시(북구)에서 배출되었다. 민주노동당 출신의 광역의원 당선자 또한 인천 1명, 울산 7명(비례대표 1명 포함)으로 비교적 많았고, 기초의원 당선자 역시 인천의 경우 민주노동당 3명과 진보신당 2명, 울산의 경우에는 민주노동당 17명(비례대표 4명 포함)과 진보신당 2명으로 상당한 숫자를 기록했다(중앙선거관리위원회, 2010). 이와 같은 정치 지형은 산업 도시화로 인해 두 도시의 노동계급 주민이 유사한 정치의식을 갖게 되었음을 암시한다.

이처럼 이 글의 연구 대상인 인천과 울산은 전국의 7대 도시 가운데 산업 대도시로서의 공통점을 지니고 있다. 2004년 현재 지역 내 총부가가치를 기준으로 한 2차 산업의 비중은 인천과 울산의 경우 각각 32%, 68.4%로서 서울 6%, 부산 16.1%, 대구 21.2%, 광주 23.2%, 대전 19.1%보다 꽤 높다(울산광역시, 2007: 46).[41] 하지만 울산의 제조업 비중이 인천보다 2배 이상인 점에서도 엿볼 수 있듯이, 산업 대도시로서의 유사성만큼이나 다음과 같은 차이를 나타내고 있는 것도 사실이다.

첫째 울산과 인천 둘 다 서울과 부산이라는 거대도시에 인접해 있으나, 해당 인접도시와의 기능적 연관성 정도가 다르다. 인천의 경우 서울 대도시권의 입지적 이점 속에서 경제자유구역으로의 글로벌화를 지향하고 있는 데 비해, 울산의 경우에는 부산과의 연계가 약한 대신 '산업수도'의 자체 경쟁력을 강화시키는 전략을 꾀해 왔다.

둘째 인천이 1883년의 개항과 더불어 일본제국주의 시대부터 도시화가 이루어진 데 반해 울산은 박정희 정부의 경제개발계획에 의해 1962년에 시로 승격되었기 때문에, 두 도시의 역사적 연륜에 차이가 분명하다고 볼 수 있다. 그 결과 인구 규모 역시 2005년

41) 2000~04년 사이 두 도시의 제조업 종사자 수는 인천의 경우 236,835명에서 232,616명으로 약간 감소한 반면 울산의 경우에는 140,337명에서 141,522명으로 조금 증가하여, 인천에 비해 울산의 산업도시로서의 성격이 약간 더 두드러지고 있다. 울산광역시(2001, 2005) 참조.

현재 인천광역시가 263만 2,178명으로 울산광역시의 104만 9,177명에 비해 두 배를 웃돈다.

셋째 양 도시에 자동차, 1차 금속 등 비슷한 업종이 입지되어 있기는 하지만, 울산의 경우에는 정유 및 석유화학, 조선 등의 비중이 큰 데 비해 인천에서는 금속이나 식품 제조업이 상대적으로 발달한 것으로 나타난다.[42] 또한 2009년 기준 광업 및 제조업 종사자 수의 규모별 분포를 볼 때, 300인 이상의 비율이 인천 17.4%, 울산 55.3%로 울산의 대기업 비중이 압도적으로 높음을 알 수 있다(인천광역시, 2011; 울산광역시, 2011).

이렇게 볼 때 두 도시의 차별성은 인천의 경우 도시화 역사가 좀 더 오래 되었고 울산의 경우에는 제조업의 성장 추세 및 대기업 중심성이 더욱 뚜렷하다는 것으로 요약될 수 있다. 이에 덧붙여 이 글에서는 이러한 두 가지 차이를 두드러지게 비교할 목적으로 구시가지와 제조업 집중 지역이라는 두 가지 범주를 추가적으로 고려할 것이다. 이 때 구시가지는 도시화 초기부터 주민이 거주해 온 원 도심으로서 인천의 중구, 동구, 남구와 울산의 중구를 가리킨다.[43] 또한 제조업 집중 지역은 인천의 경우 주력 산업이 입지해 있는 남동구, 부평구, 서구로, 울산의 경우에는 자동차,

---

42) 2007년 현재 제조업 출하액 규모를 기준으로 두 도시의 5위 이내 업종을 볼 때, 울산의 경우 코크스, 연탄 및 석유정제품(33.1%), 자동차 및 트레일러(21.6%), 기타 운송장비(14.5%), 화학물질 및 화학제품(13.4%), 1차 금속(9.6%)이고 인천은 자동차 및 트레일러(18.8%), 1차 금속(14.9%), 코크스, 연탄 및 석유정제품(10.8%), 금속가공제품 제조업(6.3%), 식료품 제조업(5.9%)의 분포를 보이고 있다(인천광역시, 2011; 울산광역시, 2011).

43) 두 도시의 구시가지로 정의될 수 있는 인천 중구, 동구, 남구와 울산 중구의 인구는 2005년 현재 각각 57만 1,514명과 22만 7,455명으로 두 도시 모두 똑같이 전체의 21.7%를 차지한다(인천광역시, 2011; 울산광역시, 2011).

조선의 중심지역인 동구, 북구로 분류될 수 있다.[44)]

한편 여기에서 사용된 자료는 한국사회학회(2009)의 인천 조사와 울산산업진흥테크노파크(2009)의 울산 조사를 합친 결과이다. 표본 크기는 인천 조사의 경우 891가구, 울산 조사의 경우에는 800가구여서 모두 1691가구이다. 조사 시기는 둘 다 2008월 11월이어서, 시점의 차이에 따른 편의(偏倚)는 없다고 할 수 있다. 이 가운데 구시가 지역에 해당하는 인천 중구, 동구, 남구는 인천 표본 전체의 50.5%, 울산 중구는 울산 표본의 26.3%이다. 또 제조업 집중 지역이라 할 수 있는 인천의 남동구, 부평구, 서구 표본은 전체의 27.5%, 울산의 동구, 북구 표본은 전체의 29.4%로 구성되어 있다.[45)]

(2) 분석 틀과 연구 가설

이 글의 분석 틀은 <그림 5-1>과 같다. 이러한 분석의 틀은 산업 대도시의 도시화 역사, 제조업 특성 등에 따라 근린 공동체 관계가 활발한가, 또는 취약한가를 파악한 다음, 그러한 근린 공동체 관계가 재생의 방향에 대해 생활재생과 환경재생 가운데 어느 쪽에 중점적으로 연관되는지 검토함을 나타낸다. 이 때 각각의 변수를 측정하기 위한 지표는 다음과 같다.

---

44) 두 도시의 제조업 집중 지역으로 정의되는 인천의 남동구, 부평구, 서구의 인구는 2010년 현재 인천 전체의 52.7%이며, 울산의 북구, 동구의 인구는 2009년 현재 울산 전체의 31.0%이다(인천광역시, 2011; 울산광역시, 2011).

45) 인천의 경우 모집단 인구 분포에 비해 구시가지 표본이 더 많고 제조업 집중 지역 표본이 적은 까닭은 한국사회학회(2009)의 인천 조사가 구도심 재활성화를 주제로 하고 있어 중구, 동구, 남동구 모집단에 가중치를 주었기 때문이다.

먼저 인천, 울산 각각에 대해 도시화 역사는 구시가지 대 기타 지역, 제조업 특성은 제조업 집중 지역 대 기타 지역으로 구분하여 살펴본다. 다음으로 근린 공동체 관계에 관한 지표들은 이웃과의 인사 정도, 공동체 프로그램 개최도, 공동체 프로그램 참여도 등으로 구성된다. 끝으로 재생의 방향에 대해서는 재생사업의 활성화 정도, 재생의 중요 요소 등을 중심으로 분석한다.

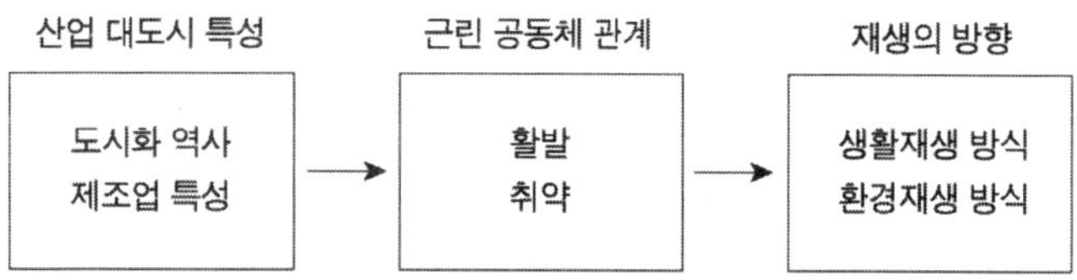

〈그림 5-1〉 분석의 틀

여기서는 이와 같은 분석 틀에 기초하여, <가설1>에서 <가설6>까지 다섯 개의 연구 가설을 중심으로 논의를 전개하고자 한다. 그런데 <가설1>이 근린 공동체 관계의 유지, 지속을 주장하는 갠스 등의 견해보다는 워스 등의 해체론에 입각해 있는 이유는 이 글의 대상인 산업 대도시의 경우 산업화, 도시화의 정도가 더욱 진전되어 온 까닭에 현 시점의 평균적인 도시에 비해 게마인샤프트적 요소가 상대적으로 적을 것이라 판단되기 때문이다. 한편 <가설2>은 도시화 역사가 오랜 산업 대도시가, 그리고 산업 대도시 내부에서는 구시가지가 이웃 접촉 및 공동체 프로그램 참여의 기회가 많다고 본 데서 비롯된 것이다. 또한 <가설3>은 <가설1>의 추론과는 모순될지 모르나, 기존의 연구 성과[46]를 참조하여

46) 대표적으로 김준(2005)은 울산의 조선업 중심지역인 동구를 대상으로 생산

제조업이 더욱 집중되어 있는 산업 대도시가, 그리고 산업 대도시 내부에서는 제조업 중심 지역일수록 생산직 노동자 주민에 의한 근린 공동체가 활성화된다고 가정한 것이다. 이와 함께 <가설4>와 <가설5>는 근린 공동체 관계가 활발하다면 주민 참여에 기초한 복지 및 역사문화 자원 위주의 생활재생 방식이 좀 더 적합할 것이고, 그렇지 못하다면 주거, 교통, 환경 등의 개선을 위주로 하는 환경재생 방식이 좀 더 탄력을 받으리라는 전제에 바탕을 두고 있다. 마지막으로 <가설6>은 <가설4>, <가설5>를 <가설1>과 연계시킨 것으로, 산업 대도시의 근린 공동체 관계가 취약함을 매개로 한 진술이다.

<가설1> 산업 대도시의 근린 공동체 관계는 취약할 것이다.
<가설2> 도시화 역사가 오랜 산업 대도시와 산업 대도시 내부에서는 구시가지일수록 근린 공동체 관계가 더욱 활발할 것이다.
<가설3> 제조업이 집중된 산업 대도시와 산업 대도시 내부에서는 제조업 중심 지역일수록 근린 공동체 관계가 더욱 활발할 것이다.
<가설4> 산업 대도시의 근린 공동체 관계가 활발할수록 생활재생 방식의 재생 방향이 두드러질 것이다.
<가설5> 산업 대도시의 근린 공동체 관계가 취약할수록 환경재생

직 노동자들이 농촌사회로부터 가져 온 공동체적 문화가 주거 공동체를 형성시켜 1987년 이후의 노동운동의 자원으로 기능했다고 파악한다. 그는 1990년대 말 이후 주택재개발에 따른 노동자 주거 밀도의 희석화 등에 의해 이러한 근린 공동체가 해체, 약화되고 있다고 진단하지만, 현 시점에서 상대적으로 평가해 볼 때 제조업 중심 지역이 기타 지역에 비해 근린 공동체 관계가 활발하다는 가정의 근거를 제공한다고 볼 수 있다.

방식의 재생 방향이 두드러질 것이다.

<가설6> 산업 대도시의 전반적인 재생 방향은 환경재생 방식이 좀 더 두드러질 것이다.

3. 산업 대도시의 근린 공동체 관계

이 장에서는 이웃 주민과의 인사 정도, 공동체 프로그램 개최 및 참여 정도를 통해 두 도시의 근린 공동체 관계를 비교 고찰하기로 한다. 이 때 '이웃과의 인사'는 일상적인 근린 친밀도를, '공동체 프로그램 개최 및 참여'는 근린 공동체 조성을 위한 관심 및 개입을 나타내는 지표로 설정된다. 먼저 <표 5-6>은 '나는 옆집의 주민과 인사하면서 지낸다'라는 설문에 대한 동의 정도에 대해 '매우 그렇다' 2점, '약간 그렇다' 1점, '그저 그렇다' 0점, '별로 그렇지 않다' -1점, '전혀 그렇지 않다' -2점을 준 후, 인천과 울산의 구시가지/기타 지역 및 제조업 중심지역/기타 지역이라는 각각의 집단별로 평균 분석한 결과를 합친 것이다. 무엇보다 인천, 울산 전체의 평균값은 0.58점이어서, 해당 산업 대도시의 근린 친밀도가 '약간 그렇다'와 '그저 그렇다'의 중간 정도라고 해석될 수 있다. 따라서 <가설1>을 둘러싸고, 일상적인 수준에서의 산업 대도시의 근린 공동체 관계에 대해 활발하거나 취약하다는 식의 단일 방향으로 단정하기는 어려운 셈이다.

그렇다면 '이웃 인사 정도'라는 일상적 근린 공동체 관계라는 측면에서 <가설2>, <가설3>에 대해 검토해 보자. 우선 <가설2>

와 관련하여, 이웃과의 인사 정도는 울산에 비해 도시화 역사가 오랜 인천에서 훨씬 빈번하나 두 도시 내부에서 볼 때에는 구시가지가 기타 지역보다 뚜렷하게 활발하지는 않다. 후발 산업 대도시인 울산의 경우 구시가지의 일상적 근린 관계가 오히려 상대적으로 저조한 편인데, 그 이유 중의 하나는 1962년의 시 승격 당시 구시가지 주민의 인구가 3만명 수준에 불과(한상진, 2006: 133)했기 때문에 이후 50년의 산업화 과정에서 기타 지역과 차별화될 수 있는 원 도심으로서의 역사적 전통이 부재했다는 데서 찾을 수 있다. 다음으로 <가설3>과 관련해 볼 때, 이웃 인사 정도는 제조업 비중이 더 큰 울산에서 좀 더 낮지만 두 도시 내부에서는 제조업 중심지가 기타 지역보다 높은 현상이 발견된다. 특히 인천보다 대기업의 지리적 집중이 두드러지는 울산의 경우 제조업 중심지의 근린 관계가 기타 지역에 비해 비교적 밀접하다는 점이 눈에 띈다.

이러한 추세는 동네 축제, 경로잔치 등 근린 공동체 프로그램의 개최 정도에 대한 교차 분석 결과에서도 비슷하게 확인된다. <표 5-1>을 볼 때, 전체적으로 공동체 프로그램의 개최가 전혀 없다는 응답은 17.3%로 낮은 편이나, 1년에 3~4회 이상이라는 응답 또한 17.6%라는 비슷한 비율로 낮은 수준이기 때문이다. 또 울산보다 도시화의 전통이 오래 된 인천에서 해당 프로그램이 1년에 1회 이상 개최되는 비중이 큰 데 반해, 두 도시 내부에서 보면 구시가지에서 공동체 프로그램 개최 횟수가 더 적은 경향이 나타난다. 이에 덧붙여 제조업이 집중된 울산에서 공동체 프로그램 개최 정도가 상대적으로 낮은 것은 당연하지만, 두 도시 모두

1년에 3~4회 이상 개최되는 정도는 제조업 중심지에서 더욱 높은 편이다.

〈표 5-1〉 구시가지/기타별 및 제조업 중심지/기타별 이웃과 인사하는 정도

단위 : 평균값(사례 수)

구시가지/기타별		이웃 인사 정도	제조업 중심지/기타별		이웃 인사 정도
인천	구시가지	0.90(448)	인천	제조업 중심지	0.87(245)
	기타 지역	0.79(439)		기타 지역	0.84(642)
울산	구시가지	0.05(206)	울산	제조업 중심지	0.42(235)
	기타 지역	0.35(584)		기타 지역	0.21(555)
전체		0.58(1677)	전체		0.58(1677)
F값		37.0**	F값		34.5**

※ 주 : ** $p<0.01$.

※ 자료 : 한국사회학회(2009), 울산산업진흥테크노파크(2009)의 원자료 재구성.

끝으로 근린 공동체 조성을 위한 주민 참여에 바탕을 두고 <가설1>, <가설2>, <가설3>에 대해 검증해 보기로 한다(<표 5-3> 참조). 먼저 두 도시 모두에서 동네 축제, 경로잔치 등의 공동체 프로그램에 전혀 참여한 경험이 없는 무관심층이 60%여서, 근린 공동체 조성을 위한 개입 측면에서는 <가설1>이 어느 정도 타당하다고 평가된다. 한편 <가설2>를 놓고 볼 때 도시화 연륜이 더욱 긴 인천에서 공동체 프로그램 참여도가 좀 더 높지만, 산업 대도시 내부의 경우 인천, 울산 모두에서 도시화 역사가 오래된 구시가지보다는 기타 지역의 참여도가 약간 더 높은 것으로 관찰된다. 또한 <가설3>을 둘러싸고는 제조업 집중도가 높은 울산이 짧은 도시화 전통 탓에 당연하게도 공동체 프로그램 참여 정도가 저조하나, 두 도시 내부에서는 제조업 중심지의 적극 참여도가 상대적으로 큼을 알 수 있다.

〈표 5-2〉 구시가지/기타별, 제조업중심지/기타별 공동체 프로그램 개최 정도

단위 : %(사례 수)

	구시가지/기타별				제조업 중심지/기타별				전체
	인천		울산		인천		울산		
	구시가지	기타지역	구시가지	기타지역	제조업중심지	기타지역	제조업중심지	기타지역	
3-4회/년	16.0	22.4	12.2	17.1	22.4	18.0	18.0	14.9	17.6(294)
1-2회/년	67.9	64.3	59.5	65.5	62.2	67.6	66.1	63.0	65.1(1087)
전혀없음	16.0	13.3	28.3	17.4	15.4	14.4	15.9	22.1	17.3(289)
전체	100	100	100	100	100	100	100	100	100(1677)

※ 주 : 구시가지/기타별 X^2=30.3(p〈0.01), 제조업중심지/기타별 X^2=18.1 (p〈 0.01).
※ 자료 : 〈표 5-1〉과 같음.

그렇다면 위의 분석 결과에 입각하여 <가설1>~<가설3>에 대해 전반적으로 평가해 보도록 하자. 우선 사례 도시의 근린 공동체 관계를 볼 때, 일상적인 이웃 관계나 공동체 프로그램 개최 정도와 관련해서는 뚜렷한 경향성이 없지만 공동체 프로그램 참여도라는 근린 공동체 조성을 위한 개입 측면에서는 취약함이 드러나 <가설1>에 어느 정도 부합된다고 결론내릴 수 있다. 그런데 여기서 짚고 넘어가야 할 것은 인천, 울산에서의 낮은 공동체 프로그램 참여도는 <표 5-2>에서 본대로 그리 활성화되지 못한 공동체 프로그램 개최 정도에 의해 영향을 받으리라는 점이다.

〈표 5-3〉 구시가지/기타별, 제조업 중심지/기타별 공동체 프로그램 참여도

단위 : %(사례 수)

	구시가지/기타별				제조업 중심지/기타별				전체
	인천		울산		인천		울산		
	구시가지	기타지역	구시가지	기타지역	제조업중심지	기타지역	제조업중심지	기타지역	
적극 참여	9.1	9.4	3.4	5.4	10.4	8.8	7.7	3.8	7.2(121)
몇 번 참여	34.3	37.5	29.1	29.4	34.4	36.4	31.9	28.3	32.8(551)
참여 없음	56.6	53.1	67.5	65.1	55.2	54.7	60.4	68.0	60.0(1008)
전체	100	100	100	100	100	100	100	100	100(1680)

※ 주 : 구시가지/기타별 X^2=26.9(p〈0.01), 제조업 중심지/기타별 X^2=31.3 (p〈0.01).
※ 자료 : 〈표 5-1〉과 같음.

한편 <가설2>과 <가설3>은 둘 다 산업 대도시 수준과 산업 대도시 내부 수준에서 상반된 추이로 검증되고 있어 흥미를 던져준다. <표 5-1>, <표 5-2>, <표 5-3>의 세 가지 지표를 총괄해 볼 때, 오래된 도시화 전통을 지닌 인천의 근린 공동체 관계가 울산보다 뚜렷이 활발하나, 두 도시의 구시가지는 기타 지역에 비해 오히려 취약한 상황을 보이고 있다. 그리고 제조업이 집중된 울산의 경우 도시 수준에서는 근린 공동체 관계가 당연히 인천보다 취약하지만, 인천, 울산 모두의 제조업 중심지에서는 기타 지역에 비해 비교적 활발한 근린 공동체 관계의 추이가 드러나고 있는 것이다.

4. 산업 대도시에서의 재생의 방향

이 장에서는 앞서 검토한 산업 대도시의 근린 공동체 관계를

바탕으로, 주민이 생각하고 있는 재생의 방향에 대해 재생사업의 활성화 정도, 재생의 중요 요소 등을 중심으로 검토해 보기로 한다. 우선 재생사업의 활성화 정도는 근린 공동체 복원을 위한 사업에 근거해 파악하는데, 그 지표들은 '아름다운 마을 만들기 사업'(꽃밭 조성, 간판 정리, 공원 가꾸기, 거리 청소, 자치 야경활동 등), '환경 보전을 위한 재활용 사업'(분리수거 공동참여, 재활용 생활용품 교환 등), '동네 소외계층 돕기 복지 사업'(불우이웃, 독거노년, 청소년가장, 장애인, 여성가장 돕기 등), '동네 주민 문화여가 증진 사업'(독서토론회, 주민문화센터, 음악회, 체육 프로그램 등), '지역정체성 강화 및 보존 사업'(지역문화 및 역사보존 운동, 지역축제, 마을지도 만들기 등)으로 구성되어 있다.

또한 재생의 중요 요소는 '지자체 의지와 리더십', '주민의 공공 공간 확보', '역사문화 자원의 보존과 활용', '민관협력 조직의 활성화', '주거, 교통, 환경의 개선'이라는 다섯 지표를 통해 파악하고자 한다. 그런데 이들 지표와 이제선(2008)의 재생 방식에 대한 구분을 연결시켜 보면, 동네 소외계층 돕기 복지 사업, 동네 주민 문화여가 증진 사업, 지역정체성 강화 및 보존 사업과 역사문화 자원의 보존과 활용 등은 생활재생 범주에 포괄될 수 있다. 그리고 아름다운 마을 만들기 사업, 환경 보전을 위한 재활용 사업과 주거, 교통, 환경의 개선 등은 환경재생 범주로 분류시키도록 하겠다.

<표 5-4>는 재생사업 활성화와 관련된 5개 지표에 대해 각각 매우 활성화되어 있음 2점, 활성화되어 있는 편 1점, 전혀 활성화되어 있지 않음 0점의 점수를 부여하여 <표 5-2>에서 본 공동체

프로그램 개최 유무에 따라 평균값을 계산한 결과이다. 이 때 공동체 프로그램 개최 유무는 1회 이상 개최된다고 응답한 집단, 전혀 개최되지 않는다고 응답한 집단으로 이분화 시켰다. 무엇보다 인천, 울산을 통틀어 볼 때 환경재생에 포괄되는 환경 보전을 위한 재활용 사업, 아름다운 마을 만들기 사업에 대한 활성화 정도가 각각 0.91점, 0.74점으로 나머지 세 개의 생활재생 관련 사업들에 비해 더 높아, 재생 사업 활성화 정도의 측면에서 <가설6>은 지지된다고 말할 수 있다.

〈표 5-4〉 공동체 프로그램 개최 유무 집단별 재생사업의 활성화 정도

단위 : 평균값(사례 수)

	인천		울산		전체	F값
	1회 이상 개최 집단	전혀 없는 집단	1회 이상 개최 집단	전혀 없는 집단		
아름다운 마을 만들기 사업	0.86 (751)	0.47 (129)	0.73 (625)	0.42 (158)	0.74(1663)	37.9**
환경 보전 및 재활용 사업	0.96 (749)	0.60 (129)	0.96 (627)	0.75 (159)	0.91(1664)	17.6**
소외계층 복지 사업	0.79 (749)	0.41 (129)	0.65 (627)	0.25 (159)	0.66(1664)	49.1**
주민 문화여가 증진사업	0.70 (750)	0.33 (129)	0.61 (628)	0.34 (159)	0.60(1666)	27.3**
지역정체성 강화 보존 사업	0.68 (748)	0.36 (129)	0.54 (624)	0.25 (159)	0.56(1660)	30.8**

※ 주 : ** p〈0.01.

※ 자료 : 〈표 5-1〉과 같음.

그렇지만 이러한 현상적 일치가 2절의 2)에서 언급된 <가설6>을 둘러싼 추론처럼 사례 산업 대도시에서 근린 공동체 관계가

취약함에 따라 현행 재생 방식이 생활재생보다는 환경재생의 방향으로 활성화된 데서 기인한 것인지는 확실하지 않다. 왜냐하면 한국의 현실을 통상적으로 판단해 볼 때, 공동체 복원을 위한 재생사업의 활성화 정도는 근린 관계에 의한 수요 측면보다는 중앙정부, 지자체의 제도적 요인이라는 공급 측면에 의해 영향 받을 가능성이 더 크기 때문이다.

아울러 근린 공동체 관계가 더욱 활발한 공동체 프로그램 1회 이상 개최 집단에서 생활재생(복지, 문화여가, 지역정체성 강화 관련)보다는 환경재생(마을 만들기, 재활용 관련)에 해당하는 사업의 점수가 더 높다는 점에 비추어, 재생사업 활성화 정도의 측면에서 <가설4>는 타당하지 않다고 볼 수 있다. 이에 비해 공동체 프로그램이 전혀 개최되지 않는 집단에서는 환경재생 사업의 활성화 정도가 뚜렷이 높아, <가설5>를 어느 정도 지지하는 셈이다. 물론 이와 같은 진술 또한 위의 <가설6>에 대한 제도적 제약 측면과 같은 맥락에서 한국의 경우 생활재생 자체가 상대적으로 미진하다는 현실을 감안하여 해석되어야 할 것이다. 하지만 인천에 비해 근린 공동체 관계가 비교적 취약했던 울산에서도 재활용 사업, 마을 만들기 사업의 활성화 정도가 꽤 높다는 사실은 <가설5>의 적합성을 방증하고 있다.

마지막으로 <표 5-5>은 재생의 5개 중요 요소에 대해 2점에서 -2점까지의 점수(매우 중요 2점, 약간 중요 1점, 보통 0점, 별로 중요하지 않음 -1점, 전혀 중요하지 않음 -2점)를 부여하여 이웃과의 인사 정도별 집단에 따라 평균값을 계산한 결과이다. 이 때 이웃 인사 정도를 둘러싼 두 집단은 <표 5-1>과 관련하여 매우 그렇다, 약간 그렇다. 그저 그렇다 등으로 응답한 경우 '이웃 인사 동의집단'으로, 별로 그렇지 않다, 전혀 그렇지 않다 등으로 응답한 경우에는 '이웃 인사 미비집단'으로 분류한 데 따른 것이다.

〈표 5-5〉 인천, 울산의 이웃 인사 유무 집단별 재생 사업의 중요 요소

단위 : 평균값(사례 수)

	인천		울산		전체	F값
	이웃인사 동의집단	이웃인사 미비집단	이웃인사 동의집단	이웃인사 미비집단		
지자체 의지와 리더십	1.31 (763)	1.10 (124)	0.83 (595)	0.72 (195)	1.05(1677)	37.2**
주민의 공공 공간 확보	1.23 (760)	1.19 (124)	0.95 (595)	0.81 (195)	1.08(1674)	17.2**
역사문화 자원의 보존활용	0.93 (762)	0.90 (124)	0.64 (595)	0.50 (195)	0.78(1676)	17.5**
민관협력 조직 활성화	1.05 (760)	0.97 (124)	0.77 (595)	0.63 (195)	0.89(1674)	15.0**
주거, 교통, 환경의 개선	1.35 (762)	1.30 (124)	1.15 (595)	1.12 (195)	1.25(1676)	7.4**

※ 주 : ** $p < 0.01$.

※ 자료 : 〈표 5-1〉과 같음.

먼저 <가설6>의 검토를 위해 인천, 울산 전체의 재생 중요 요소에 대한 평균값을 보면, 환경재생에 연관되는 '주거, 교통, 환경의 개선'이 1.25점으로 가장 높고 생활재생에 연관되는 '역사문화 자원의 보존과 활용'이 0.78점으로 가장 낮음을 알 수 있다. 재생의 중요 요소라는 변수는 <표 5-4>의 재생사업 활성화 정도에 비해서는 재생의 방향에 대한 가치판단을 어느 정도 노출시키는 것이어서, 이와 같은 결과는 산업 대도시의 취약한 근린 공동

체 관계가 매개된 생활재생 방식에 대한 낮은 선호를 보여주는 것으로 받아들여진다. 어쨌든 재생의 중요 요소라는 측면에서 <가설6>은 타당하다고 볼 수 있다.

다음으로 근린 공동체 관계가 좀 더 활발한 이웃인사 동의집단이 역사문화 자원 관련 지표를 좀 더 손꼽는 추세가 뚜렷하지는 않다는 점에서, 재생의 중요 요소라는 측면에서도 <가설4>는 기각된다. 한편 <가설5>에 대해서는 인천, 울산 두 도시 모두에서 이웃인사 미비집단의 경우 주거, 교통, 환경의 개선을 더욱 중시하는 경향이 있어 어느 정도 현실 적합성을 인정할 수 있다.

이 장에서의 논의를 전체적으로 정리해 보면 다음과 같다. <가설4>는 재생사업의 활성화 정도나 재생의 중요 요소 모두에서 지지되기 어렵다고 판명되는 반면에, <가설5>는 일정한 정도 타당한 것으로 검증된다. <가설6> 역시 분석 결과에 의해 지지되는 것으로 결론지을 수 있으나, 다만 그것이 근린 공동체 관계 변수에 의해 매개되는지는 단언하기 힘들다고 하겠다.

5. 맺음말

산업화로 촉발된 우리나라 근대 도시화의 역사가 반세기를 넘어선 시점에서, 산업 대도시의 근린 공동체는 역사적 전통과 산업적 활력을 융합할 수 있는 재생의 방향 모색을 요구받고 있다. 이 글은 인천, 울산에서의 근린 공동체 관계와 재생의 방향에 대해 여섯 개의 가설을 중심으로 검토해 보았다. 연구의 결과를 요약하기에 앞서, 산업 대도시의 사례로 선택된 인천, 울산의 차별성을 정리하면 다음과 같다.

인천은 일상적 이웃 인사 정도, 공동체 프로그램 개최 및 참여 모두 울산보다 활발한데다가. 재생의 방향과 관련해서는 생활재생, 환경재생 모두 울산에 비해 더욱 활성화되어 있고 재생의 중요도 평가 점수도 좀 더 높은 편이다. 이 같은 발견은 산업 대도시에서의 근린 공동체 관계와 재생의 방향에 대한 관심이 제조업 집중 정도보다는 도시화의 오랜 연륜에 의해 더 영향 받음을 시사한다.

그러면 근린 공동체 관계와 재생의 방향 각각에 대한 가설 검토의 결과를 요약하고 추후의 함의를 모아보기로 하자. 우선 인천, 울산의 근린 공동체 관계는 대체로 취약한 것으로 파악되어, 우리나라 산업 대도시에서는 퇴니스, 워스 등의 '공동체 해체론'이 어느 정도 타당하다고 말할 수 있다. 이에 덧붙여 근린 공동체 관계는 산업 대도시 특성과 관련해 볼 때 도시화 역사가 오랜 인천에서 더 활발하나, 인천, 울산의 내부에서는 구시가지가 아닌 제조업 중심지에서 더욱 활성화되어 있음을 알 수 있다. 좀 더 실증적 근거가 보강되어야 하겠지만, 후자의 발견은 구시가지의 역사적 전통보다는 제조업 중심지의 생산직 노동자의 밀집이 근린 공동체 관계에 대해 좀 더 영향력이 있음을 암시하는 셈이다. 하지만 이러한 사실의 충분한 검증을 위해서는 이 글에서와 같은 양적 접근보다는 김준(2006), 조주은(2002) 등처럼 주민 생활이나 지역공동체 동학에 대한 질적 접근이 추가될 필요가 있다.

다음으로 산업 대도시에서의 재생의 방향에 대해서는 재생사업의 활성화 정도, 재생의 중요 요소 둘 다에서 역사, 문화, 정체성을 둘러싼 생활재생보다는 주거, 교통, 환경보전 등과 관련된 환경재생의 방식이 더욱 두드러짐을 알 수 있다. 이는 산업 대도시 내부에서 근린 공동체 관계가 활발한 집단에서조차 생활재생 방식이 별로 선택되지 않으며, 근린 공동체 관계가 취약한 집단의 경우 환경재생 방식과 더욱 연계되어 있다는 사실에 의해 밑받침된다.

하지만 이와 같은 관찰 결과만 갖고 산업 대도시의 재생 방향에서 생활재생 방식의 무용론을 이끌어내는 것은 곤란할 것이다. 현 단계 산업 대도시의 재생 방향을 근린 단위 환경재생에 초점을 맞추어 유지하더라도, 생활재생의 방식에 부정적 영향을 미치고 있는 취약한 근린 공동체 관계를 복원하려는 노력은 나름의 가치가 있기 때문이다. 이렇게 볼 때 산업 대도시를 포함하여 물리적 재개발 위주의 재생 정책으로 일관해 온 우리나라의 지자체들은 근린 공동체 관계의 활성화 전략에 입각하여 환경재생 외에도 생활재생, 더 나아가 경제재생까지 포괄하는 종합적인 재생의 방향을 체계적으로 수립해야 할 것이다.[47]

47) 공동체 요소보다는 부동산 상품화에 기초한 개발수익의 극대화 원리로만 치달아 온 한국의 근린재생 방식은 주택 초과공급이 장기화될 것으로 예견되는 상황에서, 주민의 재산 가치 고려를 수용하면서도 근린 공동체 관계를 활성화시키는 방식으로 전환시키려는 시도가 필요하다.

제 6 장

창조도시와 사회적 경제

- 플로리다, 사사끼, 랜드리의 논의를 중심으로

1. 머리말

참여정부는 집권 초기에 지역 균형과 지역 혁신을 화두로 삼아 행정복합도시와 혁신도시 건설을 추진했고, 말기인 2006년 즈음부터는 양적인 지역 균형이 어느 정도 성취되었다는 전제 아래 '살기좋은 지역 만들기'라는 공간 및 삶의 질에 대한 정책을 지향해 왔다. 어쨌든 지역혁신이라는 발상이 생산과 산업의 경쟁력 제고에 치중, 국한되어 있었던 데 비해, 살기좋은 지역 만들기의 논리는 주민 정주성 전반에 관심을 두는 좀 더 포괄적이고 진일보한 정책 방향이라고 평가될 수 있다. 그런데 지적될 수 있는 것은 둘 다 지역의 내발적 역량 강화를 핵심 도구로 하고 있지만, 중앙정부가 기대할 수 있는 정책 효과 면에서 전자만큼 후자의 가

시적 성과가 쉽지 않으리라는 점이다.[48)]

성경륭(2006)은 '살기좋은 도시'의 비전에 삶의 질과 아울러 공간의 질을 추가시키게 된 이론적 배경으로 플로리다(Florida, 2002; 2008)가 주창한 창조 계급론과 창조도시(creative city)론을 명시적으로 언급하고 있다. 즉 창조성과 혁신이 생산의 핵심 요소로 작용하는 창조형 경제 시대에는 과거처럼 취업 기회가 중요하게 고려되는 것이 아니라 삶의 질과 함께 공간·장소의 질이 중요한 기준으로 부각된다는 것이다. 그 이유로는 창조형 경제의 핵심 자산인 우수 인재들이 과거와 달리 자신이 생활할 살기 좋고 활기 넘치는 도시를 먼저 선택한 다음 일할 직장을 선택하기 때문이라고 풀이하고 있다.

하지만 플로리다 외에도 여러 학자들이 주장해 온 창조도시 담론은 그의 창조계급론처럼 '창조적 인재의 도시로의 유치 전략'이라는 협소한 의미로 국한되어서는 곤란하다.[49)] 그러한 취지에서 이 글은 플로리다는 물론 사사끼(佐佐木, 2004)와 랜드리

---

48) 지역혁신체계의 경우 지역사회별로 정도 차이가 있을지언정, 해당 주체는 산업체와 대학, 전문가 등 중앙의 지원 자금에 따라 학습경제에 참여할 가능성과 여건이 양호한 지식 집단이라 할 수 있다. 이에 비해 살기좋은 지역 만들기의 참여 주체는 이른 바 창조계급(creative class)에만 한정될 수 없는 전체 주민이기 때문에, 지구화에 따른 사회적 배제, 수도권 중심의 지역 불균등 발전, 환경악화에 의한 삶의 질 저하 등과 같은 사회구조적 경향에 적확히 대응하는 지방으로부터의 공동체 형성의 관점 없이는 중앙으로부터의 사탕발림, 또는 전문가 집단의 공염불에 그칠 우려가 크다.

49) 실제로 최근 국내에서는 창조도시의 개념이 '살기좋은 지역 만들기' 차원에서 더 나아가, 좀 더 폭 넓은 문화도시 정책의 일환으로도 다양하게 통용되고 있다. 2008년 현재 문화체육관광부 지역 문화과가 담당하는 창조도시 네트워크에는 부산, 대전, 전주, 성남, 인천, 김천, 대전, 영월, 김해 등 많은 도시가 참여하고 있다. 박은실(2008: 47) 참조.

(Landry, 2005)의 접근을 소개하고 사회적 경제(social economy)의 관점에서 이를 비판적으로 검토하고자 한다. 또한 이를 통해 '창조계급을 유인하는 도시'나 '용어만 바꾼 문화도시 전략'을 뛰어 넘어, 생활방식이라는 의미의 문화와 호혜적 경제를 융합시키는 대안적인 창조도시론의 가능성을 모색하도록 하겠다.

2. 이론적 맥락의 검토

2008년 현재 해외에서 '창조도시'를 지향하는 지방자치단체는 100개가 넘고(임상오, 2008), 국내에서도 '창조'라는 개념을 표방하는 도시가 9개에 이른다고 한다(오민근, 2008). 대전의 경우 도시 자체의 구호가 '창조도시'이며, 전주의 경우에는 전통문화와 음식을 결합하여 도시발전을 꾀하고 있다. 이러한 현실적 유행에 발맞추어, 창조도시를 둘러싼 국내의 논의도 실제 도시계획에서의 적용(강동진, 2008; 이상호, 2008 등)부터 경제학적 접근(이홍배 외, 2008; 임상오, 2006 등)에 이르기까지 다양하게 전개되어 왔다.

창조도시라는 개념은 미국의 제이콥스(Jacobs)가 1961년에 펴낸 『미국 대도시의 죽음과 삶(The Death and Life of Great American Cities)』이라는 저서에서 도시를 다양성과 개성, 창의와 혁신의 가마솥으로 묘사한 데에서 처음으로 고안되었다(이희연, 2008: 8). 이후 1984년의 『도시와 국민의 부』라는 저서에서 그녀는 뉴욕, 도쿄 등의 '세계 도시'가 아니라 볼로냐, 피렌체 등의 중소 도시를 주 대상으로 하면서, 창조도시를 '탈포드주의 시대를 맞이하여 유연하면서도 혁신적인 자기 조절 능력에 기반한 경제 시스템을 갖춘 도시'로 규정했다(佐佐木, 2004: 50-51). 특히 제이콥스의 창조도시론은 인적 자본의 중요성을 강조함으로써, 플로리다의 창조계급론과 창조자본(creative capital)론의 원형을 제시했다고 볼 수 있다.

전통적인 경제학이나 지리학에서는 도시의 성장이 교통 결절점에 입지하거나 기업을 유치할만한 천연 자원을 갖고 있는 데서 비롯된다고 파악해 왔다. 그녀는 이에 반대하여 도시가 창조적인 인구를 유인하도록 독특하게 입지해 있기 때문에 경제성장을 추동한다는 '인적자본(human capital)론'을 이십여 년 전에 이미 주창했다. 플로리다(Florida, 2008: 53)는 이와 같은 관점에 기본적으로 동의하면서, 자신의 창조자본론이 기존의 인적 자본론과 다른 이유를 창조적 인재가 그 지역에서 많이 배출되었다고 축복하기보다 그러한 사람들의 입지 결정을 규정하는 근원적 요인에 주목하는 데 있다고 차별화시킨다.

제이콥스 이후 현재에 걸쳐 창조도시 담론을 주도해 온 학자로 플로리다, 사사끼, 랜드리를 손꼽는 데 이의를 제기할 사람은 별로 없을 것이다. 3절 이후 각각의 논의를 검토할 테지만, 여기서는 세 학자의 이론적 맥락을 점검하기 위한 세 가지 쟁점을 제시해 보고자 한다. 첫째, 이론적 출발점이 문화인가, 경제인가, 아니면 문화와 경제 둘 다인가? 둘째, 창조 도시의 여러 측면인 창조산업, 창조계급, 창조환경 가운데 어디에 초점을 두는가? 셋째, 주로 관심을 두는 도시 형태가 성장 도시인가, 낙후 도시인가, 중소 도시인가? 이들 쟁점을 고려하여 세 학자의 담론을 삼각형 구도로 표시해 보면 <그림 6-1>와 같다.

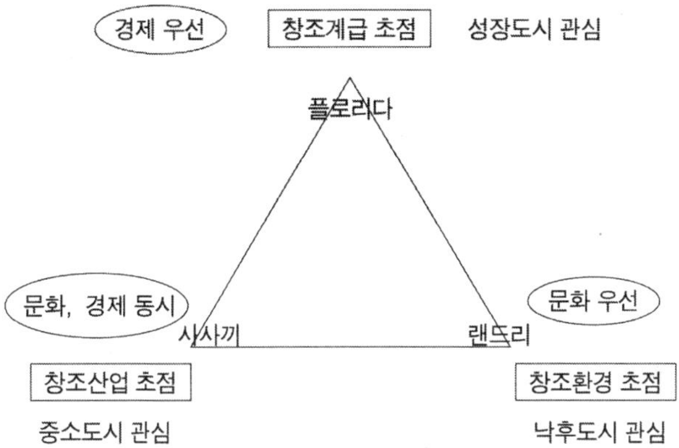

〈그림 6-1〉 세 가지 창조도시 접근의 삼각형 구도

먼저 <그림 6-1>에서 타원형으로 표시되어 있는 첫 번째 쟁점과 관련하여, 미국의 플로리다는 도시의 경제 성장을 설명하려는 문제의식에서 출발하는 데 반해 영국의 랜드리는 지역의 문화적 가치에 대한 인식을 전환시킨 다음 도시 재생을 추구해야 한다고 주장한다.[50] 한편 사사끼의 경우에는 4절의 창조도시에 관한 정의에서도 볼 수 있듯이, 경제와 문화를 동시에 강조하는 경향이

50) 이러한 차이에 대해 임상오 외(2007: 32)는 플로리다를 비롯한 미국의 학자들이 모두 경제학이라는 배경을 공유하고 있는 것에 비해 랜드리 등의 유럽 학자들은 모두 도시 재생과 도시 계획 등의 분야에서 활동했기 때문이라고 풀이한다. 또 재정 적자의 심화와 제조업 쇠퇴에 따른 문화 투자를 통해 도시 재생을 추구한 영국 등 유럽의 경우 지역이 가진 인적, 물적, 환경적 자원에 대한 문화적 재평가가 선행된 데 비해, 미국의 경우에는 지역 경제를 재건하기 위한 환경 조성에 정책의 초점이 두어지고 있다고 파악한다.

두드러진다. 다음으로 직사각형으로 표시되어 있는 두 번째 쟁점을 둘러싸고, 사사끼는 문화와 경제가 혼융된 창조 산업을 중시하는 반면에 플로리다는 창조적 인재에 초점을 두는 창조계급의 관점을 부각시킨다. 다른 한편으로 랜드리의 경우에는 창조산업과 창조계급 이전에 창의성을 도시의 유전자 코드로 변환시키는 창조도시의 기반으로 창조 환경에 우선순위를 둔다고 볼 수 있다.

세 번째 쟁점과 관련해서는 세 학자의 접근이 상호 배제적 차이를 지닌다고까지 보기는 힘드나, 도시 규모 및 형태에 대한 각각의 선호나 경향성을 드러낸다고 말할 수 있다. 먼저 랜드리의 경우 중소 도시나 대도시 할 것 없이 문화적 차원에서의 창조환경의 조성이 필요함을 역설함에도 불구하고, 상대적으로 낙후된 도시가 창조도시 전략에 의거하여 주변에서 주류로 역전되는 것에 더 많은 관심을 갖고 있는 것이 사실이다. 사사끼의 경우에는 제이콥스의 문제의식을 이어 받아, 볼로냐나 일본의 가나자와와 같은 인구 30만~50만 명 정도 인간적 규모를 지닌 중소 도시의 내발적 발전 전략에 주목하고 있다. 이에 비해 플로리다는 미국의 주요 도시들을 대상으로 창조계급론을 적용하고 있으나, 주요 성공 사례들은 당연하게도 낙후도시보다는 성장도시로 모아지고 있다.

3. 플로리다의 접근과 그 비판

1) 플로리다의 창조도시 접근

플로리다에 의하면, 지식과 정보는 창조성의 도구이자 재료이며, 혁신은 새로운 기술이든 새로운 사업 방법이든 창조성의 산물이다.[51] 그는 21세기 창조경제의 핵심 산업을 연구 개발, 출판, 소프트웨어, TV와 라디오, 디자인, 음악, 영화, 광고, 건축, 공연예술, 비디오 게임, 패션, 미술 등으로 분류한다. 또한 창조계급이 증가하는 이유에 대해서는, 정보 산업 및 문화 산업의 발전에 따라 비중이 증대되는 이들 직종에서 창조성이 더욱 중시되기 때문이라고 한다.[52] 이와 함께 회사와 조직은 생산성과 때문에, 개인은 자기표현과 일에 대한 만족을 얻는 통로로서 창조성을 더욱 중시하는 경향이 동시에 발생하고 있다고 본다.

창조계급은 스스로를 별개의 집단으로 간주하고 있지는 않지만 비슷한 기호, 욕구, 취향을 공유하는데, 그 공통된 특징으로는

---

51) 플로리다(Florida, 2002: 56-59)에 의하면 창조성은 지능과 동일한 것이 아니다. 즉 지능은 많은 양의 자료를 처리하는 능력이므로, 창조적 잠재력에 유리하지만 창조성과 동의어는 아니라고 할 수 있다. 어쨌든 창조성은 종합하는 능력으로 정의될 수 있으며, 자신감과 모험을 감수하는 능력을 요구하는 것이다. 이렇게 볼 때 창조성은 초인적인 재능을 가진 선택된 천재의 영역이 아니며, 모든 사람들이 타고난 다양한 능력인 셈이다.

52) 창조계급은 순수창조의 핵심집단과 창조적 전문가 두 부류로 구분된다. 먼저 순수 창조의 핵심집단은 과학기술자, 교수, 연구원, 문학예술가, 연예인, 배우, 디자이너, 건축가 등을 가리키며, 창조적 전문가는 첨단기술, 금융서비스, 법, 건강관리, 사업 비즈니스와 같은 광범위한 지식집약 업종에 종사하는 집단을 일컫는다. Florida(2002: 114) 참조.

개체성, 실력주의, 다양성과 개방 등이 거론된다. 우선 개체성이란 조직, 제도에 순응하는 것을 원치 않고, 개인주의적 독자성을 창조하도록 노력하는 성향을 말한다. 또한 실력주의는 어려운 일, 도전, 자극을 선호하며, 목표를 설정하고 달성하려는 성향이 있으며 출세를 원하는 것이다. 마지막으로 다양성과 개방이란 인종, 민족, 성별, 성적 취향, 외모 등에 근거한 분류를 거부하는 것인데, 그 예로 최근의 미국에서 많은 회사원들이 벌이는 주요 행사는 크리스마스 파티가 아니라 누구나 특이한 의상을 차려입고 휴일을 즐기는 할로윈 파티라는 점이 강조되고 있다.

더욱이 플로리다는 지역발전을 위한 3T(Talent, Technology, Toler- ance)를 내세워, 문화진흥, 기술혁신과 함께 이질적 요소에 대한 관용을 강조하고 있다.[53] 이 가운데 특히 이질성에 대한 관용은 한 도시가 다른 기술과 생각을 지닌 다른 유형의 창조적인 사람들을 유치할 가능성을 증가시키며, 결과적으로 창조적 자본을 거대하고 다양하게 집결시켜 좀 더 높은 비율의 혁신, 하이테크 사업의 형성, 일자리 창출, 경제 성장을 초래하게 된다(임상오, 2006). 요컨대 플로리다는 세계화의 네트워킹 효과와 관련된 '신경제'의 맥락에서, 기술 - 생산구조 - 노동시장의 최근 변화를

53) 플로리다(Florida, 2008: 58)에 따르면, 창조 계급은 3T의 요소를 모두 가진 곳에 뿌리를 내리기 때문에, 각 요소들은 필요조건이지만 개별적으로는 불충분하다. 예를 들어 볼티모어, 세인트루이스, 피츠버그와 같은 도시들은 기술과 세계적 수준의 대학들을 보유하고 있음에도 불구하고 최고의 창조적 인재를 유인하고 유지하기에는 관용적이고 개방적이지 못하기 때문에 성장하지 못한다. 또 마이애미와 뉴 올리언스와 같은 도시들은 비록 라이프스타일의 메카일지라도 필수적인 기술 기반이 결여되어 있다. 가장 성공적인 창조 도시들은 3T를 모두 결합시키고 있는 샌프란시스코 베이 지역, 보스턴, 워싱턴 DC, 오스틴, 시애틀 등이다.

반영하여 다음과 같은 인과 관계를 추구한다고 볼 수 있다. '도시 성장이 창조성에서 비롯된다면 성장을 이끄는 것은 창조계급이며, 창조계급이 유입되어야만 성장할 수 있는 상황에서는 그들이 원하는 것을 얻을 수 있을 때 창조 계급이 그 도시로 이주하게 된다. 또 그들이 원하는 것이 관용과 개방성이라면 이것들이 충족될 때 창조계급이 이입되며, 그로 인해 성장이 뒤따를 것이다.'

한편 최근에 플로리다(Florida, 2008)는 미국 도시의 맥락에서 3T와 소득이 실제로 관련되어 있음을 보여주기 위해, 각 변수를 조작하여 경로 분석을 시도하고 있다. 이때 관용은 게이 인구의 비중인 게이 지수로, 인재는 학사학위 이상 학력자들의 척도로, 기술은 하이테크 산업 실질 생산액의 입지계수를 전국 하이테크 산업 실질 생산액으로 곱한 값인 테크-폴 지수로, 소득은 1인당 소득 수준 및 그 변화량으로 측정된다. <그림 6-2>가 제시하는 3T와 소득 간 선순환 관계는 다음과 같은 분석 결과에 의해 도시된 것이다. 관용 정도가 큰 도시일수록 기술 수준이 높아지는데, 여기에는 직접적 영향과 인재를 매개로 한 간접적인 영향이 있다. 인재가 많은 도시일수록 소득 수준과 기술 수준도 향상된다. 또한 관용의 정도가 큰 도시일수록 소득 수준이 높아지는 경향이 있다.

이러한 플로리다의 창조도시 접근은 21세기 초반 미국에서 선풍적인 인기를 끌어 왔으며, 많은 주 정부들이 경쟁적으로 문화예술을 경제 개발 정책에 연계시키는 부드러운 하부 구조 투자에 치중하게 만드는 이론적 지침이 되고 있다. 대표적 사례로는 미국 지방정부들에서 도시 공간의 재브랜드화나 젊은 창조적 인재

를 위한 먹거리, 볼거리 안내 등을 강조하는 경향을 들 수 있다.[54)]

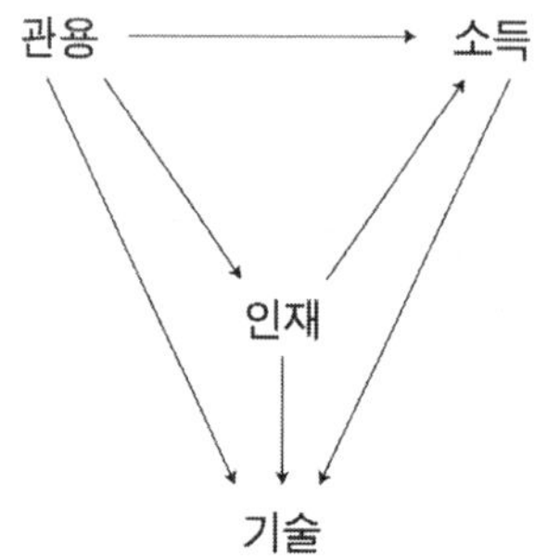

〈그림 6-2〉 3T와 소득 간의 선순환 관계

지금까지 다양한 창조도시 담론들 가운데 가장 잘 알려진 플로리다의 접근을 요약해 보았다. 그의 시도는 도시 간 경쟁, 재개발, 중간 계급 소비, 장소 마케팅 등 신자유주의적 도시개발 의제의 맥락에서, 코스모폴리탄적 엘리트주의와 문화적 급진주의 겸 경제적 보수주의, 비즈니스 현실주의 등을 뒤섞은 것으로 평가되고 있다(Peck, 2005). 이렇게 볼 때, 그의 창조도시론은 허약한 도시의 이미지를 벗어나 세계 자본 및 전문가와 서비스 계급이 높은 이동성을 가질 수 있도록 하기 위해 사용되는 기업주의 도시 관리의 새로운 형태로의 전환과 관련된다고 하겠다(최병두, 2006: 48-49).

---

54) 미국에서 창조계급, 창조도시가 급부상된 배경으로는 무엇보다 돈이 별로 들지 않는다는 사실을 지적할 수 있다. 현대의 문화예술을 경제개발 정책에 연계시키는 부드러운 하부구조 투자는 별로 비싸지 않기 때문에, 주 정부들이 경쟁적으로 받아들여 온 셈이다. 그런데 유의할 것은 대부분의 도시 지도자들이 이를 현재의 시장 주도적, 소비 주도적, 부동산 주도적 개발 전략의 대안으로 생각하지 않고, 그것들에 대한 값싼 보완책으로 여긴다는 점이다. Peck(2005) 참조.

2) 플로리다 창조도시 접근에 대한 비판

그러면 사회적 경제 모델에 초점을 둔 창조도시 담론의 재구성이라는 문제의식 아래 그의 논의를 성장도시 중심의 선순환 논리의 문제점, 사회적 자본에 대한 경시, 경제에 대한 일면적 관점 등 세 가지 측면에서 비판하도록 하겠다.

첫째 창조적 인재가 원하는 고급문화를 향유하고 경쟁적 협력을 강화할 수 있는 성장 도시에게는 희망을 가져다주지만, 지역 불균등발전의 어두운 면을 감내하는 낙후도시에서는 불평등을 고착화하는 악순환을 가중시킬 수 있다는 점이다(Peck, 2005). 물론 플로리다도 창조계급과 창조성 없는 계급의 기능적 분업이 소득 양극화를 낳아, 국가 경쟁력에 위협이 된다는 딜레마를 스스로 인정하고 있다. 하지만 '창조적 기술을 지닌 인재를 유인하기 위해 인재, 기술, 관용의 세 가지 요소가 모두 필요하다'는 그의 핵심 명제는 '관용'이라는 요소만 빼면 동어반복이라는 데 유의해야 한다. 즉 인재, 기술의 요소를 이미 갖추고 있는 성장도시는 관용적이고 개방적인 문화만 '금상첨화'하면 더 잘 성장할 수 있는 반면에, 관용의 라이프스타일이 있어도 인재, 기술의 요소가 불비한 낙후 도시에서는 창조 계급을 유인할 동력 자체가 부재하다는 것이다.

둘째 창조계급론의 경우 사회적 자본의 강한 유대보다 창조적 자본의 약한 유대가 바람직하다고 주장하나, 다양한 주민들의 신뢰와 네트워크라는 사회적 자본이 도시 창의성의 원천임은 분명한 사실이라는 점이다. 최근의 저작에서 플로리다(Florida, 2008:

54)는 창조성을 인간의 내재적 특성으로 이해하면서, 모든 인간이 창조계급의 잠재적 구성원임을 강조하고 있다. 이렇게 본다면 그가 말하는 창조적 자본이란 상대적으로 창조성이 높은 인적 자본의 연결망인 사회적 자본과 크게 다르지 않은 것이다. 사회적 자본이란 개인 간 관계에 내재해 있으면서 구체적 행동, 규범에 영향을 미치는 원천으로서, 각 개인이 그 결과를 수용하는 자원이라는 의미도 갖는다(이재열, 2006: 86). 더 나아가 앞의 비판점과 연결시켜 볼 때 창조도시의 사회적 자본은 플로리다가 제시하는 고급문화의 활성화 차원이 아니라, 시민들의 지적 수용성, 정치적 개방성, 협력적 태도를 강화시키는 창의성과 호혜성의 토대로 작용할 필요가 있는 것이다(최병두, 2006).

셋째, 미국이라는 배경을 갖는 담론의 태생적 한계이겠지만, 플로리다의 접근은 시장경제에만 초점을 맞추고 있어서 공동체 영역의 제3섹터가 담당하는 '호혜성의 경제(economy of reciprocity)'를 무시하고 있다는 점이다.[55] 그는 3T 가운데 관용의 요소를 다양성, 개방성으로만 이해하고 있는데, 진정한 관용성은 게이나 외국인에 대한 용인을 뛰어 넘는 협동적 문화와 호혜적 경제의 융합에서 생성된다고 보는 것이 온당하다. 플로리다의 창조계급론은 지역 격차 완화, 일자리 창출, 빈곤 경감, 생태적 지속가능성 등의 진보적 프로그램보다는, 재정지원 경쟁이나 개발 계획과 같은 단기적이고도 과업 지향적인 실용주의 노선에 치우친 것이다.

55) 제4장에서 본 바와 같이 폴라니(Polany, 1944)에 의하면, 경제 활동은 시장, 재분배, 호혜성이라는 세 가지 영역의 결합으로 파악된다. 즉 사적 경제의 영역인 시장 외에도, 공공 경제를 대표하는 재분배, 사회적 경제와 관련되는 호혜성이 경제의 세 가지 축을 이룬다는 것이다.

특히 이를 한국에 적용할 경우의 문제점은 지구화에 따른 경제적 추세를 고급 노동력의 고소득화로 일면적으로 파악함으로써, 양극화와 불균등 발전으로 대다수 사회적 배제 계층이 겪는 삶의 공간의 주변화를 제대로 설명할 수 없다는 것이다.[56]

4. 사사끼 및 랜드리 접근의 사회적 경제 모델에 대한 적용

1) 사사끼와 랜드리의 창조도시 접근와 사회적 경제 모델

일본의 사사끼는 플로리다는 물론 랜드리보다도 앞서 1996년에 『창조 도시의 경제학』을 출간하여, 매우 선구적으로 창조도시 담론을 전개한 학자이다(임상오 외, 2007: 19). 그에 따르면, 창조도시는 인간이 자유롭게 창조활동을 함으로써 문화와 산업의 창조성이 풍부한 동시에 탈 대량생산의 혁신적이고 유연한 도시경제 시스템을 갖춘 도시이다. 다른 한편으로 사사끼는 창조도시의 정의를 21세기에 인류가 직면한 전 지구적인 환경문제와 부분적

---

56) 삶의 질과 공간의 질 제고로 창조계급을 유치함으로써 도시 활성화를 꾀하는 플로리다의 접근을 국토가 협소한 한국의 지방자치단체에 적용할 경우 그 효과는 제로 섬 게임(zero- sum game)으로 귀착될 가능성이 크다. 왜냐하면 도시화율이 90%를 초과하고 저출산이 심화되는 현재, 전국의 모든 지역이 창조도시를 지향한다고 했을 때 유입 인구가 제한적일 수밖에 없기 때문이다. 국가균형발전위원회의 구상에 의하면 국내뿐만 아닌 외국 인재도 유치한다고 하는데, 실제로는 창조성이 필요없는 직종의 외국인 노동자 말고는 극히 일부 도시에서나 소수 외국인 창조계급의 유입이 가능할 것이다.

인 지역사회의 과제에 대해 창조적으로 문제 해결을 할 수 있는 '창조의 장(場)'이 풍부한 도시에서 찾고 있다(佐佐木, 2004: 53).

위의 두 가지 정의에 비추어 볼 때, 사사끼는 문화와 경제에 대한 강조에서 더 나아가 환경문제를 포함하는 복지 분야에서의 '창조의 장'까지 부각시키는 독특한 관점을 발전시켜 왔음을 알 수 있다. 즉 그는 필자가 시도하고자 하는 사회적 경제 모델에 입각한 창조도시의 재구성에 가장 부합되는 논의를 전개하고 있는 셈이다. 사사끼에 의하면, 복지 분야에서의 협동조합이나 비영리 조직의 공공부문과의 연계 및 협동 노력은 주민의 자발성과 창조성을 고양시킴으로써 재정 위기를 창조적으로 극복하고 '새로운 분권적 복지 사회'를 재구축하는 동력이 될 수 있다고 본다. 특히 그는 사회적 경제의 핵심인 협동조합에 대해 과도한 영리주의, 관료주의를 억제하고 인간의 '창조적인 일'의 영역을 확장시키는 기능을 부여하고 있다.

대표적 사례로 이태리 볼로냐에 주목한 사사끼는 제3이태리로서의 소기업 집적과 유연적 생산 방식에 대한 관심 외에도, 협동조합 조직과 환경 문제 대응 등에서 나타나는 창조도시의 시도들에 주목한다(佐佐木, 2004: 101-116). 우선 볼로냐의 사회적 협동조합은 여성의 사회적 지위 향상과 장애인의 발달 보장 등 기본적인 인권 확대를 위한 풀뿌리 주민 운동에 기반하여 자발적으로 조직되어 '사회적 협동조합법'을 창조하는 단계에까지 도달함으로써 복지국가 시스템을 개선해 왔다. 이와 같은 호혜적 경제의 전통은 연극이라는 예술 활동에서도 공평한 작업 분담과 이익 분배, 상호 부조를 원칙으로 하는 문화 협동조합을 활성화시켜, 풀뿌리 문화 창조를 이끌고 있기도 하다. 한편 광역적 수자원 관리와 녹지 배치, 교통수단 정비 등 도시의 질을 높이기 위한 볼로냐의 환경 관리 계획에서도 다양한 창조적 아이디어가 적용되고 있다.

사회적 경제 모델에 입각한 창조도시론을 명백하게 제안하고 있는 사사끼와는 달리, 랜드리(Landry, 2005)는 협동조합이나 환경문제를 직접 다루는 대신 문화, 경제, 복지, 환경 등 모든 도시 문제를 창의적으로 해결하기 위한 방법론 개발에 몰두해 왔다. 그가 갖고 있는 창조도시의 문제의식은 어떻게 하면 도시가 국가의 재정 지원으로부터 자립하여 지속적으로 발전해 갈 수 있는가 하는 것이다(임상오 외, 2007: 17). 유럽에서 1980년대 이후 나타난 제조업 퇴조, 실업자 양산, 국가재정 위기 등에 대응하여, 랜드리의 관심은 예술 문화의 창의력을 바탕으로 도시의 고유한 창조 환경을 조성함으로써 계획적인 도시재생을 꾀하는 데에 있다고 하겠다.

사사끼의 관심 대상인 볼로냐 등의 사례는 중소기업의 산업 경쟁력을 바탕으로 사회적 경제와 환경 관리에 협동적, 창의적으로 접근하는 모델인 데 반해, 그의 담론은 특별히 낙후 도시만을 대상으로 하는 것은 아니나 심지어 조그만 마을의 경우일지라도 생각하고 계획하고 상상력 풍부하게 행동할 수 있는 전제 조건이 충족되기만 하면 혁신적이면서 창조적인 도시로 변모될 수 있다고 주장한다.

랜드리(Landry, 2005: 151-189)에 따르면, 그러한 창조도시의 전제 조건은 개인의 자질, 의지와 리더십, 다양한 인간의 존재와 다양한 재능에의 접근, 조직 문화, 지역 아이덴티티, 도시의 공간과 시설, 네트워킹의 역동성 등이다. 이 가운데 몇 가지 요소들은 직접적으로 명시되고는 있지 않지만, 사회적 경제 모델에 응용될 수 있다.

먼저 의지와 리더십이라는 요소는 랜드리가 언급하듯이 창조도시의 공공부문이나 기업, 자원조직 등 모든 형태들에서 요구되는 능력이다. 특히 잠재적으로 고도의 능력을 갖춘 지도자는 참기 어려운 정치 관행을 갖고 있는 지방자치단체를 거부하고, 좀 더 보람이 많은 제3섹터나 최첨단 비즈니스 분야에서 리더의 위치를 추구한다고 한다. 이를 사회적 경제 모델에 연결시켜 본다면, 취약계층에 대한 일자리 창출과 서비스 제공을 목적으로 하는 사회적 기업가의 역할에 적용시킬 수 있다. 제3 부문의 자발성에 기초하면서도 비즈니스 마인드를 적절히 배합한다는 것은 남다른 창의성을 요구하는 일이기 때문이다.

다음으로 네트워킹의 역동성이라는 요소에 대해, 하나의 체계에서 매듭의 수가 많을수록 학습 및 혁신 능력이 커지므로 네트워킹과 창의성은 본질적으로 공생 관계에 있는 것으로 파악된다 (Landry, 2005: 181-182). 따라서 도시 발전을 위한 공공, 민간, 비영리부문의 파트너십은 지역 정치가의 우월한 권력을 잠식하는 한편, 새로운 구성원과 창조적 아이디어를 이끌어내는 데 유리한 것이다.[57] 이러한 역동적인 네트워크의 구축은 앞서도 언급한 사회적 자본의 축적에 바탕을 두는 것이고, 사회적 경제 모델과 연결시켜 보면 일본에서 발전되어 온 지역사회 비즈니스(community

57) 이 때 어려운 점은 세 가지 부문 각각이 시급히 네트워크 할 필요성을 느끼게 하는 일인데, 그 하나의 방법은 기업, 제3섹터가 갖고 있는 사업 계획을 개별 조직의 수준에서 점차 도시 전체로 격상시키도록 하는 것이다. Landry(2005: 188) 참조.

business)의 예처럼 도시 차원에서의 호혜적 경제의 거버넌스 형성 작업에 적용될 수 있다.

위의 일곱 가지 요소에 직접 해당되지는 않지만, 랜드리는 영국 북부의 하더스필드를 사례로 낙후도시의 창조도시로의 전환에 대해 기술하면서 '주변에서 주류로'라는 창조적 도시 재생의 방법론을 강조하고 있다. 이 도시는 물질적 환경 개선 수준이 아니라 인간 전체를 포괄하는 목표를 정립함과 동시에, 창의성을 도시 재활성화에 활용하는 전략이 주변적인 것에서 주류로 도약하는 최량 실천의 모범을 제시했다고 한다. 비슷한 흐름에서 그는 비주류의 사회 운동에 의한 도시 혁신의 예로서 환경문제를 들고 있다(Landry, 2005: 310). 즉 주변적인 급진파가 고안한 쓰레기 재활용을 통한 실업문제의 획기적 해결, 카풀제, 대안적 통화 제도 등은 시간이 지나면서 주류 도시 정책으로 받아들여져 지속 가능성에 기여하는 중요한 혁신으로 합법화되었다는 것이다.

2) 사회적 경제 모델에 입각한 창조도시의 대안 모색

지금까지 사사끼와 랜드리의 창조도시 접근을 사회적 경제 모델과의 관련성에 비추어 검토해 보았다. 그러면 이와 같은 사회적 경제 모델에 바탕을 두고 대안적 창조도시의 얼개에 접근해 보도록 하겠다. 사회적 경제란 호혜, 자조 등의 사회적 목적을 경제 활동에 연계시키는 포괄적인 개념이다. 자본주의의 등장 이후 협동조합 등 호혜성에 기초한 사회적 경제는 시장 경제의 보완적 위치로 복속되었으나, 21세기 들어 지구화에 따라 시장 경제의 폐해가 가중됨으로써 재화보다는 생존과 생명을 우선시하기 위한 의의가 더욱 주목받고 있다. 특히 지구화 시대의 사회적 경제는 자본에 의한 인간의 수단화, 생태계 파괴 등 전 세계적 모순을 극복하기 위한 빈곤층 권리 찾기, 소외 지역의 삶의 질 방어, 생태적 공동체 경제 등 아래로부터의 다양한 노력들의 연대로 재해석될 필요가 있다(한상진, 2006).

장원봉(2006)에 따르면, 사회적 경제는 사회적 소유, 사회적 자본, 사회적 목적이라는 세 가지 요소로 구성된다. 먼저 사회적 소유는 사회적 경제의 조직적 차원으로서, 다양한 사회적 소유권에 기초한 참여주의 모델의 실현에 관련된다. 다음으로 사회적 자본은 사회적 경제의 가치적 차원으로, 호혜성에 기초한 사회적 연대의 실현과 사회적 자본의 동원을 가리킨다. 마지막으로 사회적 목적은 사회적 경제의 제도적 차원에 해당하며, 대안적인 자원 배분을 위한 사회적 정당성에 대한 요구를 의미한다.

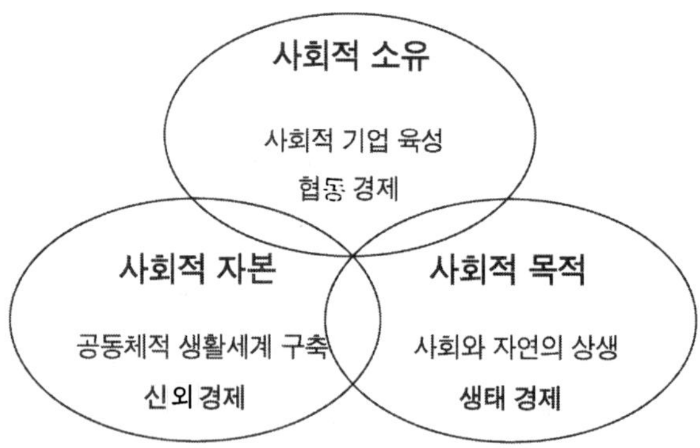

〈그림 6-3〉 사회적 경제 모델에 입각한 창조도시의 요소, 목표, 주요 경제 형태

이를 창조도시의 대안에 느슨하게 적용해 볼 때, 각각의 요소가 지향하는 목표와 주요 경제 형태는 <그림 6-3>처럼 제시될 수 있다. 우선 사회적 소유는 협동조합 등 호혜적 경제 활동에 의한 일자리 창출과 삶의 질 개선을 지향하며, 주요 형태로는 비영리적 소유 구조에 의거한 사회적 목적의 경영 조직인 사회적 기업을 들 수 있다. 또 사회적 자본은 사회관계 속에 내재된 자원의 총합으로서 사회적 네트워크를 바탕으로 신뢰와 호혜성과 같은 문화적 요소를 결합하고 활용하여 생성된 자본 형태(홍현미라, 2008: 144)이며, 공동체적 생활 세계 구축을 위한 신뢰 경제의 형성을 필요로 한다. 한편 사회적 목적과 관련하여 창조도시를 위한 대안적 자원 배분은 사회적 자원과 자연 자원을 포괄하는 사회 생태적 틀을 요구한다고 볼 수 있다.

한편 사회적 기업, 사회적 자본, 사회적 목적이 겹쳐지는 부분에 대해 서술하면 다음과 같다. 첫째 사회적 기업과 사회적 자본의 연계를 둘러싸고는, 지역사회의 경제적, 정치적, 사회적, 문화적 네트워크를 사회적 기업을 지원하기 위한 사회적 자본으로 재구조화하고 사회적 기업 스스로도 도시 주민의 신뢰와 창의성을 유도하고 호혜적인 문화를 확산시키는 측면이 지적될 수 있다(홍현미라, 2008: 150).

둘째 사회적 자본과 사회적 목적이 겹쳐지는 부분은 생태 공동체의 풀뿌리 조직이 대표적 형태라 할 수 있으며, 더 나아가 지역경제 활성화, 재화와 서비스에 대한 통제 강화, 교환을 통한 인간적 교류 강화, 더욱 강력한 공동체 의식 고양, 사회적 관계의 개선과 사회적 소외의 억제, 사장될지 모를 기술과 재능의 충분한 활용, 유급 노동에서는 불가능한 자신감과 자긍심 독려, 즐거운 삶의 영위와 삶의 질 향상 등을 꾀하는 지방 교환 교역 시스템(Local Exchange and Trade System) 등도 포함한다(Croall, 2003: 21).

셋째 사회적 기업과 사회적 목적의 연계는 친환경적 고용 창출의 시론적 모델인 '생태적 자활(ecological self-sufficiency)'을 내용으로 한다고 볼 수 있다(한상진, 2006). 생태적 자활이란 취약 계층의 자족적인 인간다운 삶의 수준 확보와 자율 분산적이고도 자급자족적인 생태 지역의 지속 가능성을 동시에 포착하는 개념이다. 그 실제적 사례로는 재활용 업종에서의 사회적 기업의 활성화라든지 농촌 재생을 위한 마을 기획 일자리 창출 등을 들 수 있다(재활용 사회적 기업 연합회 준비위원회, 2005; 구자인, 2006 등).

끝으로 한국에서 현재 수용되고 있는 창조도시 담론이 대부분 문화 도시의 지향을 갖고 있기 때문에, 문화와 사회적 경제 모델을 결합시킨 사례로서 문화 분야 사회적 기업의 시도를 간단히 다루고자 한다. 2008년 현재 노동부의 인증을 받은 사회적 기업 108개 가운데 문화, 예술, 관광, 운동 업체는 5개로 매우 적은 편이다. 그 가운데 '노리단'은 청소년을 주축으로 생활 폐기물 소재의 악기를 연주, 판매, 설치, 교육하는 사회적 기업인데, 2007년 현재 작곡가, 배우, 기획자, 타악 주자 등 20명의 일자리를 창출하고 있다. 이와 함께 전주의 사회적 기업인 '전통문화 사랑 모임'은 한옥생활 체험관을 중심으로 숙박, 체험 등의 유·무료 서비스를 제공하며, 지역문화 강좌 및 전통소재 상품 개발을 통해 수익 창출을 시도해 왔다(황정란, 2008: 43-44). 이들 문화 분야의 사회적 기업은 아직까지는 걸음마 단계이지만, 사회적 경제의 원리를 문화예술적 창의성과 결합시키는 창조도시의 주요 영역으로 자리 잡을 필요가 있다고 하겠다.

5. 맺음말

이 글은 사회적 경제 모델에 입각한 대안적인 창조도시의 틀을 제시하려는 목적 아래, 플로리다, 사사끼, 랜드리 등의 접근이 갖는 이론적 맥락을 일별한 다음 사회적 경제의 관점에서 각각을 비판적으로 검토해 보았다. 결론적으로 창조도시에서의 사회적 경제 모델의 적용은 성장 도시를 대상으로 한 시장 경제 위주의 담론인 플로리다의 창조계급론보다는 사사끼나 랜드리의 논의에서 상대적 친화성을 발견할 수 있다. 특히 중소 도시의 복지, 환경 분야의 호혜성을 도시 정책의 창조성과 연계시키고 있는 사사끼의 시도나, 주변적 낙후 도시의 주류로의 역전을 위한 창조환경 조성에 대한 랜드리의 제안은 사회적 경제 원리의 창조 도시에로의 접목에 유용한 시사점을 제공하는 것이다.

이명박 정부 들어 지역정책이나 도시정책의 조감도가 거의 제시된 적이 없어, 참여 정부의 '살기좋은 지역 만들기'처럼 창조도시의 아이디어가 어느 정도 정책화될지는 판단내리기가 쉽지 않다. 하지만 정부의 실용 노선을 감안한다면, 사사끼나 랜드리의 관점보다는 플로리다의 논리가 시장주의와 기업가 도시론에 입각한 정책 수립에 좀 더 친화적이리라 추측된다. 그러나 미국에서 촉발된 금융 위기 이후 시장 경제의 폐단이 좀 더 가시화된다면, 대안적인 사회적 경제 모델에 입각한 창조 도시의 담론도 더욱 실천적으로 구체화될 수 있을 것이다. 주민 모두가 살기 좋은 도시를 만들기 위해서는 지역 경제 및 문화의 활성화와 시민적 신뢰 구축, 그리고 생태계 보전 논리를 통일시키는 전략과 이에 의거한 세부적 실천이 뒤따라야 하기 때문이다.

이 글이 제시하고자 했던 사회적 경제 모델에 입각한 대안적인 창조도시의 담론은 아직까지 시론에 불과한 하나의 관점 수준이라고 치부될 수도 있다. 그럼에도 불구하고 필자는 창조도시를 위한 진정한 창조성에는 시장 경제를 우회하는 호혜적 창조성이 반드시 포함되어야 하며, 사회적 자본을 기축으로 한 사회적 기업과 사회적 생태의 통합적 모색이 낙후 도시, 중소도시의 창조 환경 조성을 통한 생존 전략이 될 수 있음을 강조하고자 했다. 물론 사회적 경제 모델에 초점을 둔 창조도시의 대안을 정립하기 위해서는, 지역사회의 내발적 풀뿌리 조직화도 중요하지만 중앙 정부의 분권적 자치 노력에 대한 지원도 지속적으로 요구될 것이다. 따라서 노무현 정부 말기에 씨 뿌려진 '살기좋은 지역 만들기'의 사례들로부터 최량 실천의 모델을 창출함과 아울러, 문화, 경제, 환경, 복지 등을 둘러싼 창조도시들의 네트워킹에 의한 연대도 가일층 발전시켜야 할 것이다.

제 7 장

한국에서의 재활용 사회적 기업과 사회적 기업가정신

- '재활용 대안기업 연합회'를 중심으로

1. 머리말

21세기의 중요한 사회문제 가운데 하나인 '고용없는 성장'을 해결하는 데 사기업과 정부의 한계가 명확해 짐에 따라, 시민사회 영역에서 활동하는 사회적 경제조직(social economy organization), 또는 비영리조직(nonprofit organization)의 대안적 역할이 기대되고 있다. 다시 말해, 전 세계적으로 시장과 국가를 넘어서는 시민사회 영역이 취약계층의 삶의 질 확보와 지역공동체 발전을 위한 주체로 뚜렷이 부상되고 있는 것이다. 한국에서도 2006년 말에 '사회적 기업 육성법(이하 육성법)'이 제정된 이후, 사회적 기업(social enterprise)을 표방하는 시민사회 조직에 의한 일자리 창출과 사회 서비스 제공이 정부와 기업에 의해 제도적으로 지원되어 왔다.

그런데 2008년 10월 현재 노동부가 인증한 사회적 기업 108개의 조직 형태를 보면, 상법상 회사가 39.8%로 가장 많고 비영리 민간단체가 34.3%로 그 뒤를 잇고 있다(노동부, 2008). 3절의 재활용 사회적 기업 사례들에서 보듯이 자활공동체가 상법상 회사 형태로 전환된 경우 본연의 사회적 목적에 충실하겠지만, 노동부 스스로는 이러한 현상에 대해 상법상 회사의 증가를 감안한 사회적 목적성 판단 기준의 정비가 필요하다고 지적하고 있다. 현재 육성법 상 사회적 기업의 인증 요건에는 이 같은 조직 형태 규정 말고도 유급 근로자의 고용, 사회적 목적의 실현, 이해당사자(stakeholder)가 참여하는 의사결정 구조, 영업활동을 통한 수입 획득, 정관 및 규약의 구비 등이 있다(박성철, 2008). 현행 육성법은 이 가운데 사회적 목적의 실현에 대해 취약계층에게 일자리나 사회 서비스를 제공하여 지역 주민의 삶의 질을 높이는 것이라고 포괄적으로 규정하고 있다.58)

이 글은 사회적 목적을 실현하기 위한 사회적 기업의 실질적 과정을 파악하기 위해, 위와 같은 형식적 규정의 충족 여부를 따지는 것에서 더 나아가 이해당사자의 복합적 연계 구조와 사회적

58) 그 밖에 현행 육성법에는 수익 2/3 이상의 추가 고용을 위한 재투자나 청산 시 자본금의 2/3 이상 지역사회 환원 등도 명시되어 있는데, 이 또한 사회적 기업의 사회적 목적을 강제하는 장치로는 허술하다고 볼 수 있다. 왜냐하면 영리를 추구하지만 제도적 보호를 위한 사회적 기업 인증을 받은 상법상 회사의 목적은 원천적으로 이윤 추구이지 사회적일 수 없으며, 그런 까닭에 회계 장부 조작 등의 반사회적 행위를 서슴지 않을 수도 있기 때문이다(한상진, 2007).

기업가[59]의 역할에 주목하기로 한다. 노대명(2008)에 의하면, 한국의 사회적 기업이 당면한 내부적 장애 요인들은 첫째 사회적 기업을 지향하는 시민단체들이 내부적으로 정체성을 구축하고 이를 토대로 사회적 경제의 다양한 조직들을 이끌 지도력을 갖지 못하고 있다는 점, 둘째 사회적 기업의 지역 간, 업종 간 협력체계가 발달하지 못했다는 점, 셋째 다양한 사업 조직을 사회적 기업으로 육성할 수 있는 사회적 기업가가 부재한 점 등으로 정리된다. 이렇게 볼 때 현 시점에서 사회적 기업의 육성을 위한 핵심적 과제는 사회적 기업을 운영하는 시민사회 조직의 역량 강화를 통한 정부, 사기업의 견인과 그러한 업무를 실제로 담당할 사회적 기업가의 양성이라 할 수 있다.

사회적 기업 인증 제도의 도입 이후, 연계 지자체나 연계 대기업의 사회적 기업에 대한 지원이 장려되고 사회적 기업가 아카데미 등을 통해 관리자의 실무 능력도 향상되고 있는 것이 사실이다. 하지만 이 글은 노동부에 의한 인증 심사 통과나 대기업의 사회공헌 지원 여부가 사회적 기업 운영의 관건이 될 수는 없다고 본다. 왜냐하면 취약계층의 지속 가능한 고용과 양질의 사회 서비스를 책임지는 주체는 사회적, 기업적 목표를 겸비한 사회적 기업가들이며, 이들에 의해 사회적 기업이 제3섹터로서의 정체성을 확립할 때에만 참여자, 정부, 사기업, 소비자 등을 아우르는 복합 이해당사자(multi-stakeholder) 구조가 정착될 수 있기 때문이다.

59) 사회적 기업가는 통상적으로 사회적 기업의 대표를 지칭한다고 볼 수 있으나, 여기서는 중간관리자까지 포함하는 것으로 규정한다.

이 글은 인증 사회적 기업 가운데 비중이 비교적 높은[60] 재활용 업종의 사회적 기업 연대 조직인 '재활용 대안기업 연합회(이하 연합회)'를 사례로 하여 사회적 기업의 복합 이해당사자 구조와 사회적 기업가의 실태를 해명하기로 한다. 연합회는 정부나 사기업의 지원에 의존하기보다 시민사회 영역이 주도적으로 결성한 재활용 영역 사회적 기업의 연합 조직[61]으로서, 내외부의 이해당사자들을 연계시키는 자발적인 사회적 기업가의 역량을 평가하기에 적절하다고 볼 수 있다. 한편 분석 자료는 연합회 관계자에 대한 면접 결과와 각종 문헌들은 물론, 2007년 12월부터 2008년 2월까지 시행된 49명의 사회적 기업가, 그리고 29개 업체에 대한 설문조사를 통해 확보되었다.

2. 이론적 배경과 분석 틀

1) 사회적 기업의 정의와 의의

사회적 기업은 일반적으로 취약계층에게 고용이나 사회적 서

60) 노길준(2007)에 의하면, 노동부의 사회적 기업 인증을 위한 1차 신청 분포를 볼 때 전체 113개 가운데 재활용, 청소 등 환경관련 서비스 업종이 25개로서 가장 많은 것으로 나타난다.

61) 연합회는 2005년 말에 '재활용 사회적 기업 연합회'라는 명칭으로 설립되었으나, 2007년의 총회에서 사회적 기업과 협동조합, 지역사회 기업 등 소속 회원사의 다양한 기업 형태로의 발전을 인정하고 전체 대안 경제 운동 안에서의 활동이 더욱 중요하다고 결정되어 명칭을 바꾸었다. 재활용 대안기업 연합회(2007) 참조.

비스 등을 마련해 주는 '사회적' 목적의 '기업'으로 정의된다. 유럽의 경우 사회적 기업은 노동자, 소비자, 신용거래자 등의 상부상조를 위한 사회적 경제 조직인 협동조합에 뿌리를 두고 있다. 유럽 대륙에서 사회적 경제 모델에 입각하여 발전되어 온 협동조합은 이윤 추구가 아니라 조합원, 주민에 의한 공동체 형성과 연대의 원리를 최우선 목표로 한다는 점에서 분명히 사기업 형태는 아니다.[62] 주지하다시피 협동조합은 독립적으로 경영하되 조합원 참여에 의한 민주적 의사결정을 원칙으로 하며, 투자한 금액이 아니라 사람 수와 노동의 정도에 따라 수익을 나누는 것이 특징이다.

한편 자본주의 사회에서 기업의 통상적 의미는 시장에서 활동하는 사기업(private enterprise)이다. 사기업은 교환 원리에 의한 경영 활동으로부터 소비자에게는 재화나 서비스를, 노동자에게는 임금을, 정부에게는 세금을 제공하고 이윤을 확보한다. 이 사기업의 목적과 시민사회 영역의 사회적 목적이 조우한 형태가 미국에서 사기업이나 자산가의 사회 공헌 차원으로 발전된 비영리조직이라 할 수 있다. 비영리조직은 법인 형태의 제도적 요건을 갖추고 정부와는 구별된다는 의미의 사적인 성격을 띤다. 이 조직에는 자율적 규제의 의사결정체가 존재하며 이윤 창출의 노력은 하더라도 그 수익을 관리자, 소유자에게 분배해서는 안 된다

---

62) 기업은 통상적으로 시장에서 이윤을 최우선 목표로 하여 활동하는 사기업(private enterprise)을 의미한다. 사기업은 교환 원리에 의한 경영 활동으로부터 소비자에게는 재화, 서비스를, 노동자에게는 임금을, 정부에게는 세금을 제공하고 이윤을 확보한다. 그러나 넓은 의미의 기업은 시장경제를 기반으로 활동하는 사기업 외에 공기업, 협동조합 기업, 비영리기업, 종업원소유 기업 등을 포괄하는 것으로 볼 수 있다.

는 원칙이 있다. 그 밖에 시민의 시간적, 금전적 봉사도 자유롭게 허용된다.

유럽의 사회적 경제와 미국의 비영리조직이라는 서로 다른 흐름이 사회적 기업으로 결합하게 된 데에는 복지국가의 역할 축소와 기업의 사회적 책임(CSR; Corporate Social Responsibility) 증가 등 최근의 복지혼합(welfare mix) 추세가 결정적으로 작용했다고 볼 수 있다. 1990년대 이후 유럽과 미국은 재정 적자가 누적되는데도 정부의 복지정책에만 의존하는 취약계층에게 스스로 일자리를 찾도록 유도하는 노동연계 복지(welfare-to-work)를 제도화해 왔다. 그에 따라 시민사회 조직은 취약계층의 자립에 필요한 지속가능한 일자리를 확보하기 위해 다양한 노력을 기울이게 되었다. 그 과정에서 고용창출과 사회복지 서비스의 업무는 훨씬 전문화되었고 사기업의 특성인 경제적 위험을 무릅쓴 지속적 경영의 필요성이 증대되었던 것이다(한상진, 2009).

현재 전 세계적으로 사회적 기업은 사기업, 정부, 시민단체의 협치(governance) 구조 속에서 실업 빈곤문제의 극복과 취약계층에 대한 양질의 서비스 제공을 위한 한 주체로 자리 잡고 있다. 특히 사회적 경제 모델에 근거한 사회적 기업은 시장 교환과 재분배를 뛰어넘는 대안적 기업으로서, 노동의 평등과 생명 가치를 구현하면서 지역사회와의 호혜적 소통을 지향한다고 볼 수 있다. 비영리조직 형태의 사회적 기업 또한 유무형의 경제적 서비스를 제공함으로써, 사회적 자본의 생성과 축적을 통해 결과적으로 거래비용을 감소시키는 데 기여한다. 김운호(2008)에 따르면, 비영리조직의 조직적 특성은 다음과 같이 요약될 수 있다.

첫째 영리를 주요 활동 목적으로 하는 일반 사기업과는 달리 영리를 추구하지 않는다는 비영리성이다. 둘째 비정부성으로, 정부가 세우거나 조직하지 않은 사적, 또는 민간 조직이기 때문에 정부기관만 아니라 정부 산하 조직, 공공기관이나 공기업도 여기에 속할 수 없다는 것이다. 셋째 강요를 받아 만들어지거나 구성원들이 강압적으로 조직에 참여하지 않는다는 자발성이다. 넷째 독립성의 다른 표현으로 특정한 사람이나 권력에서 벗어난 독립을 의미하는 자주성이다. 다섯째 제도성으로서, 하나의 체계와 조직을 갖춘 실체라는 점을 가리킨다. 여섯째 비정파성으로서, 특정 정당의 주장이나 이해를 일방적으로 대변해서는 안 된다는 점이다. 일곱째 사회의 다양한 문제를 해결함으로써 그 분야와 관련 있는 다수의 시민들에게 그 활동의 결과를 공유할 수 있도록 하는 공익성 추구이다.

2) 복합 이해당사자 구조와 핵심적 이해당사자로서의 사회적 기업가

사회적 경제를 대표하는 협동조합이 노동자협동조합, 생활협동조합, 신용협동조합 등 형태에 따라 관련 이해당사자가 구분되는 단일 이해당사자 조직이라고 한다면, 사회적 기업은 핵심적 이해당사자인 사회적 기업가와 노동자 외에 시민단체, 지방자치단체, 사기업 등의 다양한 주체가 참여하는 복합 이해당사자 조직이다. 주류 경제학에 의하면, 시장이 작동하는 경쟁 체제의 경우 영리기업이 사회 전반이나 궁극적으로는 이해당사자 자체에 대한 어떠한 비용 없이 복합적 이해당사자의 수요로부터 자유로워질 수 있다고 가정된다. 그러나 현실의 소비자가 항상 완전한 정보를 갖고 있을 수 없으므로, 이념형적 완전경쟁 시장은 실제로 존재하지 않는다. 따라서 소비자의 완전한 정보 결여 상황에서 구매자와 판매자의 거래가 효율적으로 작동되지 못할 때, 비영리조직 형태의 사회적 기업은 상품을 공급하는 대안적 방식을 제공할 수 있다(Krashinsky, 2003: 128).

더 나아가 복합 이해당사자 구조에 대한 경영적, 조직적 접근은 의사결정 과정에서의 이해당사자 참여, 이사회에서의 이해당사자 역할, 참여의 결과 등 실제적인 측면에 초점을 맞춘다. 복합 이해당사자 조직의 실제 기능이 의존하는 다양한 요소들로는, 의사결정 과정에 참여하는 이해당사자의 범주, 이해관심의 성격, 강도 및 지속성, 이러한 참여와 연관된 동기 부여와 기여의 균형 등을 들 수 있다. 특히 복합 이해당사자 구조의 구체적 기능을 분석할 때 참여 배열의 특성을 고려하는 것이 중요한데, 이와 관련된 쟁점들은 다음과 같다(Campi et al., 2006: 36). 의사결정 과정에 참여하는 이해당사자가 또한 조직의 구성원인가? 의사결정 과정에 접근하는 규칙은 무엇인가? 각 이해당사자 범주의 상대적 비중과 영향력은 어떠한가? 의사결정 과정은 민주적인가? 의사결정 참여 형태면에서 공식적, 비공식적 과정의 상대적 중요성은 어떠한가?

보르자가와 로스(Borzaga and Loss, 2006: 80-82)에 의하면, 이태리의 노동통합 사회적 협동조합 가운데 단지 20%만 단일 이해당사자 구조를 지니고 있으며 53%는 2개 범주, 20%는 3개 범주,

7%는 4개 범주의 이해당사자들로 구성되어 있다. 이들 조직은 지역사회 욕구에 부응하기 위해 창출된 것이기 때문에, 어떤 경우 상이한 행위자가 기업경영에 문제를 일으킬 수 있음에도 불구하고 많은 지역사회 관련자의 의사결정 과정에 대한 참여를 당연시해 왔다. 복합 이해당사자 사회적 기업에서 가장 비중이 큰 이해당사자는 실무자로 55%이며 그 다음으로 자원봉사자가 29%인데 비해, 정부 대표자는 한 사례도 없고 기업 대표자도 3%에 그치고 있다. 그리고 이와 같은 복합 이해당사자 구조를 채택함으로써 노동통합 프로그램에 참여하는 노동자가 총회 및 이사회에 제도적으로 속할 수 있게 되었음에도 불구하고, 종종 자기통제의 어려움을 겪는 이들의 실제 복합 이해당사자 구조에서의 비중은 그리 높지 않다고 한다.

다음으로 사회적 기업가의 역할에 관한 논의들을 검토해 본다. 김홍일(2007)에 의하면, 사회적 기업가를 일반적인 기업가와 구별시키는 특징은 다음과 같다. 첫째 사회적 기업가는 사회적 목적을 염두에 두고 사업을 진행한다. 그들의 주요 목적은 세상을 좀 더 나은 곳으로 만드는 것에 있으며, 이는 성공의 측정과 기업구조 형성에 영향을 미친다. 둘째 사회적 기업가는 영리 기업의 경영자들이 얻는 종류의 시장 피드백을 받지 않는다. 그들이 사업을 평가하는 기준은 수익이 아니라 사회적 가치와 목적의 실현에 있기 때문이다.

오스틴(Austin, 2006)은 사회적기업가정신(social entrepreneurship)의 분석 영역을 비교적 차원, 기업적 차원, 협력적 차원으로 구분하고 있다. 그 가운데 비교적 차원은 사회적 기업가 정신을 탐구하기 위한 시간, 장소, 형태, 행위자, 실천이라는 다섯 가지 요소를 포함한다. 두 번째 영역인 기업적 차원에서는 다음과 같은 네 가지 세부 쟁점이 제기된다. 첫째 기업들은 왜 사회적 기업가 정신에 관련되어야 하는가? 둘째 사회적 가치 창출은 비즈니스 가치를 발생시킬 수 있으며 그 역도 타당한가? 셋째 사회적 기업가 정신은 전략, 조직구조 및 경영과정에 측면에서 어떻게 가장 잘 수행될 수 있는가? 넷째 회사들은 사회적 가치를 발생시키는 제도적 비교우위를 갖는가? 이에 덧붙여 사회적 기업가 정신의 세 번째 영역인 협력적 차원의 경우 다음의 세 가지 쟁점을 포괄한다. 첫째, 부문 내 연합, 부문 간 연합, 정부-기업-비영리조직 간 삼자 연합 등에서 장애물, 가능케 하는 요소, 이득 및 핵심적 성공 요소는 무엇인가? 둘째 사회적 목적 네트워크를 어떻게 효과적으로 창출, 경영 및 관리할 수 있는가? 셋째 협력을 통해 어떻게 가치 극대화를 창출할 수 있는가?

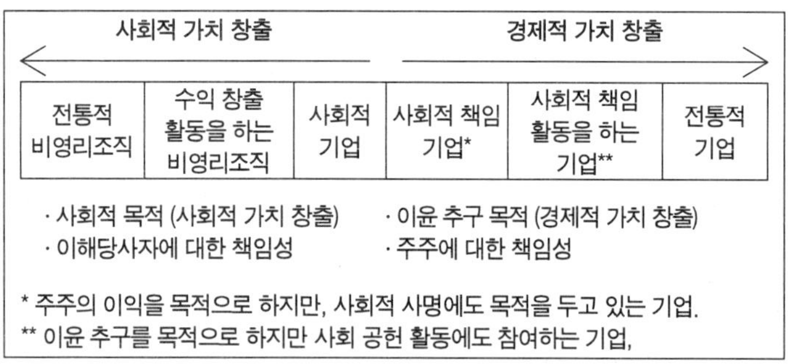

〈그림 7-1〉 사회적 기업가의 가치 창출 스펙트럼

위에서 살핀 논의에 근거해 볼 때, 사회적 기업가의 역할은

<그림 7-1>의 사회적 가치와 경제적 가치의 스펙트럼 가운데 있다고 할 수 있다. 즉 앞서의 사회적 기업가 정신을 둘러싼 쟁점들은 이해당사자에 대한 책임성과 수익의 사회적 환원이라는 사회적 가치에 치중하는가, 기업으로서의 수익 창출 자체인 경제적 가치에 경도되는가라는 질문으로 요약될 수 있다고 하겠다.

3) 분석 틀

이제 위의 이론적 논의에 바탕을 두고 이 글의 분석 틀과 연구 쟁점을 제시해 보도록 한다.

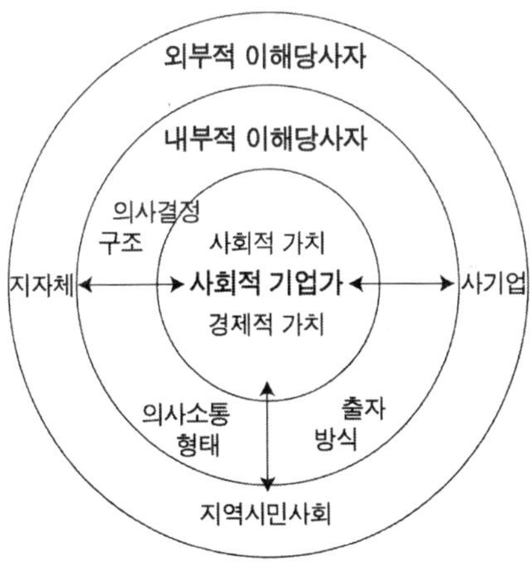

〈그림 7-2〉 분석의 틀

<그림 7-2>은 개괄적인 분석의 틀을 보여주는데, 복합 이해당사자 구조를 내부적, 외부적 차원으로 구분하고 그 구조의 핵심

에 사회적 기업가를 배치하고 있다. 그리고 내부적 이해당사자를 둘러싼 원 모양에는 의사결정 구조와 의사소통 형태, 출자 방식이라는 세 가지 요소가 포함되어 있다. 가장 외곽의 외부적 이해당사자에 해당하는 원 모양에는 사회적 기업가와의 상호관계에 있는 지자체, 사기업, 지역 시민사회라는 세 주체가 도시되어 있다. 그리고 사회적 기업가를 둘러싼 가장 내부에 있는 원 모양에는 사회적 가치와 경제적 가치라는 두 요소가 존재한다.

위의 분석 틀을 연구의 쟁점 형태로 제시하면 다음과 같다. 첫째, 내부적 이해당사자 구조와 관련하여, 사회적 기업 노동자의 의사결정 구조 참여나 조직 내 의사소통, 그리고 출자는 어떤 방식으로 이루어지는가? 둘째 외부적 이해당사자 구조와 관련하여, 재활용 사회적 기업의 지자체, 사기업, 시민단체 등과의 연계는 어떠한가? 셋째 연합회의 사례를 통해 볼 때, 사회적 기업가의 역할은 사회적, 경제적 가치 어떤 쪽에 더 비중이 두어지는가?

3. 재활용 사회적 기업의 현황

한국에서 재활용 사회적 기업은 기초생활보장제도에 의한 자활사업의 등장 이후, 특히 2002년부터 정부가 5대 표준화 자활사업 가운데 폐자원 재활용과 음식물 자원화를 포함시킨 이후 활성화되어 왔다. 그리하여 육성법이 제정되기 전인 2005년 12월에 연합회가 선도적으로 출범했으며, 2009년 2월 현재 전국에 걸친 15개 기업이 회원사로 가입되어 있다(<표 7-1> 참조). 연합회는 출범 당시 자활근로 사업의 영세성과 비전문성을 극복하여 사회적 경제의 확장을 목적으로 한다고 표명했으며, 전국적인 처리체계를 구축하면서 재활용 선별장사업과 전기전자 재활용사업에 대한 전략적 관계 망을 확대시켜 왔다. 이로써 2005년 초기 3개의 기업에서 그 해 12월 10개의 기업이 탄생되는 과정이 동일한 사업 영역에서 동일한 방식으로 진행되어, 다른 업종 연합에 비해 공동의 주제에 대해 상대적으로 강한 블록이 형성된 계기를 만들어 왔다(재활용 대안기업연합회, 2008).

〈표 7-1〉 재활용 대안기업연합회 회원사(2009년 2월 현재)

지역	사업체 명
서울	(주)그린주의
구리	(주)에코그린
화성	(주)컴윈
수원	(주)다산환경
청주	(주)미래ENT
충주	(주)두레환경
전주	(주)사람과환경
창원	(주)늘푸른자원
양산	좋은환경
대전	(주)플러스
광주	(주)희망자원
대구	(주)늘품테크
부산	(주)좋은환경
평택	(주)그린비젼*
횡성	(유)청정자원*

※ 주 : * 표시는 준회원 업체임.
※ 출처 : 재활용 대안기업연합회(2009).

그러면 2007년 12월에서 2008년 2월까지 수행된 재활용 사회적 기업 29개 업체[63)]에 관한 조사 결과를 통해 전반적 현황을 살피기로 하겠다. 우선 세부적인 재활용 업종은 폐플라스틱 31%, 컴퓨터 및 가전 27.5%, 공병 및 폐목재 20.7%, 의류 및 신발 13.8%, 음식물 자원화 6.9%의 구성을 보여, 연합회의 전략적 사업 영역인 재활용 선별장 관련 업종과 전기전자 재활용 업종이 다수임을 알 수 있다. 또한 소재 지역은 경기 27.6%, 경남과 전북 각각 13.8%, 충북과 울산 각각 10.3%, 부산과 대구 각각 6.9%, 전남, 경북, 강원 각각 3.4%로 이루어져 있다. 그리고 사업단의 활동 기간은 평균 3년 6개월 정도로서, 비교적 연륜이 쌓였음을 알 수 있다.

한편 <표 7-2>에서 보듯이, 조사 대상 재활용 업체의 사업 형태는 보건복지부 지정 지역자활센터 등에서 운영하는 자활근로사업단이 11개, 사회적 기업이 10개이며, 자활공동체와 노동부 등의 사회적 일자리 사업단이 각각 4개이다. 또 이들 재활용 업체의 사업 형태별 법적 형태를 볼 때, 사회적 기업의 경우 주식회사가 가장 많으며 자활근로사업단의 경우에는 개인사업자, 사회적 일자리 사업단의 경우에는 비영리법인의 비율이 높은 편이다. 그런데 연합회 소속 사회적 기업이 사회적 가치보다는 경제적 가치에 치우치는 주식회사 형태의 상법상 회사로 등록되어 있는 까닭은 무엇일까?

---

63) 이 조사의 대상에는 연합회 회원사 외에 자활사업단과 사회적 일자리 사업단도 포함되어 있다. 전체적으로 조사 대상 재활용 사회적 기업의 연합회 소속 비율은 58.6%이며, 환경관련 시민단체 네트워크 소속 비율은 27.6%, 지역 내 실업극복 시민단체 네트워크 소속 비율은 41.4%, 자활관련 네트워크 소속 비율은 82.8%이다. 따라서 2008년의 시점에서 재활용 사회적 기업의 연대 활동은 지역 자활사업과 관련하여 가장 활발했음을 알 수 있다.

〈표 7-2〉 재활용 사회적 기업의 사업형태별 법적 형태

(단위 : 개, 백분율)

		자활공동체	자활근로 사업단	사회적 일자리 사업단	사회적 기업	전체
개인사업자		0	6	0	0	6
		.0%	54.5%	.0%	.0%	20.7%
동업자		2	0	0	0	2
		50.0%	.0%	.0%	.0%	6.9%
주식회사		2	1	0	8	11
		50.0%	9.1%	.0%	80.0%	37.9%
비영리법인		0	2	4	2	8
		.0%	18.2%	100.0%	20.0%	27.6%
기타		0	2	0	0	2
		.0%	18.2%	.0%	.0%	6.9%
전체		4	11	4	10	29
		100.0%	100.0%	100.0%	100.0%	100.0%

※ 출처 : 설문조사(2007.12).

연합회 사무국장과의 면접 결과에 의하면, 연합회 소속 사회적 기업의 대다수는 자활사업에 의한 자활공동체를 근거로 자립, 창업되었는데 자활공동체 수익으로 조성된 자활적립금을 사회적 기업의 자금으로 전환시키는 데에는 주식회사 형태가 가장 용이한 측면이 있었다. 그리고 2007년 현재 연합회 소속 사회적 기업의 평균 고용 인원은 27.1명으로 계산되어(재활용 대안기업연합회, 2008), 원론적인 협동조합 방식을 채택하기에는 규모가 너무 컸다고 지적된다. 마지막으로 재활용 업종의 특성상 재화의 매입, 판매가 일상적으로 이루어지기 때문에 신속한 의사결정 구조가 필요하다고 볼 수 있다. 이처럼 연합회 회원사들은 사회적 기업의 사회적 가치에 대해 협동조합의 원리를 철저하게 적용하기

보다, 노동의 평등성, 민주적 의사결정, 경영의 투명성 등으로 좀 더 확장하여 접근하고 있는 것이다.

한편 조사대상 업체 노동자의 노동 만족도는 매우 만족 13.8%, 조금 만족 75.9%, 만족하지 않음 10.3%의 분포이며, 해당 노동자의 자립의지 충분 정도는 매우 큼 31.0%, 조금 있음 55.2%, 없음 13.8%이다. 또한 재활용 사회적 기업 노동자의 사회적 기업 이해 정도는 매우 큼 10.3%, 조금 있음 44.3%, 없음 44.3%로 나타난다. 이렇게 볼 때 재활용 사회적 기업의 노동만족도나 자립의지는 대체로 양호한 편이지만, 해당 노동자의 사회적 기업 이해 정도는 아직까지 그리 높지 않음을 엿볼 수 있다. 이와 함께 지역 내 다른 재활용업체와의 관계를 보면, 경쟁할 때도 있고 협력할 때도 있음 62.1%, 협력적 24.1%, 다른 동종 업체가 없음 10.3%, 경쟁적 3.4%의 구성을 보인다. 마지막으로 조사 대상 업체의 향후 수익 창출 전망은 매우 좋음 10.3%, 좋음 62.1%, 나쁨 24.1%, 기타 3.4%로 대체로 양호한 것으로 평가된다.

4. 재활용 사회적 기업의 복합 이해당사자 구조

사회적 기업 가운데 재활용 분야의 이해당사자 구조는 사업의 특성상 여느 업종보다도 복합적이다. 내부적 이해당사자로는 사회적 기업가와 노동자, 이사진이 있으며, 외부적 이해당사자로는 재활용된 자원의 구매자와 폐자원 배출자, 중앙정부 및 지자체, 시민단체 등이 있을 수 있다. 여기서는 앞서의 29개 업체에 대한 양적 자료 외에도 연합회에 소속된 몇몇 재활용 사회적 기업에 대한 질적 자료를 함께 분석하기로 한다.

1) 내부적 이해당사자 구조

사회적 기업의 내부 이해당사자 구조는 노동자의 의사결정 구조 참여 정도, 조직 내 의사소통 방식, 출자 형태 등을 통해 살필 수 있다. 우선 2007년 12월 조사 자료를 통해 재활용 사회적 기업에서의 노동자 의사결정 참여에 관한 중요도 평가를 보면(<표 7-3> 참조), 전체적으로 '매우 중요'와 '약간 중요'를 합친 반응이 97%라는 압도적인 비율을 차지한다. 이를 사업 형태별로 교차해 볼 때, 자립 정도가 높은 사회적 기업과 자활공동체가 자활근로 사업단이나 사회적 일자리 사업단보다 내부적 이해당사자의 의사결정 참여를 좀 더 중요하게 취급함을 알 수 있다.

〈표 7-3〉 사업형태별 노동자 의사결정 참여의 중요도 평가

(단위 : 개, 백분율)

		자활공동체	자활근로 사업단	사회적 일자리 사업단	사회적 기업	전체
매우 중요		3	4	0	6	13
		75.0%	36.4%	.0%	60.0%	44.8%
약간 중요		1	6	4	4	15
		25.0%	54.5%	100.0%	40.0%	51.7%
별로 중요하지 않음		0	1	0	0	1
		.0%	9.1%	.0%	.0%	3.4%
전체		4	11	4	10	29
		100.0%	100.0%	100.0%	100.0%	100.0%

※ 출처 : 설문조사(2007.12).

한편 같은 자료를 통해 재활용 사회적 기업 29개 업체의 의사결정 구조에 참여하는 이해당사자 인원을 계산해 보면 <표 7-4>와 같다. 내부 이해당사자와 외부 이해당사자를 구분해 볼 때, 내부 이해당사자인 노동자와 실무자의 평균 참여인원이 지역사회 인사, 시민단체 대표자 등 외부 이해당사자보다 많음을 알 수 있다. 하지만 실제 29개 사례 가운데 총회 수준의 느슨한 의사결정 구조를 지닌 2개 업체[64]를 제외한 나머지 27개 업체만을 대상으로 의사결정 구조에 참여하는 노동자의 평균 인원을 다시 계산해 보면 1.35명이어서 실무자보다는 의사결정 구조에서의 발언권이 낮은 것으로 추정된다.

〈표 7-4〉 재활용 사회적 기업의 의사결정 참여자 인원

(단위 : 명)

	평균 인원
노동자	5.32
실무자	1.82
정부, 지자체 대표자	0.73
폐기물배출업체 대표	0.32
시민단체 대표자	1.27
기타 지역사회인사	2.96
의사결정구조 전체	12.12

※ 출처 : 설문조사(2007.12).

그렇다면 재활용 사회적 기업의 의사결정 구조에 대해 (주)컴윈[65]을 대상으로 좀 더 구체적으로 살펴보겠다. 2005년 현재

64) 2개 업체 가운데 한 업체는 의사결정 구조 총인원 60명 가운데 노동자로서의 참여자가 53명인 경우이고 나머지 업체는 총인원 43명 가운데 노동자 참여자가 37명인 경우이다.

(주)컴윈의 인원은 모두 38명이며, 그 구성은 <표 7-5>와 같다. 이 사회적 기업의 종사자는 대표 이사를 포함한 이사 7명(감사1인 포함), 본사 직원 10명, 중부지사 직원 10명, 영남지사 직원 11명으로 구성되어 있다. 그런데 2005년 현재 (주)컴윈 인력의 58%는 자활근로 참여자이고, 나머지 42%의 인력 가운데서도 조합원의 비중이 그리 높지 않다고 할 수 있다.[66] 하지만 임원진 2명, 본사 직원 3명은 노동자이면서 일반조합원으로 활동하고 있어, 2절에서 본 이태리 사회적 협동조합에 비해서는 일반 노동자의 의사결정 참여가 상대적으로 활발한 셈이다.

이와 함께 의사결정 구조의 핵심인 이사회 구성을 보면, 2005년 현재 (주)컴윈의 이사는 총 7명으로 5명의 정이사와 2명의 사외이사로 구성되어 있다. 이사들의 소속은 지역자활센터장 2명, 경기 광역자활센터장 1인, 지역자활센터 실무자 1인, 대표이사 1인, 참여 노동자 1인 등이어서, 자활사업 관련자가 많은 편이다.

---

65) (주)컴윈은 시흥과 안산의 지역자활센터를 기반으로 2003년 12월에 창업되었으며 2007년 현재 14억의 연매출액을 기록하면서 본사에 12명, 충남 금산과 경북 성주 등의 지사에 19명을 고용하고 있다. 컴윈은 컴퓨터 재활용을 통해 모니터, 본체 등을 인도, 스리랑카 등지에 수출까지 하고 있다. 재활용 대안기업연합회(2008) 참조.

66) 정관에서 명시하고 있는 조합원과 관련한 규정은 다음과 같다. 일반조합원은 10만원 이상 출자하는 노동자이고 사회적 조합원은 50만원 이상 출자하는 시민단체 소속 인사를 말한다. 이들 일반조합원과 사회적 조합원은 1인1표 원리에 따라 선거권과 피선거권을 갖지만, 사회적 조합원의 경우 대표이사 피선거권은 제한된다. 이처럼 일반조합원의 경우 사회적 조합원에 비해 출자에 대한 부담을 낮게 적용받고 있는데, 이는 참여자들의 경제적 조건을 고려해 개인 출자금 비중을 낮게 책정한 것에 기인한다. (주)컴윈(2005) 참조. 하지만 2009년 현재 (주)컴윈에서 사회적 조합원이라는 지위는 존재하지 않는다.

또한 2005년의 시점에서 대표이사를 제외한 나머지 이사들은 비상근 이사로서, 월 1회 개최하는 이사회를 통해서만 경영에 참여하고 있다. 한편 회사의 주식을 소유하는 자는 주주로서 주주 총회를 통해 회사 경영에 참여할 수 있지만 주식의 처분에 관해서는 이사회의 승인을 얻어야 하며, 회사의 의사결정은 주주총회를 통해 이루어진다(한국직업능력개발원, 2007).

〈표 7-5〉 (주)컴윈의 인원 구성

(단위 : 명, %)

	임원진	본사직원	중부지사	영남지사	합계	비율
일반조합원	2	3			5	13.2
사회적 조합원	3	0			3	7.9
비조합원	2	6			8	21
자활근로 참여자	0	1	10	11	22	57.8
총계	7	10	10	11	38	100

※ 출처 : (주)컴윈(2005).

다음으로 내부적 이해당사자 구조의 특성 가운데 조직 내 의사소통 방식을 검토해 보기로 한다. <표 7-6>은 연합회 회원사 가운데 하나인 (주)두레환경의 의사소통 종류를 보여주는데, 이사회, 전체 회의, 월례회, 간부회의, 팀별 회의 등은 이 업체는 물론 대다수 재활용 사회적 기업에서도 정기적으로 개최되는 것으로 나타난다. 특히 월례회에서는 매달의 재정 상황을 노동자에게 투명하게 공개하며, 회의가 끝난 뒤 전체 회식을 갖는 것이 일반적이다. 그런데 이러한 의사소통 형태들 외에도 대의원 제도를 도입했다가 폐지한 (주)미래ENT의 사례를 보면, 사회적 기업의 내부적 이해당사자 간 의사소통의 현황을 좀 더 구체적으로 파악할 수 있다.

〈표 7-6〉 (주)두레환경의 조직내 의사소통 형태

	성격 및 주요안건	참여대상	주기
이사회	최고의결	이사	년1회
전체회의	내부 회계감사 선출 및 당해연도 사업성과 보고	전원	년1회
월례회	감사보고 총무보고 사업보고 안건처리	전원	월1회
간부회의	공장운영 및 업무진행	팀장5인 + 대표	주1회
팀별회의	팀 내 의견수렴 및 업무실행	팀원	수시

※ 출처 : 재활용 대안기업연합회(2008).

이 업체는 조직 내 원활한 커뮤니케이션을 위해 대의원 제도를 운영했는데, 노동자의 공동체성 함양을 의도했음에도 불구하고 많은 대의원들은 피고용자 의식에 머물러 있는 것으로 발견되었다. 예를 들어 노동자 대의원들은 회사 전체에 필요한 제안보다는 가건물 형태의 화장실을 교체해 달라는 등 경영 사정이 어려운 회사가 당장 수용하기 힘든 요구를 줄곧 하는 경향이 있었다. 사회적 기업가가 노동자의 권한 부여를 유도할 때에도, 소수이지만 "우리가 이 회사 주인인데 왜 간섭하냐"는 식의 오도된 반응이 나타나기도 했다. 그리고 대다수 노동자들의 경우 대의원 회의에서 자신의 의사를 적극적으로 개진하지 못해, 제도를 계속 시행하기보다는 소속감과 자존감을 살리는 제도 운영의 기반 마련이 더 시급하다는 결론이 내려지게 되었던 것이다.

이제 마지막으로 노동자에 의한 출자 방식을 파악해 보기로 하겠다. 3절에서 언급한대로 연합회 소속의 사회적 기업은 전통적 협동조합 원리를 엄격하게 적용하는 대신에, 유연하고 포괄적인 대안적 기업 모델을 지향해 왔다. 그러한 맥락에서 협동조합의 원칙 가운데 하나인 종업원 출자와 관련해서도, 노동자가 조합원으로서 자금을 대는 것이 아니라 '노동력의 출자'라는 새로운 방식을 적용하고 있다. 노동력의 출자란 대부분의 회원사가 자활공동체 구성원의 노동력 제공을 통해 발생한 수익인 자활적립금을 사회적 기업의 자금으로 전환한 사실을 노동자의 간접적 출자로 간주한 개념이다. 물론 자활적립금에 기여한 정부, 지역사회 등의 몫도 있기 때문에, 통상적으로 노동력 출자의 비중은 그 가운데 30% 정도로 받아들여지고 있다(연합회 사무국장과의 면접 결과).

2) 외부적 이해 당사자 구조

사회적 기업의 외부 이해당사자 구조는 정부, 관련 사기업, 지역 시민사회 등으로 엮여진다. 그런데 재활용 업종에서의 외부 당사자들은 일방적인 후원자가 아니라 사업 파트너로서 호혜적 관계에 놓여있다는 점이 주목된다. 취약계층에 대한 사회서비스를 제공하는 많은 사회적 기업의 경우, 중앙정부 예산이나 대기업의 사회공헌 자금으로 노동자의 인건비를 보조하여 일종의 보호된 시장으로 육성되고 있다.

이에 반해 재활용 사회적 기업의 경우 중앙정부나 대기업의 일방적 지원에 그치는 것이 아니라, 지자체 청소 행정의 위탁 관계나 폐기물 배출 및 구매자로서의 기업 파트너십을 발전시키는 것이 보편화되어 있다. 시민사회와의 관계도 유럽 등지에서 흔히 발견되는 자원봉사나 기부에 의존하기보다는 '자원 순환'이라는 환경 쟁점을 공유하는 연대 활동에 더욱 중점을 둔다고 하겠다.

여기서는 지자체, 대기업, 지역사회로 구성되는 외부 이해당사자 구조의 특성을 전주의 (주) 사람과 환경[67], (주)미래 ENT, 삼성전자의 소형가전 폐기물 처리, 청주 지역사회 등의 사례를 통해 살피기로 한다. 먼저 재활용 대안기업연합회(2008)에 의하면, (주) 사람과 환경의 플라스틱 재활용 사업으로 인한 전주시의 예산 절감 효과는 2007년 현재 8억-10원에 이르는 것으로 추계된다. 이를 세부적으로 계산해 보면, 우선 공동주택 수거운반을 지자체가 직영할 경우의 예산 362,484,432원이 절감되고 있다. 또한 선별처리 비용은 지자체가 공공근로, 임시직을 투입할 경우에는 예산 501,856,383원이 절감되며, 기능직 10급인 선별원을 투입할 경우에는 예산 678,004,190원이 감축된다는 추산에 따른 것이다.

(주) 사람과 환경은 이러한 경제적 효과 외에도 전주시 자원순환 및 환경 분야 중 취약 부분의 대안을 제시하는 한편, 재활용 기피 품목 발생으로 인한 자원화율 저하를 방지하는 환경적 효과를 창출해 왔다. 하지만 서성원(2008)에 의하면 다른 한편으로 문제점과 한계도 발견되었는데, 이는 첫째 각 지자체마다 환경 재활용 관련 통계가 부재하여 재활용 실태 파악에 어려움이 발생된다는 점, 둘째 지자체 차원에서 청소행정이 아닌 재활용 사업이라는 발상의 전환이 필요하다는 점, 셋째 재활용 사업에서 민관 파트너십에 대한 이해가 부족하다는 점 등이 그것이다.

---

67) ㈜ 사람과 환경은 2004년 7월에 시장형 자활근로사업 형태였던 자원재활용 사업단이 플라스틱 재활용 선별장 사업 중심으로 전환하여 창립되었다. 이후 2007년 7월부터는 자활공동체로 독립 운영되어 왔는데, 이 업체는 기존에 전주시와 환경자원공사가 담당했던 재활용 업무를 이관 받아 사업을 수행하고 있다. 재활용 대안기업 연합회(2008) 참조.

다음으로 사기업은 외부적 이해 당사자 가운데 가장 복합적인 행위자이자 핵심적인 비즈니스 파트너라고 할 수 있다. 플라스틱 재활용 업체인 (주) 미래 ENT를 보면, 관련되는 사기업들은 플라스틱 원료 공급의 측면에서 생산업체, 고물상, 아파트 등이 있고, 재활용 후 재질 납품의 측면에서는 단일재질 납품업체 2개, 복합재질 납품업체 4개 등과 다양한 연계를 맺고 있다(사회적 기업 지원센터 외, 2007). 한편 연합회의 2대 주력 분야 가운데 하나인 전기전자제품 재활용은 삼성전자가 배출하는 소형 가전 폐기물을 주요 대상으로 하는데, 이 업체는 지역별 24개 물류센터에 집하한 불용 컴퓨터와 오디오등 12가지 품목의 소형 폐가전을 연합회 회원사에게 무상으로 제공해 왔다.

연합회 사회적 기업들은 이를 관련 법규에 적합하게 재자원화함으로써 수익을 창출하며, 또 다른 수익 원천으로 컴퓨터, 핸드폰, 오디오 등 생산자 책임 재활용 제도(EPR; Extended Producer Responsibility) 대상 품목에 대해 삼성전자가 납부하는 재활용 지원금을 받게 된다. 이를 통해 2005년 8월~2006년 7월의 기간 동안 소형 폐가전 300톤을 처리하여, 재자원화 수익과 재활용 지원금으로 연간 29,200명의 일자리를 창출하기도 했다. 더 나아가 소형폐가전 처리 통계 자료의 작성과 적정 재활용 처리 체계를 구축하여, 지속가능한 자원순환 사회를 만드는데 기여했다고 볼 수 있다(보건복지부 외, 2006). 급식, 간병 등 취약계층 대상 사회서비스 업종에서 발견되는 대기업과 사회적 기업 간 연계가 전자의 일방적인 재정 지원이라는 CSR 차원인 데 비해, 위의 재활용 업종 사례는 삼성전자의 경우에도 폐기물 부담금 감소라는 경제적 이득을 누리는 호혜적이고 대등한 협약이라는 점에서 차이난다고 하겠다.

이제 외부적 이해당사자의 마지막으로 지역 시민단체에 관해 살펴보기로 하자. 지금까지 재활용 사회적 기업들은 기존의 지자체 수준에서 활동하고 있는 '재활용 민관협의회'라는 협치 틀의 한계를 제기하고, 지역사회 내에서 더욱 직접적인 실천적 활동을 제안해 왔다. 2007년 12월 조사 자료에 따르면, 대상 업체들은 지역사회 네트워크 조직화 노력에 대해 적극 수행 28.6%, 그런대로 수행 42.9%, 수행 못함 28.6%의 분포를 보여 2/3 이상이 지역사회 연계에 관심을 나타내고 있다.

여기서는 청주의 '자원순환 포럼'을 통해 지역 시민사회와의 상호 관계를 좀 더 세부적으로 검토하기로 한다. 자원순환 포럼은 미래 ENT와 청주 지속가능발전위원회, 실업극복연대, 청주환경운동연합, 청주시 노인복지관 등에 의해 2005년에 결성되었다. 이 조직은 지역사회의 현안 문제에 대한 실질적인 대안 모델을 개발하기 위해 청주지역 자원순환형 사회를 향한 실천과 연대를 목적으로 한 것이었다. 좀 더 구체적으로 청주 자원순환포럼은 첫째, 청주시 음식물쓰레기 정책과 관련한 합리적 운영방안을 개발하고 둘째, 청주시 생활계 폐기물 수집-운반-처리체계의 진단과 대안을 모색하며 셋째, 지속가능한 지역 모델을 연구하고 자원순환 포럼을 개최하는 등의 목표를 지향해 왔다(박대호, 2008).

이 조직의 사업 전략은 다음과 같다. 첫째 청주지역의 이해당사자 조직화로서, 환경, 고용, 복지 영역의 재활용과 관련된 다양한 이해당사자의 참여와 지지를 확보한다. 둘째 사회적 기업의 육성으로, 환경 분야 사회적 기업의 육성을 통해 공익적 사업 주체를 확립한다. 셋째 지방자치단체와의 파트너십 형성으로서, 견제와 협력의 상생관계와 지역사회 동반자로서의 시정 업무 수행을 지향한다는 것이다. 박대호(2008)에 따르면, 청주 자원순환포럼의 성과로는 지역내 자원순환 논의구조가 형성됨으로써 이 조직이 없었으면 불거지지 않았을 현안 사안에 대한 쟁점 도출과 해결 방안이 제시되었다는 점을 들 수 있다. 한편 이 조직의 한계로는 포럼 전담 상근자의 부재로 원활하고 체계적인 활동이 미비했다는 점과 쟁점 중심의 접근으로 실질적인 대안적 성과를 만드는 데 부족했다는 점 등이 지적된다.

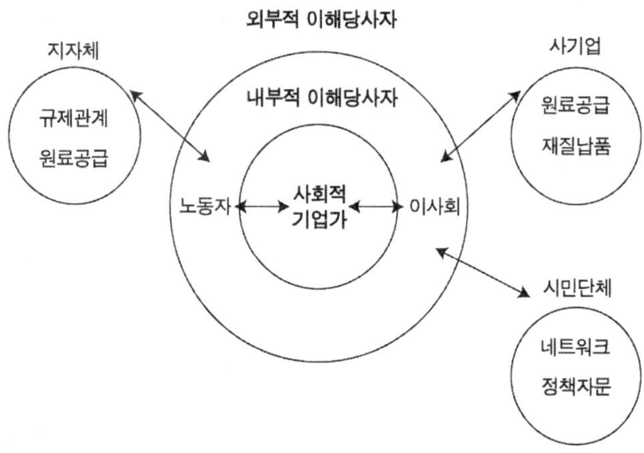

〈그림 7-3〉 재활용 사회적 기업의 복합 이해당사자 구조

이 절에서 지금까지 검토한 재활용 사회적 기업의 내부적, 외부적 이해당사자 구조는 <그림 7-3>과 같이 요약될 수 있다.

5. 재활용 사회적 기업에서의 사회적 기업가의 실태

2007년 12월의 조사 자료에 의하면, 49명 사회적 기업가의 학력별 지위를 볼 때 <표 7-7>에서 알 수 있듯이 전문대졸 이상에서 대표, 중간관리자가 많은 편이지만 고졸 이하의 경우에도 중간관리자가 꽤 되는 것으로 나타난다. 또한 해당 사회적 기업가의 연령은 38.7세이고, 성별로는 83.7%가 남성이어서 중장년층 남성 위주의 재활용 업종 특성을 드러낸다. 이들의 근무 기간은 평균 2년 10개월이며, 평균 월 소득은 160만 4천원으로 계산된다.

〈표 7-7〉 재활용 사회적 기업가의 학력별 지위

(단위 : 명, 백분율)

	중졸이하	고중퇴, 고졸	전문대졸, 대중퇴	대졸이상	전체
대표	0	0	3	6	9
	.0%	.0%	23.1%	26.1%	18.4%
중간관리자	1	6	4	14	25
	50.0%	54.5%	30.8%	60.9%	51.0%
평실무자	0	4	4	3	11
	.0%	36.4%	30.8%	13.0%	22.4%
노동자	1	1	2	0	4
	50.0%	9.1%	15.4%	.0%	8.2%
전체	2	11	13	23	49
	100.0%	100.0%	100.0%	100.0%	100.0%

※ 출처 : 설문조사(2007.12).

한편 재활용 사회적 기업에 근무하는 사회적 기업가의 이전 직장은 사기업이 46.9%, 지역자활센터가 18.4%, 시민단체와 무직이 각각 10.2%, 자영업 8.2%, 환경운동단체가 4.1% 등이다. 이처럼 재활용 사회적 기업가는 절반 가까이 사기업에서 훈련받았다고 볼 수 있지만, 자활센터, 시민단체 등과 같은 사회적 경제조직에서도 배출됨을 알 수 있다. 그런데 연합회 관계자와의 면접 결과에 의하면, 애초에 노동자로 참여했던 인원이 중간관리자로 전환하여 사회적 기업가의 역할을 수행하는 것은 드문 편이다. 한편 재활용 사회적 기업 대표 및 관리자의 사회적 기업가로의 동일시 정도는 매우 동일시 32.7%, 약간 동일시 38.8%, 비동일시 28.6%로 나타나, 실제로 사회적 기업가의 역할을 수행하고 있음에도 주관적 의식 측면에서는 사회적 기업가로서의 정체성에 대한 약간의 괴리가 발생함을 보여준다.

그렇다면 <그림 7-1>에서 제시된 사회적 기업가의 역할에 대한 분석 쟁점인 사회적 가치와 경제적 가치 지향에 대해 검토하기로 한다. 먼저 <사례1>과 <사례2>는 각각 (주)에코그린의 사회적 기업가와 (주)사람과환경의 중간관리자가 서술한 내용으로서, 사회적 기업가가 지향하는 사회적 가치를 구체적으로 보여주고 있다(재활용 대안기업 연합회, 2008). 위의 두 사례를 볼 때, 연합회 소속 사회적 기업가의 사회적 가치는 소외계층의 고용 창출과 노동자의 연대와 협동 등에 강조점이 놓여 있다고 하겠다. 그런데 재활용 사회적 기업의 경영이 본 궤도에 진입하고 자원 순환에 대한 사회적 관심도 제고됨에 따라, 최근에는 투명한 재활용을 통한 자원화라는 환경적 가치도 더욱 중요시되는 경향이다.

<사례1> 비록 사회적 기업 인증을 받았고, 사회적 인지도도 높아졌지만 그 누구도 우리의 사업을 책임지고 끝까지 지원하지 못할 거라는 생각이다. 건강하게 홀로서기 위해서는 더욱 열린 사고와 유연한 정신을 기본으로 치열함을 잃지 않아야 할 것이다. 그리해서 파괴되고 있는 우리의 자연환경이 회복되고 힘없이 살아가는 소외된 사람들이 힘 받고 일할 수 있는 사회를 만들어야 한다. 작지만 다른 경제 질서를 우리 안에서 만들어 냄으로써 일할 수 있는 나이에 내쫓길 걱정 없이, 내가 일한 만큼 가져가는 분배의 원칙이 아무런 허물없이 받아들여지는 그런 기업, 다름과 차이를 넘어서 가난한 이들과 함께 아무리 작은 것일지라도 소중하게 나눌 줄 아는 그런 에코그린이 되었으면 좋겠다. 텃밭처럼 조금씩 일궈왔던 지역을 배경으로 지역 주민들과 소통하는 대안 경제의 주체로서 에코그린을, 뜻을 함께 하는 기업들과 연대하면서 가난하고 소외받는 주민들과 더불어 가는 에코그린을. 이제는 물러설 수 없는 작지만 큰 꿈을 참여주민들과 함께 일궈내야겠다.

<사례2> 어떻게 술을 잘 마실 수 있냐고 물어보면 (주) 사람과 환경에 오기 전엔 술을 먹지 않았는데 사람과 환경에 와서 일을 하다 보니 술이 늘었단다. 엄청 잘 먹는다. 새벽까지 먹어도 그 다음날 거뜬히 출근해서 정상적으로 일을 한다. 그런데 놀라운 것은 늘어난 사람들의 주량만큼 사람과 환경의 선별능력과 처리량도 늘어났다는 것이다. 억지 연관이겠지만 겁나게 열심히 일하는 힘은 좋은 시스템, 주변 환경과 여건만이 아니라 참여자들의 하고자 하는 의지와 사람들 간의 튼튼한 결속력이지 않을까 생각한다. 힘든 노동엔 서로를 격려하고 마음을 이어주는 시간이 우리에겐 가장 중요했고 그 힘으로 여기 까지 올 수 있었다. 사람과 환경에 한번 방문한 사람들은 놀란다. 다른 선별장에 비해 엄청 힘들게 일을 하는 시스템이라고. 그래도 초기에

서로 잘 모르는 사람들이 한 공간에 몰리면서 옥신각신했던 상황을 빼면 사람들의 문제로 어려움을 겪은 적은 없다.

한편 연합회 사무국장은 소외계층의 고용과 비리 없는 투명한 재활용이라는 재활용 사회적 기업의 사회적 가치가 그 자체 수익 창출을 위한 경제적 가치로도 충분히 전환될 수 있다는 견해를 보이고 있다. 예를 들어 4절에서 살핀 청주의 자원순환포럼 사례는 지역사회 연계와 시민단체 활성화라는 사회적 의의를 지님과 동시에, 재활용 비즈니스의 외연을 확대시키는 경제적 활동이기도 하다는 것이다. 또한 연합회 회원사 가운데 아파트 입주자대표회의와 폐플라스틱 공급의 무상 계약을 추진한다든지, 아파트 부녀회의 관리 대상인 아파트 경비 직원을 사회적 기업의 수익으로 정규직으로 고용하는 시도 등이 발견되는데, 이 또한 아파트 공동체 활성화나 정규직 고용 확대 등의 사회적 가치와 재활용 원료의 안정적 공급이라는 경제적 가치를 일치시키려는 시도라고 할 수 있다.

물론 사회적 기업의 경영 과정에서 사회적 가치와 경제적 가치는 뚜렷이 차별적인 것으로 나타나며, 종종 갈등적 관계에 놓이기도 한다. 대안적 기업의 지향이 뚜렷한 연합회 회원사의 경우, 경영의 투명성이나 지역사회와의 연계성은 최소한의 사회적 가치로서 공유되는 편이다. 2009년의 시점에서 사회적 가치와 경제적 가치의 조화를 둘러싼 실천적 쟁점은 정당한 노동의 대가를 위해 생산성과 효율성이라는 경제적 가치에 치중할 것인지, 아니면 동료 노동자 집의 숟가락 개수까지 알 정도의 공동체적 일터

조성이라는 사회적 가치를 선행할 것인지의 문제로 현실화되고 있다. 그런데 앞서 내부적 이해당사자와 관련된 의사소통 방식에서 언급했듯이, 노동자의 관심은 당연하게도 호혜적 관계라는 사회적 측면보다는 임금 인상이라는 경제적 측면에 우선순위가 두어진다고 할 수 있다.[68)]

그러면 사회적 기업가의 두 가지 가치 간 갈등을 해소하기 위한 미래ENT의 사례를 소개해 보기로 한다. 이 업체는 1공장과 2공장을 운영하고 있는데, 그 가운데 하나의 공장에서는 자녀가 난치병에 걸린 노동자의 치료비를 공동으로 염출하면서 개별 노동자의 월 급여는 120만원으로 유지하고 있다. 한편 다른 공장에서는 당직제 방식을 도입하여 잔업까지 허용함으로써 1.5배의 시간외 수당을 지급하여 월 180만~200만원의 급여를 가능케 하고 있다. 즉 더 많은 임금보다는 공동체적 노동의 실현이라는 사회적 목표가 중요한가, 아니면 노동력의 더 많은 소진에도 불구하고 실질적인 임금 상승이라는 경제적 이득을 추구할 것인가의 쟁점을 현장 노동자와의 소통을 통해 검증하고 있는 것이다.

68) 이와 같은 노동자들의 더 나은 급여에 대한 욕구는 사회적 기업가로 하여금 민주적 의사결정이나 공동체적 조직 운영보다는 더 많은 수익 창출을 위한 효율적 관리체계 등 경제적 가치에 대한 지향을 강화시키는 현실적 이유가 된다. 하지만 이러한 경향이 발견됨에도 불구하고 연합회 회원사의 경우 노동의 평등이라는 인간 존엄성을 기본적으로 전제하고 있기 때문에 연합회 내부에서 논쟁 대상은 되지 않고 있다(연합회 사무국장과의 면접 결과).

6. 맺음말

지금까지 재활용 사회적 기업을 대상으로 한국 사회적 기업에서의 복합 이해당사자 구조와 사회적 기업가의 역할에 관해 살펴보았다. 여기서는 결론적으로 이 글의 논의를 요약하고 앞으로의 과제에 대해 간략히 지적하기로 한다. 먼저 내부적 이해당사자 구조를 볼 때, 유럽에 비해 아직 초창기임에도 불구하고 우리나라 재활용 사회적 기업에서의 노동자 의사결정 참여 정도는 이태리보다도 비교적 활발함을 알 수 있었다. 한편 노동자와의 의사소통은 사기업에 비해 다양한 각종 회의 구조를 통해 실현되고 있으나, 사회적 기업의 초창기 단계에서 노동자의 공동체적 인식이 불비한 경향도 나타난다. 게다가 출자 형태와 관련해서는 전통적인 현금 출자보다는 자활적립금을 통한 노동력 출자라는 새로운 방식이 실험되고 있다.

다음으로 외부적 이해당사자로는 지자체, 사기업, 지역 시민단체 등이 분석되었는데, 재활용 업종의 경우 여느 사회적 기업에 비해 정부와 대기업의 일방적 지원에 한정되기보다는 사회적 기업, 지자체, 사기업, 시민단체의 호혜적 네트워킹이 두드러짐을 알 수 있었다. 마지막으로 사회적 기업가의 역할은 사회적 가치와 경제적 가치의 조화라는 측면에서 검토되었다. 사회적 기업의 초창기 단계인 현 상황에서 위의 두 가치가 종종 충돌하는 것으로 드러나기도 하나, 비리 없는 투명한 재활용과 소외계층의 지속가능한 고용이라는 사회적 목표는 궁극적으로 경영적 생존과 더 많은 임금 보장을 위한 경제적 목표 추구와 합일될 수 있다고 하겠다.

이 글에서 다루지 못한 사회적 기업의 향후 과제로 시급한 것은 사회적 회계(social accounting)의 지표 개발과 그 적용 과정에서의 사회적 기업가와 노동자의 이해 공유라고 볼 수 있다. 일반적인 사기업은 경제적 측면에서의 재무 회계만 필요하지만 사회적 기업은 사회적 목표의 충실한 이행을 검증하는 사회적 회계 지표의 추가가 필요하다. 또한 사회적 기업이 사기업과 정부를 뛰어넘는 공동체적 경제 관계의 주체로 정착되려면, 사회적 회계의 과정에서 사회적 기업가와 노동자는 물론 관련 시민단체 등 복합적 이해당사자의 참여가 필수적이라고 여겨진다.

제 8 장

한국과 영국의 사회적 기업 제도화에 관한 비교 연구

- 노동부 인증 사회적 기업과 공동체 이익회사를 중심으로

1. 머리말

2008년 말의 세계적 금융위기 이후 시장경제의 폐해가 새삼 자각되면서 각국의 정부들이 좌우를 막론하고 사회적 경제(social economy), 또는 사회적 기업(social enterprise)에 대해 더욱 관심을 기울이는 추세이다(Amin, 2009). 2009년 현재 이태리, 포르투갈, 폴란드, 스페인, 프랑스 등에서는 사회적 협동조합 형태의 입법이 존재하고, 영국, 한국, 핀란드, 벨기에, 이태리 등에서는 사회적 기업 형태의 법제화가 이루어진 상태이다. 그 가운데 영국과 한국은 금융 위기 직전인 2000년대 중반의 비슷한 시기에 사회적 기업 관련 제도화가 추진되어, 두 나라의 복지체제와 집권

정당 노선이 갖는 이데올로기적 차이 등에도 불구하고 시장경제의 문제점을 대체, 또는 보완하는 사례로 주목에 값한다고 볼 수 있다.

영국에서 2005년에 도입된 공동체 이익회사(Community Interest Company; 이하 CIC) 제도는 1997년 이후 신노동당 정부에 의한 사회적 기업 지원의 결정판으로서, 사회적 경제의 의의를 공동체 이익으로 구체화시켜 사회적 기업의 설립을 손쉽게 하기 위한 것이다. 이에 비해 한국에서 2007년부터 노동부 주도 아래 실행되고 있는 사회적 기업 인증 제도는 민간기업과 지방자치단체의 연계를 유도하면서, 사회적 기업이 취약계층에게 사회 서비스나 고용을 제공하는 경우 한시적이지만 인건비까지 지원하는 특징을 지닌다.

CIC에 대해서는 영국에서조차 학문적인 연구 성과들이 거의 없는 편이다. 개괄적인 특징과 전반적인 실태에 대해서는 감독기관인 CIC regulator(2007 등)의 보고서들이나 Social Enterprise West Midlands(2008) 등의 기사 등에서 어느 정도 다루고 있지만, 본격적인 학문적 접근으로는 니콜스(Nicholls, 2010)가 유일하다고 볼 수 있다.[69] 그밖에 CIC를 언급한 한국의 연구로는 한국고용정보원(2008)과 한상진 · 황미영(2009) 등이 있다. 한편 한국에서의 사회적 기업 연구는 2007년의 '사회적 기업 육성법(이하 육성법)' 도입 이후 더욱 활발해지고 있는데, 그 가운데 김혜원(2008), 박찬임(2008), 김성기(2009), 이영환(2009) 등이 노동

69) 이러한 평가는 2010년 1월의 영국 현지 전문가 대상 면접에서 미들섹스대의 퍼거슨 라이언(Furguson Lyon) 교수, CIC 협회 존 멀커린(John Mulkerrin) 대표 등 영국 사회적 기업 전문가들이 내린 것이다.

부 인증 사회적 기업을 중심으로 한 현황 분석을 시도하고 있다.

이 글은 사회적 경제의 이론적 관점을 소개하고 사회적 기업의 유형과 관련 조직들을 검토한 다음, 두 나라에서의 사회적 기업의 제도화에 대해 정책적 맥락, 사회적 목적의 해석과 국가 역할, 제도 특성 및 제도화 이후 활동 등에 초점을 맞추어 비교하기로 한다. 영국의 경우 CIC 외에도 사회적 기업의 다양한 형태들이 존재하는데[70], 이 글에서 한국의 노동부 인증 사회적 기업과의 직접적 비교 대상으로는 CIC에 한정시키기로 하겠다.[71] 연구의 방법은 일차적으로 두 나라의 사회적 기업 문헌 및 웹사이트 자료에 대한 내용 분석으로 이루어지지만, 제도화의 쟁점과 관련된 전문가에 대한 심층 면접 결과를 보완적으로 활용한다.

2. 예비적 고찰과 연구의 쟁점

1) 예비적 고찰

한국의 경우 노동부 인증 사회적 기업 제도의 시장 지향성에 반대하여 사회적 경제를 정치적, 이데올로기적으로 실천하려는 '사회적 경제 연대회의' 등의 조직이 폭넓게 존재하고 있다. 물론

70) CIC 이외 영국의 사회적 기업에 대한 국내의 소개 문헌으로는 한상진 외 (2005), 김명희(2008) 등이 있다.

71) 한국의 경우에도 사회적 기업은 노동부 인증 사회적 기업 외의 다양한 사회적 경제 조직을 포괄한다고 볼 수 있다. 한국에서의 넓은 의미의 사회적 기업 유형화는 <표 8-2> 참조.

사회적 기업 제도화 특성이나 2008년 이후의 정치사회적 지형을 볼 때, 한국의 사회적 경제는 유럽 대륙형보다는 영미형에 가까운 것이 사실이다. 그 때문에 한국 사례를 유럽 대륙 나라들이 아닌 영국과 비교하는 이 글의 현실적 타당성이 주장될 수 있다. 그러나 한국을 비롯하여 영국, 미국에서도 신자유주의의 세계화에 따른 시장 위기가 계속 심화된다면, 유럽 대륙처럼 대안적 모델로서의 사회적 경제의 의의가 강화될 수도 있을 것이다.

사회적 기업은 사회적 목적의 기업 활동 전반을 포괄하는 매우 폭넓은 우산 개념(umbrella concept)이라 할 수 있다. 실제로 영국에서 사회적 기업 범주에는 협동조합으로부터 지역공동체 기업, 개발 트러스트, 자선조직(charity), 지역사회 개발 금융기관, 공정무역 조직은 물론 장애인 보호 작업장과 유사한 사회적 회사(social firm) 등 다양한 형태가 속하는 것으로 통용된다(<표 8-1> 참조). 한국의 경우, 노동부에 의한 육성법 제정 이전부터 존재해온 복지부 자활사업단이나 장애인 보호 작업장, 협동조합 형태의 사회적 경제조직 등이 이와 유사한 넓은 의미의 사회적 기업으로 파악될 수 있다.

제3부문청(Office of Third Sector, 2006)에 의하면, 영국에서 사회적 기업은 "잉여가 이해당사자나 소유자의 이익을 최대화하기 위한 필요에서 운용되기보다는 비즈니스나 공동체의 목적을 위해 재투자되는 사회적 목적을 우선적으로 하는 기업"으로 정의된다. 또한 영국 사회적 기업 지원 정책의 초점은 다음 세대가 비즈니스의 사회적 영향에 대한 사고를 시작할 수 있도록 하는 사회적 기업 문화를 육성하고 사회적 기업에 대한 비즈니스 자

문, 정보 및 지원을 개선하며 사회적 기업 성장을 저해하는 재정 접근성에 대한 장애를 돌파함으로써 사회적 기업 관련 정책을 정부와 함께 효과적으로 발전시키는 데 두어지고 있다.

〈표 8-1〉 영국의 사회적 기업 형태들

사회적 기업 형태	특성
공동체 이익회사 (Community Interest Companies)	이윤과 자산을 공공 선(public good)을 위해 사용하기 원하는 사회적 기업을 위해 설계된 새로운 형태의 회사
공동체기업 (Community Enterprise)	지역공동체에 의해 소유되고 그 이익을 위해 운영되는 지역공동체 센터, 사회 클럽, 탁아소 등의 기업
협동조합 (Co-operatives)	회원 이익을 위해 소유, 통제되고 운영됨. 회원들이 피고용 비즈니스 운영자일 수 있고(예: 노동자협동조합) 자영인일 수도 있음
개발 트러스트 (Development Trusts)	보통 자산을 소유하거나 관리하는 것에 의해 지역공동체를 개발하는 것을 목적으로 하는 기업
사회적 회사 (Social Firms)	일반 노동시장에서 직업을 얻기 어려운 정신건강 문제나 장애를 가진 사람들에게 고용과 기회를 제공
지역사회 개발 금융기관 (Community Development Finance Institutions)	지역사회에 기초된 기업과 때때로 소상공인을 위한 다양한 형태의 투자와 재정융자를 제공
자선단체 거래조직 (Trading Arms of Charities)	기금조성을 위해 거래활동을 목적으로 자선조직에 의해 세워짐. 예를 들어 자선 숍, 컨설턴트
공정무역 조직 (Fair Trade Organization)	생산자가 공정한 가격을 받도록 관여하거나, 공급자 간 개발 프로젝트를 지원하는 것에 관여할 수 있음

※ 출처 : Coventry and Warwickshire Co-operatives Development Agency (2008).

2010년 현재 영국의 사회적 기업에 대한 지원은 중앙정부 수준에서 유관 부서를 아우르는 제3부문청을 기축으로 지역 수준의 지역 개발 기구(Regional Development Agency)와 지자체 간 연계에 의해 작동된다. 사회적 기업 지원 기관들을 좀 더 구체적으로 보면 <그림 8-1>과 같은데, 내각청 내의 제3부문청을 중심으로 통상산업부의 후신인 비즈니스, 기업 및 규제 개혁부(Department of Business, Enterprise and Regulatory Reforms; 이하 BERR), 내무청(Home Office), 공동체 및 지방정부부(Department of Community and Local Government; 이하 DCLG)등이 협력하여 지방전달체계를 통해 사회적 기업 네트워크와 사회적 기업과 연결되어 있다.

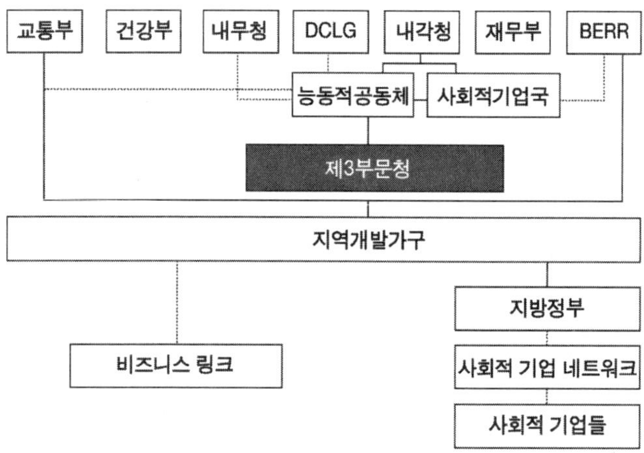

※ 출처 : Doherty et al.(2009: 16)에서 재구성.

〈그림 8-1〉 영국에서의 사회적 기업 지원 관련 조직들

특히 지역 수준에서 운영되는 사회적 기업 네트워크는 비즈니스 링크나 각종 기금의 후원 아래 해당 지역의 사회적 기업 창업 및 경영 지원을 수행한다. 비즈니스 링크의 역할은 창업 시 성장에 필요한 대출 알선 등에 대한 것인데, 지역개발기구의 관심 정도에 따라 비즈니스 링크가 사회적 기업과 민간 기업 각각에 대해 똑같이 지원하는 경우도 있고 사회적 기업을 더 많이 지원하

는 경우도 있다(브리스톨의 Social Enterprise Works 담당자인 엘랜 플린트(Ellaine Flint)와의 2010.1.4. 면담 결과).72)

한편 <표 8-2>는 한국에서의 넓은 의미의 사회적 기업들을 망라한 것인데, 앞서 언급했듯이 다양한 사회적 경제 조직들까지 포괄되어 있다. 이렇게 보면 노동부 인증 사회적 기업은 전체 사회적 경제조직 가운데 일부이며, 사회연대은행 등의 대안금융기관, 복지부 지원의 노인 일자리 사업단, 자활근로 사업단도 넓은 의미의 사회적 기업으로 분류할 수 있다.73) 물론 장애인 보호 작업장, 자활공동체는 물론 협동조합 역시 노동부에 신청하여 심사를 통과하면 인증 사회적 기업이 될 수 있다. 그러나 로이드가 유형화한 유럽 대륙형을 지향하는 한국의 사회적 경제 조직들은 노동부 인증과 무관한 사회적 기업으로 존재할 수 있는 것이다.74)

---

72) 커벤트리에 소재하는 Social Enterprise Westmidlands의 커뮤니케이션 디렉터인 케빈 매턴(Kevin Maton)과의 면담 결과(2010.1.5)에 의하면, 비즈니스 링크는 지역 상공회의소로서 대체로 사회적, 공동체적 측면에 대해 무관심하여 일반 민간기업과 차별화된 사회적 기업 지원에 취약성을 드러내고 있다. 또한 오픈대의 로저 스피어(Roger Spear) 교수와의 면담 결과(2010.1.6)에 의하면, 사회적 기업의 한 부분인 협동조합에 대한 협동조합 개발 기구(Co-operative Development Agency) 등의 지원은 구체적이고 실질적인 경영 자문으로 이루어지나 사회적 기업 전반에 대한 비즈니스 링크의 지원은 민간 기업에 대한 자문과 같은 일반적 수준에 그치는 불일치가 발생하고 있다.

73) 그런데 육성법 제7조는 '사회적 기업을 운영하고자 하는 자는 인증 요건을 갖추어 노동부장관의 인증을 받아야 함'을 규정하고 있어, 노동부 인증 사회적 기업 외의 사회적 경제조직이 사회적 기업을 표방할 수 없도록 하고 있다. 이는 사회적 경제의 혼성적 성격과 공동체 조직의 자발성을 저해할 뿐만 아니라, 국가에게도 인증 사회적 기업의 경영 악화 시 부담이 될 수 있다고 보인다.

74) 이영환(2009: 41)에 의하면, 한국에서 유럽 대륙형 사회적 경제 조직이라 할 수 있는 기관은 180여개의 생활협동조합, 10여개의 노동자 협동조합, 350여개의 자활공동체 등이다.

〈표 8-2〉 한국에서의 넓은 의미의 사회적 기업

성격 I	성격 II	유형 분류	세부 형태
국가	정부의존	공공지원형 일자리사업	장애인보호작업장/노인생산공동체
▼	▲		복지부 자활근로사업단
▼	▲		노동부 사회적일자리사업단
▼	○	공공지원형 사회적 기업	복지부 자활공동체
○	▼		
○	▼		노동부 사회적 기업
○			
○	자립지향		
사회적 경제		민간지원기관	대안금융기관
○	비영리	사회경제적 조직	시민단체(서비스 공급형)
○	▲		노동자협동조합
▲	▲		생활협동조합
▲	○		
▲	▼		농협/수협/산림조합
▲	▼		신협/새마을금고
시장	영리		

※ 출처 : 노대명(2008: 76).

한편 한국의 육성법 제2조는 사회적 기업을 "취약계층에게 사회 서비스, 또는 일자리를 제공하여 지역주민의 삶의 질을 높이는 등의 사회적 목적을 추구하면서 재화 및 서비스의 생산.판매 등 영업활동을 수행하는 기업"으로 규정한다. 또한 노동부(2008)에 의하면, 정부에 의한 사회적 기업 지원의 비전은 "사회적 기업 육성을 통해 사회 서비스의 혁신과 지속가능한 일자리 창출을 견인함으로써 사회 통합적 시장 경제를 구현하는데 기여하는 것"으로 설정되어 있다. 즉 한국의 사회적 기업 정책은 비즈니스 자문이나 자금 확보 등 간접 지원보다는 일자리 창출과 사회 서비스 전달의 직접 지원에 치중하고 있으며, 공동체 활성화를 위한 사회적 경제가 아닌 시장 경제의 지향이 명확하다고 볼 수 있다.

3) 연구의 쟁점

이 글은 영국의 CIC와 한국의 노동부 사회적 기업이 어떻게 제도화되고 있는가에 접근하기 위해, 양국에서의 제도화 맥락, 제도적 특성 및 사회적 목적에 대한 규정과 제도화 이후 활동 분포 등에 초점을 맞추어 다음과 같은 연구 쟁점들을 제시하기로 한다.

첫째, 사회적 기업 제도화에 이르기까지 영국과 한국의 정책적 맥락은 어떻게 전개되어 왔는가?

둘째, 사회적 기업에 대한 규제의 강도, 청산 시 자산 처리 규정, 수익 배당 원칙 등의 측면에서 두 나라 사회적 기업의 제도적 특성은 어떻게 서로 다른가?

셋째, 사회적 기업의 사회적 목적을 둘러싼 해석과 분포 지역, 업종 등 제도화 이후의 활동 영역에서의 차이는 어떠한가?

3. 사회적 기업 제도화의 정책적 맥락

1) 영국

애초에 영국의 사회적 기업은 <표 8-1>의 지역공동체 기업(community enterprise)에 뿌리를 둔 것이다. 피어스(Pearce, 2009)에 따르면,

지역공동체 기업은 지역 단위에 기반을 둔 공동체 개발이나 공동체 권한 부여의 맥락에서 발전된 것인데 이후 사회적 기업 틀 안으로 포괄되면서 정부의 사회 서비스 전달의 의미가 덧붙여진 것으로 해석될 수 있다. 이후 영국을 제외한 유럽 대륙에서의 사회적 기업은 이태리 사회적 협동조합의 예처럼 취약계층의 일자리 창출, 복지 서비스와 관련된 노동통합 사회적 기업을 주축으로 발전해 온 것에 비해, 영국의 경우에는 1998년 이후 신노동당 제3의 길 노선과 관련하여 노동연계 복지에 대한 관심 외에도 공공서비스 전달의 개혁, 지역사회 공동체 재건 등을 위한 수단으로서의 독특한 사회적 기업 지원 정책이 뿌리내려 왔다(한상진, 2005).

영국에서 CIC를 도입하는 문헌적 근거가 된 것은 '민간행동, 공공이득'('Private Action, Public Benefit')이라는 2002년의 내각청 전략국 보고서인데, 이 문건은 회사 형태로 신설되고자 하는 사회적 기업에게 가용한 선택에 한계가 있음을 지적한다. 즉 기존의 사회적 기업의 법적 형태로 상이한 유형의 조직을 포괄하는 데에는 어려움이 있어, 근대적이고 적절한 법적 수단을 고안함으로써 사회적 기업 부문에 대한 새로운 지원 틀을 마련하고자 했던 것이다.[75] CIC의 제도화를 전후로 한 사회적 기업 정책의 흐

75) 영국에서 CIC는 사회적 기업과는 차별화되는 별개의 유형이 아니라, 좀 더 넓은 의미인 사회적 기업 가운데 하나의 법제적 형태이다. 앞서 로이드는 영국과 미국의 사회적 기업을 하나의 유형으로 파악했지만, 유럽에 속하는 영국은 대륙의 사회적 경제 전통과 상호작용하고 있기 때문에 CIC라는 새로운 법적 형태 또한 이러한 흐름과 영국의 제3의 길 정책 노선의 맥락 아래 이해될 수 있는 것이지 예컨대 대기업 사회공헌을 강조하는 미국식 접근의 영향을 받은 것은 아니다.

름을 요약한 <표 8-3>을 보면, 영국의 정책적 맥락은 사회적 기업을 주로 비즈니스 활성화와 공동체 재건의 혼합으로 간주해 왔다고 해석될 수 있다.

〈표 8-3〉 영국의 사회적 기업을 둘러싼 주요 정책적 흐름

연도	이니셔티브	세부 내용들
2000	사회투자 태스크포스 발족	Futurebuilders, Adventure Capital Fund 등 사회적 기업 지원 기관 및 펀드의 설립
2001	사회적기업국 발족 사회적 기업연합 발족	통상산업부 내 설립 정부 지원을 받는 사회적 기업 부문 파트너로서 설립
2002	"민간행동, 공공이득" "사회적 기업 : 성공을 위한 전략" 발간	내각청 내 전략국에 의한 제3부문에 대한 리뷰 사회적 기업국의 보고서
2003	공동체를 위한 기업	통상산업부 CIC 협의 및 보고서
2004	외주관리 가이드 공동체이익회사 입법	사회적 기업에 대한 공공 외주 장려를 위한 SEU 보고서 새로운 법적 형태 도입
2005	제3부문청 설립	사회적 기업국과 능동적 공동체실을 통합시켜 내각청 내 신설
2006	사회적 기업 행동계획	OTS(Office of Third Sector) 보고서로 출간
2007	사회투자은행 협의	사회투자 태스크포스와 OTS가 공동으로 은행의 휴면자산을 신규 사회투자 기금으로 활용하는 방안 연구

※ 출처 : Nicholls(2010)에서 재구성.

이처럼 사회적 기업을 둘러싼 다양한 정책이 존속되고 있음에도, 영국 정부가 CIC라는 새로운 법제적 형태를 도입한 이유는 다음과 같이 정리될 수 있다(Nicholls, 2010). 첫째, 사회적 기업에 대한 인지가능하고 신뢰받는 브랜드를 확립한다. 둘째, 특히 주식유한회사(Company Limited by Share; 이하 CLS) 형태에서

의 새로운 주식 자본 등 더 많은 외부 투자를 촉진시키기 위함이다.[76] 셋째, 투자자와 기타 핵심 이해당사자에게 CIC가 제한된 이윤분배권을 가짐과 동시에 공동체 이득의 맥락 외에는 자산을 팔거나 이전할 수 없음을 재확인하기 위함이다.

위의 CIC로의 세 가지 제도화 동인 가운데 가장 실질적인 것은 두 번째 측면이라 할 수 있는데, 이를 보충 설명하면 다음과 같다(Bridge et al. 2009: 120). 영국에서 보증유한회사(Company Limited by Guarantee; 이하 CLG)는 조직 규약 상 이윤을 관리자의 급료로 지출할 수 없게 되어 있어, 자원 봉사 기초의 직원 활동만을 허용한다.[77] 이는 출자금이 다른 지원자에 대한 배당금이나 관리자의 보수로 지급되지 않는다는 확증을 주므로, 출자자들이 선호할만한 구조이기는 하다. 그러나 이러한 관리자 무보수의 원칙은 출자자와 관리자, 회사 간의 유대를 약화시킬 수 있는데, 관리자는 스스로의 기여가 폄하된다고 느낄 수 있고 회사 또한 관리자에게 적절한 근무태도를 요구하기 힘들기 때문이다.

이렇게 볼 때 CIC의 제도화는 회사가 공동체 이익을 위해 활동함과 동시에 관리자, 투자자에게도 지불을 허용하여 그 대가로 적절한 근무 태도가 가능한 주식유한회사 형태[78]의 사회적 기업

---

76) CIC 법적 형태의 선포식에서 당시의 주무 장관은 CIC 구조가 특히 투자 증가에 초점을 둔 도시 재생 및 경제사회적 통합의 도전에 대한 창조적 해결책을 제공할 것이라고 강조했다. Eaglesham(2005) 참조.

77) 사우스뱅크대 알렉스 머독(Alex Murdock) 교수와의 면담 결과(2010.1.8)에 의하면, 대표적인 보증유한회사 형태인 자선조직(charity)의 경우 실제로는 예외 규정을 두어 관리자의 임금을 지불하는 사례가 있다고 한다. 이와 같은 자선조직의 거래 행위 현실화와 관련하여 영국에서는 CIC와는 별개로 자선 신설 조직(Chritable Incoporated Organisation; CIO)의 제도화 가능성이 2006년부터 검토되어 왔다

을 명확히 규정함으로써, 위의 간극을 해소하려는 시도라고 이해될 수 있다. 실제로 2007년의 CIC 대상 조사 자료에 의하면, CIC로 신설을 신청한 이유에 대해 25%는 적합한 구조, 23%는 공동체 목적, 13%는 자선조직보다 좀 더 유연함에서 찾는다. 또한 CIC에게 개방된 기회를 둘러싸고는 47%가 펀딩에 대한 접근성을, 18%가 공동체 이득의 표현 등을 중요하게 손꼽고 있다(CIC regulator, 2007).

2) 한국

한국의 경우 영국과 같은 자발적인 지역공동체 기업 전통은 부재하나, 1980년대 말 도시빈민운동 차원에서 전개된 노동자 협동조합 결성 시도가 2000년의 기초생활보장 제도와 결합된 자활공동체 모델로 전환됨으로써 사회적 기업 제도화의 단초를 제공한 것으로 파악될 수 있다. 이후 노동부에 의한 입법화 전에도 자활사업을 넓은 의미의 사회적 기업 전망 아래 다루는 논의들이 계속되어 왔으며(한상진, 2005; Hahn and McCabe, 2006 등), 최근에도 자활공동체와 노동부 인증 사회적 기업의 관련성을 검토하는 시도들이 꾸준히 이루어지고 있다(백학영 외, 2008; 황미영, 2009 등). 그러나 식민지 지배를 거쳐 1980년대 말까지 국가 자본

78) CLS와 CLG는 영국에서 사회적 목적을 위한 유한 책임회사(limited liability company for social purpose)에 속하는 두 형태이다. 전자는 주주들이 주식을 소유하며, 후자는 회사의 정리 시 청산에 앞서 사원들의 지분을 인정하나 주식을 발행하거나 배당금을 지급할 수는 없다. CIC를 포함한 사회적 목적을 위한 유한 책임회사는 정관과 규약을 기업청에 제출하고, 연간 결산을 보고해야 한다. 황미영 · 한상진(2010) 참조.

주의 체제가 구조화되면서, 한국에서는 영국과 같은 자발적인 제3부문의 역량 구축이 제한되어 왔다.

〈표 8-4〉 한국에서의 사회적 경제와 사회적 기업 관련 정책의 흐름

연도	이니셔티브	세부 내용들
1989	도시빈민운동 차원의 노동자협동조합 결성	하월곡동 '일꾼두레', 상계동 '실과 바늘' 등의 설립
1996	자활공동체 모델의 자활지원센터 발족	복지부가 지역자활센터의 모태가 되는 4개의 자활지원센터 인가
1998	IMF 사태 이후 공공근로 민간위탁 시도	공공근로사업의 발굴을 민간단체에 위탁하는 형태로서 사회적 일자리의 원조를 이룸
2000	기초생활보장제 시행	복지부 지역자활센터가 전국적으로 위탁 운영되고 자활공동체와 자활근로사업이 생계급여의 조건으로 변형됨
2003	노동부 주도 사회적 일자리 사업 제도화	사회적으로 유용한 일자리의 개념이 공식화됨
2006	범정부적 사회서비스 일자리 사업 시행	청와대 내 사람입국 일자리위원회에서 사회적 일자리를 사회서비스 일자리로 구체화시킴
2007	사회적 기업 육성법 발효	1차 신청을 접수받아 36개 사회적 기업을 인증
2008	사회적 경제 연대회의 출범	27개의 시민단체, 협동조합, 생산자단체, 연구기관 등이 참여함
2009	사회적 기업 지원을 위한 대기업, 지자체 역할 증가	기업 사회적 책임(Corporate Social Responsibility)이 강조되는 한편 2009년 10월에는 '서울형 사회적 기업'과 같은 지자체 주도형 사업이 발표됨

한국에서의 사회적 경제 및 사회적 기업 관련 흐름은 <표 8-4>과 같은데, IMF 사태 5~6년 이후까지는 일자리 부족에 따른 실직 빈곤층의 노동 통합이 주요 쟁점이었다가 2006년을 전후하여 고령화, 저출산 등에 대응하는 취약계층 대상의 사회 서비스 공급

이라는 또 다른 쟁점이 대두되었다. 김혜원(2008: 14)에 따르면, 2006년의 육성법 제정 국면에서 사회적 기업의 역할을 둘러싸고 노동부는 사회 서비스 확충을, 사회적 경제 연대회의는 취약계층의 사회적 배제 극복을 강조하는 대립이 나타났다. 육성법 14조의 '사회 서비스 제공 사회적 기업에 대해서는 운영에 필요한 인건비 등의 재정적인 지원을 할 수 있다'는 규정은 노동부가 일자리 제공보다 사회 서비스 제공의 유형을 중시한 증거라고 할 수 있다.79)

CIC가 제3부문인 자선 조직의 활동을 인정한 바탕 위에서 외부 재원 조달 및 거래의 유연화를 추구한 결과라고 한다면, 노동부 인증 사회적 기업은 기존 사회적 경제 조직의 필요에 부응하기보다는 고용 및 사회 서비스의 부족에 대응하는 정부 주도의 정책 수단으로 등장한 셈이다. 이는 서구에 비해 제3부문의 영향력이 작은 데서 비롯된 것이겠지만, 민관 파트너십 문화의 취약성 역시 드러내는 것이다. 이러한 문제점을 인식한 탓인지, 노동부(2008)는 인증 사회적 기업의 육성을 위한 추진 전략으로 민간의 자발적인 참여 활성화를 위한 동기 부여, 사회적 기업 지원 제도의 선진화, 민간 협의기구의 구성·운영 활성화, 관계 부처 및 지자체와의 협력 강화 등을 제시하고 있다. 그런데 넓은 의미의 사회적 기업에 대한 부처 간 역할 분담과 관련하여, 사회 서비스 공급의 주무 부처인 복지부는 노동통합 유형인 자활공동체를 지원

79) 그러나 2008년 5월부터 노동부는 사회적 기업 인건비 지원 공모를 통해 사회 서비스 제공 사회적 기업에게 인건비를 제공한다는 육성법을 넓게 해석하여, 일자리 제공형 사회적 기업을 포함해 인증 받은 전체 기관을 대상으로 인건비 지원 공모사업을 시행해 왔다(조영복.강승화, 2008).

하고 노동통합에 관심이 더 있을 법한 노동부는 사회 서비스 제공 사회적 기업에 우선순위를 두는 불일치가 지적될 수 있겠다.

요컨대 CIC와 노동부 인증 사회적 기업의 정책적 배경이 갖는 공통점은 건강, 교육 등과 같은 공공 서비스 전달의 필요성에서 찾아진다. 하지만 영국의 경우 국가가 담당하던 사회 서비스를 민영화시키는 복지 축소의 맥락인 반면에, 한국은 복지 확대 과정에서 국가가 서비스를 직접 제공하지 않고 민간 위탁이나 바우처 사업 등을 사회적 기업의 시장으로 연결하는 차이가 있다. 또한 한국의 지원 전략은 경영 지도나 금융 및 조세 혜택 등으로 사회적 기업의 자생력을 증진시키는 데는 미치지 못하고, 한시적인 인건비 지원과 이후의 중단이라는 단기 처방에 그치는 특징을 보인다. 실제로 2008년 9월 현재 노동부 인증 사회적 기업의 인증 신청 동기를 조사한 결과, 40%가 인건비 및 운영비 지원, 31%가 사회적 일자리 지원의 지속이라고 응답(김홍일, 2008: 105)함으로써 정부의 직접적 인건비 지원이 중단될 때 지속가능성이 위협받으리라는 추정을 가능케 한다.

4. 사회적 기업의 제도적 특성

1) 영국

황미영 외(2010)에 의하면 CIC의 핵심적 특징은 첫째, 공동체 이득을 위해 일하며 둘째, CLS이거나 CLG일 수 있고 셋째, 감독관이 표준 정관안을 제공하여 빠르고 손쉽고 비싸지 않게 설립되며 넷째, 연간 CIC 보고서를 제출해야 하므로 운영의 투명성이 높고 다섯째, 이사회를 가질 필요가 없는 동시에 관리자에게 적절한 보상이 주어지는 것으로 요약된다. 이러한 CIC의 특징을 간추리면 유연성, 확실성, 간편성 등으로 정리되는데, 특히 CIC의 연간 보고서는 새로 개정되는 자선법에 의한 자선조직 보고서에 비해 간편한 편이다. 또한 CIC 감독청은 '가벼운 규제(light touch regulation)'[80]에 그치고, '합리적인 사람(reasonable person)'이 감독관으로 일하여 CIC로 신청해서 거절된 경우는 거의 없다.

<표 8-5>를 보면, 2005년 이후 CIC로 신청된 3,061개 회사의 90.9%인 2,781개의 등록이 인정되어 신청 대비 등록률이 매우 높음을 알 수 있다. 그런데 이와 같은 가벼운 규제라는 CIC의 제도적 특성은 보고(reporting) 체계와 관련하여 다음과 같은 문제점을 갖는 것으로 지적된다(Nicholls, 2010). 첫째, 자선조직의 경우에도 매년 수익 등에 관해 부정확하고 불완전하게 보고된다고 지적되는 가운데, 이보다 더욱 기업 행태를 띠는 CIC의 경우에는 투명하고 효과적인 보고서 작성보다 비즈니스와 경영에 더 치중하는 사회적 기업가적 편향 때문에 보고 내용이 부실할 개연성이

80) 현재 야당인 보수당의 사회적 기업 전략은 집권 노동당과 비슷한 맥락이지만 '가벼운 규제'보다는 오히려 좀 더 무게가 실린 것으로 볼 수 있다. 보수당의 사회적 기업 정책은 첫째 현행 CIC에 적용되는 조세 감면을 영리기업 대상 수준에서 자선조직 수준으로 확대함으로써 그 이익을 공동출자금으로 적립하는 공동체 이익 준비금 제도를 신설한다는 것과, 둘째 사회적 기업이 직면하는 자금 조달의 어려움을 제거하기 위해 비영리은행인 '공동체 은행'을 육성하는 것으로 요약되기 때문이다.

높다(Spear et al. 2009). 둘째, CIC의 정체성 유지 측면에서 공동체적 목적에 대해 명료한 측정이 필수적인 데 비추어, 보고를 위한 서류 양식에는 공동체 이득 목적에 관한 회사 활동의 전반적 기술과 이해당사자와의 협의에 대한 설명이라는 두 가지 측면만 매우 포괄적으로 기록하게 되어 있어 정확한 평가가 어렵다. 셋째, CIC 감독관청의 자원 확보라는 측면에서 개별 CIC가 가벼운 규제를 악용하여 감독관에 대해 순응하지 않거나 양질의 보고 의무를 게을리 할 경우 감독관과 감독 대상인 CIC 간 독립과 협력에 모호함이 생길 수 있다는 것이다.

〈표 8-5〉 영국의 CIC 등록 현황(2005~9)

	2005~6	2006~7	2007~8	2008~9	전체
신 청	260	719	873	1,209	3,061
인 증	208	637	814	1,122	2,781
부적합	1	0	0	0	1
자선조직으로 전환	0	0	3	2	5
폐 업	0	0	35	86	121

※ 출처 : CIC regulator(2009).

다음으로 CIC는 CLS와 CLG 중 하나를 선택하도록 되어 있는데, 양자를 간단히 설명하면 다음과 같다. 먼저 CLS는 주주 각자가 회사 내에서 주식을 보유하며, 그들의 자율성이 지불되지 않은 보유 주식의 양에 의해 제한되는 유한회사이다. 이에 비해 CLG는 만일 회사가 도산할 경우 각각의 구성원이 회사의 재정을 위해 일정한 금액에 대해 보증을 제공하는 회사 형태를 가리킨다. CLG는 회사의 정리 시 청산에 앞서 사원들의 지분을 인정하는 유한회사이므로, 주식을 발행하거나 배당금을 지급할 수 없다. 앞서 살펴본 것처럼, CIC의 제도화 에는 공동체 이익을 지향하는 CLS의 설립을 용이케 하려는 취지가 두드러지는 데 반해, 실제의 CIC 가운데에는 CLG 형태가 74%로 3/4 가까이 차지하는 것으로 나타난다.[81]

그 밖에 CIC의 독특한 제도적 측면으로는 자산 동결(asset lock)과 CLS 형태의 CIC에 해당되는 배당금 상한(dividend cap) 요건을 들 수 있다. 이 때 자산 동결은 CIC의 좀 더 근본적인 사항이고, 배당금 상한은 일종의 운영 규칙이라 할 수 있다.[82] 우선 자산 동결의 원칙은 CIC의 자산이 회원이나 주주에게 분배될 수 없고 공동체의 이익을 위해 유지되도록 하기 위한 것으로, 다음과 같은 네 가지 원리에 의해 작동된다. 첫째, CIC는 규제에 의해 허용되는 것을 제외하고는 자산이나 이윤을 시장 가치보다 덜한 조건에서 이전시킬 수 없다. 둘째, CIC의 자산은 정관, 또는 CIC 감독청이 지정한 자산 동결 기관에 이전해야 한다. 셋째, 자산 동결 기관이 될 수 있는 단위로는 CIC, 자선조직, 공제조합, 영국 국외에 소재한 법인 등이 있다. 넷째, 회사의 해산 시 사원들에게 자산을 귀속시키면 안 된다.

한편 CIC가 CLS로 설립될 경우, 회사 재산을 팔 수 있을 뿐 아니라 투자자에게 상한 기준 조건 하에서 배당금을 지불하는 주식 발행의 선택을 가질 수 있다. 배당금 상한은 자산의 보존을 보호

81) 2009년 9월말 현재 3,172개의 CIC 가운데 2,349개는 CLG이고 823개가 CLS인데, CLS 가운데 배당금 상한의 적용을 받는 기관은 633개이다. CIC regulator(2010) 참조.
82) CIC 협회 대표인 존 멀커린(John Mulkerrin)과의 대담 결과(2010.1.7).

하기 위해 CIC 감독관에 의해 설정되는데, 그 기준은 다음과 같다. 첫째, 주당 배당액은 영국은행 대출 이자율보다 5% 높은 수준까지 가능하다. 둘째, 배당액의 합계는 배당 가능한 이윤의 최대 35%까지 가능하다. 셋째, 부채 이자의 경우 영국은행의 대출 이자보다 높은 4% 금리까지 가능하다. 넷째, 당해 연도에 실적이 나빠서 지급하지 못한 배당액은 차기 연도에 지급받을 수 있다. 이월의 최대 가능 시기는 5년이고, 5년 이상 경과된 미지급 배당액을 소급해서 받을 수 없다. 또한 CIC가 자사주를 매입하거나 매각하고자 할 때 액면가 이하로는 거래할 수 없는데, 이는 헐값 매각으로 자본을 잠식하거나 주주들의 이익을 도모하면 안 된다는 취지에서이다.83)

2) 한국

노동부 인증 사회적 기업의 제도적 특징은 제3부문과 사회적 경제를 대표하는 사회적 기업에 대한 국가의 강력한 조절 기능 부여라고 할 수 있다. 노길준(2007)에 의하면, 한국에서 사회적 기업이 되기 위해서는 단순히 인증 요건을 구비할 뿐만 아니라, 사회적 기업 육성위원회의 실질적인 적합 여부 심사를 통과하도록 되어 있다.84) 그에 따라 간편한 표준 정관안이 제시되는 영국

83) 그런데 CIC의 제도화 이후 배당금 상한 규정은 외부 투자자의 유치와 경쟁력을 저해하는 요인으로 논쟁의 대상이 되어 왔다. 그 결과 영국 정부는 2010년 1월부터 배당금 상한 기준을 CIC 보유 주식의 10% 이내로 완화시키고 2010년 4월 6일부터 시행한다고 발표했다. 황미영 외(2010) 참조.

84) '사회적 기업 육성법'에 따르면, 사회적 기업으로 인증 신청을 한 기관에 대해서는 인증 신청기간 종료일부터 60일 이내에 사회적 기업 육성위원회의

과는 달리, 목적, 사업 내용, 지배구조 형태와 의사결정 방식, 수익배분 및 재투자, 출자 및 융자, 종사자의 구성 및 임면, 해산 및 청산 등에 관한 정관의 구비 사항이 충족되지 못할 경우 인증이 불허된다. 그 밖에 모 법인으로부터 독립하여 분리 중이지만 행정적 절차가 완료되지 않은 경우나 회계사, 세무사 등의 결산서가 아닌 자체적으로 작성된 영업활동 보고서 등은 인정하지 않는 엄격함을 보여준다.

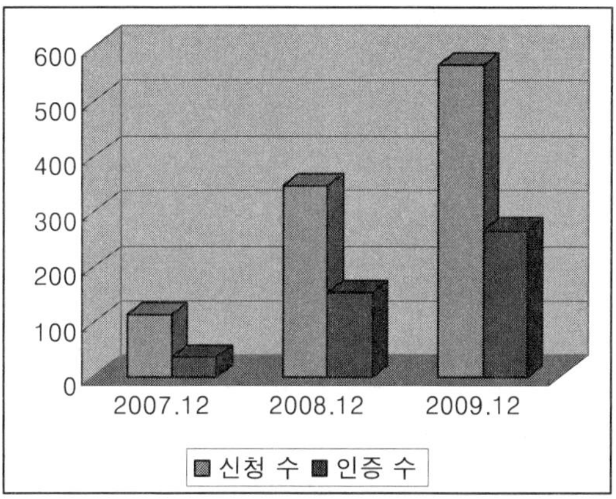

※ 출처 : 노길준(2007), 나영돈(2008), 노동부(2010).

〈그림 8-2〉 한국에서의 노동부 인증 사회적 기업의 누적 추이(2007~9)

심의를 거쳐 사회적 기업으로 적합하다고 인정하는 경우 그 신청인에게 사회적기업인증서를 발급하도록 규정하고 있다. 좀 더 구체적으로는 사회적 기업으로 인증 받고자 하는 기관이나 개인은 사회적 기업의 인증에 필요한 서류를 각 지역 고용지원센터에 접수하며, 노동부의 사회적 기업 육성 위원회 산하 인증심사 소위원회의 사전 검토와 사회적 기업 지원기관의 현장 실사를 거쳐 사회적기업 육성 위원회에서 사회적 기업 인증 심의를 하게 된다. 조영복.강승화(2008) 참조.

그 결과 2007년 이후 해당 연도 말 현재 사회적 기업 신청 대비 노동부 인증기관 수의 누적 추이를 보여주는 <그림 8-2>를 볼 때, 인증률이 절반을 밑도는 것으로 나타난다. 즉 인증률은 2007년 12월 현재 신청 기관 113개 중 36개가 인증되어 31.9%를, 2008년 12월 현재에는 347개 신청에 154개의 인증으로 44.4%를, 2009년 12월에는 567개 신청 기관 중 266개가 인증 심사를 통과하여 47.9%를 기록하고 있다. 이렇게 볼 때 해를 거듭할수록 신청 대비 인증의 숫자가 늘어나고는 있지만, 영국의 등록 방식에 비해서는 사회적 기업의 설립이 상대적으로 까다롭다고 할 수 있다.[85)]

이 같은 한국에서의 사회적 기업에 대한 '무거운 규제'의 원인은 정부의 인증기관에 대한 인건비 지원에 따른 도덕적 해이 방지 차원이라고 풀이된다. 그런데 사회적 경제 조직으로서의 제3부문 주도성이나 경영적 지속가능성의 관점에서 사회적 기업에 대한 인건비 지원 방식은 숱한 비판의 대상이 되고 있다. 이에 대해 박찬임(2008)은 인건비 지원 제도는 노동통합이 어려운 중증장애인, 출소자, 약물중독자, 노숙인, 탈북자 등에 대한 일자리 창출형 사회적 기업으로 한정시키고, 이보다는 종사자에 대한 사회보험료와 퇴직적립금을 지원하는 것이 바람직하다고 제안한다. 또한 사회적 기업과 관련된 주요한 잠재적 공공 시장이라 할 수 있는 사회복지 바우처 사업에서 정부의 인건비 보조 기관이 배제

---

85) 조영복 · 강승화(2008)에 의하면, 2008년 7월 현재 노동부로부터 사회적 기업 인증이 불허된 156개 기관의 불인증 사유는 복수 응답을 포함하여 영업수익 미실현 49.4%, 정관 및 규정의 미제정 47.4%, 조직형태 미비 32.1%, 이윤 사용 불명확 28.2% 등으로 분포되어 있다.

되고 있기 때문에, 새로운 시장의 개척을 위해서도 이 제도는 개선될 필요가 있다고 하겠다.

한편 사회적 기업의 인증 대상이 될 수 있는 조직 형태로는 비영리 민간단체, 생활협동조합, 사회복지법인, 공익법인과 함께 상법상 회사에 속하는 영리기업까지 포괄되어 있다. 김혜원(2008)은 영리기업도 사회적 기업의 인증 대상이 되는 현행 제도의 문제점을 지적하면서, 사회적 기업으로 인증 받은 영리기업의 정관을 변경할 수 없도록 CIC와 같은 새로운 회사 지위가 도입되어야 함을 강조하고 있다. 또한 한국에서 영리 기업 배경을 지닌 사회적 기업에 대해 자산동결 규정을 적용시킴으로써, 기업이 청산될 경우 남는 자산을 주주가 가져갈 수 없도록 해야 한다고 제안한다. 김성기(2009)도 비슷한 맥락에서 CIC의 자산동결 원칙이 상법상 회사 지위를 인정하더라도 사회적 기업의 영리 목적 추구를 원천적으로 차단하려는 필요성에 의해 도입된 것이라고 평가하고 있다.

한국의 경우에도 이와 관련하여 사회적 기업이 청산될 경우 자산의 2/3 이상을 다른 사회적 기업이나 지역사회로 환원시키도록 규정되어 있다. 그런데 상법상 주식회사도 일정 비율의 취약계층을 고용하거나 그들에게 사회 서비스를 제공하면 사회적 기업으로 인증되는 상황에서, 이러한 형태의 기업에게도 1/3 범위에서 청산 자산의 사유화를 허용한다는 것은 사회적 목적의 투명성을 저해하여 윤리적 투자나 지역사회 소액 출자를 유인하는 데 걸림돌이 되리라 추정된다. 하지만 영국에서의 자산동결 원칙은 김성기(2009)의 주장처럼 사회적 기업의 영리 목적 추구를 원천 차단하기 위한 것이라기보다는, CLS의 투자를 용이하게 하려는 사회적 목적의 보증 장치로 파악되는 것이 타당할 것이다.

한편 한국의 사회적 기업 육성 제도에는 수익이나 이윤 발생 시 사회적 목적 실현에 재투자해야 하며, 특히 상법상 회사의 경우 그 비율이 2/3를 초과해야 한다는 규정도 있다. 앞서 보았듯이 영국의 배당금 상한 제도는 출자자를 염두에 둔 것인 데 반해, 이러한 장치는 영리 추구 사회적 기업의 사회적 목적에 대한 일탈을 방지하기 위한 것으로 보인다. 이는 한국의 경우 사회적 기업의 경영 수준이 출자자에 대한 배당 비율을 고민할 정도에까지 이르지 못했음을 암시한다. 이와 함께 한국 사회적 기업의 제도적 특성 가운데 주목할 만한 것은 영국 등 유럽에서 일반적인 유한회사나 노동자 협동조합 등의 법제적 근거가 부재하다는 점이다. 따라서 한국의 경우에도 공동체 이익을 위한 협동조합 방식의 이태리의 사회적 협동조합이나 영국의 산업공제조합(Industrial and Provident Society; 이하 IPS)[86]과 같은 새로운 제도적 형태의 도입을 고려할 필요가 있다고 하겠다.

86) 영국의 산업공제조합은 협동조합 모델을 기본으로 하되 주식 발행을 통한 자금 조성이 허용되는 사회적 기업의 법제적 형태 가운데 하나이다. 산업공제조합의 이점은 공동체 이익을 경영이 가능하다는 것과 '자선기관에 준한 세금 면제' 자격이 주어진다는 데에 있다. 황미영 외(2010) 참조.

5. 사회적 목적의 해석과 활동 영역

1) 영국

영국의 CIC는 사회적 기업의 사회적 목적을 '공동체에 대한 이익 제공'으로 명확히 규정한다. CIC 감독관청(CIC Regulator, 2009)은 공동체에 해당하는 영어 단어인 'community'가 지역사회의 의미도 포함하는 데 따른 혼선을 방지하기 위해, 지역사회뿐만 아닌 소수 민족, 알콜 의존 집단 등의 공동체 집단에 대한 이익 추구까지 사회적 목적으로 폭넓게 정의하고 있다. 그리하여 CIC로 등록하려는 기업은 앞서 언급된 합리적인 사람이 보기에 공동체 이익 활동이라고 간주되는지를 판정하는 도구인 '공동체 이익 검사(Community Interest Test; 이하 CIT)'를 통과해야 한다. CIT를 충족시키기 위해서는 CIC 36 서류 형식에 근거하여 공동체 이익 선언문(Community Interest Statement)을 완성하고 이를 CIC 감독관에게 제시해야 한다.

예를 들어 런던 동북부 교외지역에 위치한 색스먼덤 지역 CIC (Saxmundham and district CIC)의 공동체 이익 선언문에는 사회통합 촉진과 해당 지역에서의 근본적인 삶의 질 향상, 도시와 농촌의 활성화, 레크레이션 시설과 기타 여가시설의 활용, 청년집단을 포함한 모든 영역의 공동체와의 연대, 모든 종류의 교육, 훈련, 학습에 대한 지원, 기타 자선적 목적의 활동 등이 기술되어 있다(Saxmundham & District Community Interest Company, 2010). 한편 모든 CIC는 연간 제출하는 보고서를 통해서도 공동체 이익과 관련된 활동을 보고해야 한다. 이와 함께 사회적 목적의 해석과 관련하여 CIT의 통과 외에도 두 가지 부수적 조건이 추가되는데, 그것은 정당 등의 정치적 캠페인에 관여해서는 안 되며 특정 고용주의 피고용인에게만 이익을 제공하는 것으로 간주되어서는 곤란하다는 측면이다.

다음으로 2009년 9월말 현재 존재하는 2,349개의 CIC에 대한 활동 실태를 살펴보기로 한다. CIC association(2010)에 따르면, CIC의 활동 지역 분포는 런던이 가장 많으며 그 다음은 노스웨스트 지역, 사우스 이스트 지역의 순서로 나타난다. 이에 비해 북아일랜드, 웨일즈, 스코틀랜드 등 잉글랜드 이외 지역에서는 등록이 부진한 불균등성을 드러내고 있다(<그림 8-3> 참조). 그리고 CIC의 업종 분포를 보면, 2009년 4월 현재 '개인 및 사회서비스, 스포츠, 문화' 영역이 전체의 35%로 가장 많다(황미영 외, 2010). 그 다음으로는 '교육'(19%), '부동산 임대와 비즈니스'(17%), 그리고 '보건과 사회사업'(15%)의 순서이다. 이는 CIC의 활동이 지역공동체 문화 및 여가, 공공임대주택 관리, 보건복지 서비스 위탁 등 다양한 영역에 걸쳐 있음을 가리킨다.

그 가운데 한국에서 적용 가능성이 큰 교육 업종의 CIC 현황을 좀 더 살피면 다음과 같다(CIC association, 2010). 2009년 9월 현재 교육 관련 CIC 334개는 성인 및 기타 교육 71.3%, 초등교육 12.9%, 중등교육 8.4%, 고등교육 및 직업교육 7.4%로 구성되어 있다. 몇 가지 사례를 보면, 우선 '디벨롭 유어 차일드(DEVELOP YOUR CHILD)' CIC는 켄트 지역에서 아동의 잠재성을 개발하고 창의적 양육 지원과 가족교육 프로그램의 개발 활동을 벌이고 있다. 또한 '골스(Goals)' CIC는 런던 중심부의 니트(NEET)족[87] 청소년(16~17세)을 대상으로 하는 사회적 기업으로, 최근 3년간 500명을 대상으로 독립, 자존, 내적 강화, 자기주도, 의식적 행동 프로그램 등을 시행한 결과 이 가운데 57%가 직업을 갖거나 교육에 참여하게 되었다(황미영 외, 2010).

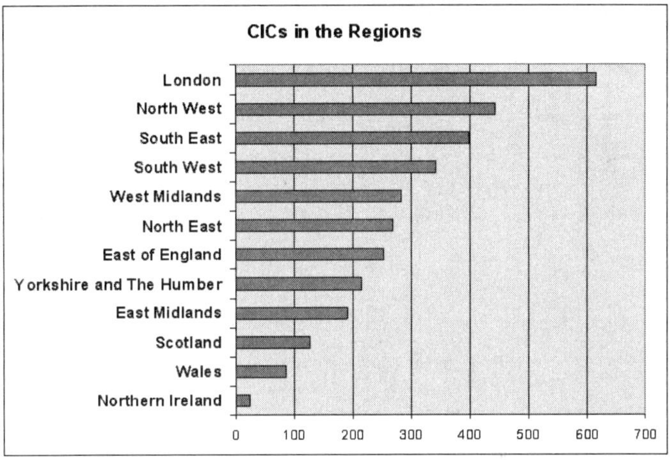

※ 출처 : CIC association(2010).

〈그림 8-3〉 영국 CIC의 지역 분포

2) 한국

한국에서 노동부 인증 사회적 기업의 사회적 목적에 대한 해석은 공동체 이익이라는 과정적인 정성 지표가 아니라, 취약계층을

87) 니트 족은 No Employment, Education and Training족의 준말로서 취업과 학업, 훈련에 관심 없는 무위도식 족을 가리킨다.

얼마나 고용하고 얼마나 많은 그들에게 사회 서비스를 제공하는가라는 결과적 정량 지표에 초점을 맞춰져 있다. 더욱이 노동부는 2010년부터 애초에 50%였던 일자리 제공형 및 사회서비스 제공형 사회적 기업의 취약계층 대상 비율 기준을 30%로 낮춤으로써, 이러한 사회적 목적의 엄격한 수행보다는 인증 사회적 기업의 규모 확대에 좀 더 치중하는 경향을 나타내고 있다.[88] 한편 노동부(2008)에 의하면, 사회적 기업의 가치는 취약계층의 노동시장 통합과 좋은 일자리 확대에 따른 '지속가능한 일자리 제공', 신규 공공 서비스의 수요 충족과 공공 서비스 혁신에 의한 '사회서비스 확충' 외에 지역사회 통합과 사회적 투자 확충을 통한 지역경제 발전이라는 '지역사회 활성화', 기업 사회공헌 및 윤리적 경영문화 확산과 착한 소비문화 조성이라는 '윤리적 시장 확산' 등에서도 찾아진다고 한다. 하지만 이러한 가치들은 사회적 기업 육성 정책의 기대 효과에 가깝지, 개별 사회적 기업이 지향해야 할 특성화된 목표로 보기는 어렵다.

기타 사회적 기업의 사회적 목적 수행과 관련된 규정으로는 서비스 수혜자, 근로자, 지역주민 등 이해관계자가 참여하는 민주적 의사결정 구조의 구비 요건을 들 수 있다. 이는 경영진, 또는 주주의 독단적이고 일방적인 의사 결정을 제한하기 위한 장치인데, 2007년의 인증 사회적 기업 대상 조사에 따르면 임원 외에 근

88) 노동부는 2009년 12월 현재 294개인 인증 사회적 기업의 숫자를 2012년까지 1,000개로 확대할 것을 목표로 하고 있다(노동부, 2010). 그러나 취약계층의 범주가 월평균 가구소득 60% 이하 계층, 55세 이상 고령자, 장애인, 성매매피해여성, 장기실업자 등으로 매우 포괄적으로 규정되어 있는 상태에서 취약계층 고용 및 사회서비스 대상 비율을 30%로 하향 조정하는 것은 사회적 목적의 희석을 낳으리라는 우려도 있다.

로자 대표를 포함하는 이해관계자가 주요 의사결정기구에 실질적으로 참여하는 비율은 70.6%이다(곽선화, 2009: 149). 한편 장원봉(2008)에 의하면, 인증 사회적 기업 46개를 대상으로 사회적 기업 인증 이후의 조직 변화 정도를 5점 만점으로 조사한 결과 사회적 역할에 대한 고민 증가 3.73점, 행정업무 증가 3.56점, 지역사회 연계 강화 3.34점, 차별화된 사업전략 마련 3.28점, 민주적 의사결정구조 강화 3.13점, 사회적 인식 향상 체감 2.95점 등의 분포를 보이고 있다. 이는 사회적 기업 인증제도가 지역사회 연계 등의 사회적 목적을 고민하게 만드는 계기로는 어느 정도 작용하지만, 사회적 기업의 사회적 목적에 대한 외부 인식을 향상시키는 수준에까지는 미치지 못하고 있음을 엿보게 한다.

이와 함께 2009년 12월 현재 노동부 인증 사회적 기업 294개의 지역별 분포를 보면, 수도권 46.6%, 광주전라권 15.6%, 부산울산경남권 11.6%, 대전충청권 10.5%, 대구경북권 6.5%, 강원 5.4%, 제주 2.7% 등으로 구성되어 있다. 영국의 CIC와 마찬가지로 인증 사회적 기업의 수도 집중도는 23.8%로 꽤 높은 편인데, 이러한 추이는 서울특별시에 의한 서울형 사회적 기업 지원제도로 인해 가속화될 전망이다. 한편 인구 대비로 볼 때 호남, 강원, 제주의 사회적 기업 인증 비율이 높은 편이며, 영남권의 사회적 기업 활성화 정도는 상대적으로 낮다. 또한 2009년 9월 현재 244개 인증 사회적 기업을 대상으로 분석한 결과(이영환, 2009), 업종별 분포는 복지서비스 21.3%, 가사간병 12.7%, 보육 8% 등 사회복지 부문이 압도적이며 환경 16%, 문화예술 5.3%, 교육 4.1%, 보건 3.3%가 그 뒤를 잇는 것으로 나타난다. 영국의 CIC와 비교해 볼 때, 한국에서는 문화 · 예술 분야나 부동산 관련 사회적 기업이 비교적 적다고 할 수 있다.

〈표 8-6〉 노동부 인증 사회적기업의 업종별 취약계층 관련비율(2009.3)

	취약계층 고용비율	취약계층 사회서비스 수혜비율
교육(방과후 학교, 장애인교육 등)	41.1	70.7
보건	32.0	72.4
사회복지	46.8	72.8
환경(재활용, 청소, 집수리 등)	64.5	66.8
보육	51.1	89.3
문화예술관광운동	48.5	62.3
간병가사지원	56.0	62.3
기타(음식물, 지역개발, 제조업 등)	59.1	73.1
전체	56.1	70.7

※ 출처 : 곽선화(2009)에서 재구성.

곽선화(2009)에 의하면, 2009년 3월 현재 인증 사회적 기업의 업종별 취약계층 고용 및 사회서비스 대상 비율과 관련하여 취약계층 고용율의 경우 환경 업종이 64.5%로 가장 높고 취약계층 대상 사회서비스 비율의 경우에는 보육이 89.3%로 가장 높은 수준으로 분석된다(<표 8-6> 참조). 그러므로 한국에서는 재활용, 청소, 집수리 등의 환경 영역이 노동통합 사회적 기업의 주종을 이루고 있는 셈이다. 그리고 사회적 목적과 관련된 유형별로는 취약계층에 대한 일자리 제공형이 70.3%로 가장 많고, 사회서비스 제공형이 41.8%로 구성되어 있다. 이 가운데 두 가지 성격을 모두 갖는 혼합형은 28.3%이고 지역개발 등 기타 목적의 사회적 기업은 15.6%로 적은 편이다. 마지막으로 조직형태는 법인, 조합,

민간단체 등 비영리조직이 59.4%로, 영리회사 40.6%보다 더 많다. 영국처럼 출자에 대한 유인책이 부재한 상황에 비추어 상법상 회사의 비율이 꽤 높은 편인데, 그 주된 이유 중의 하나는 전체의 16.2%를 차지하는 장애인 작업장이 고용촉진장려금을 수령하기 위해 모두 회사로 등록되어야 한다는 데서 찾을 수 있다.

6. 맺음말

지금까지 이 글은 노동부 인증 사회적 기업과 CIC를 사례로 하여 제도화에 이르게 된 정책적 맥락, 규제 강도, 자산 처리 및 수익 배당 원칙 등의 제도적 특성, 사회적 목적의 해석과 활동 영역 등에 초점을 맞추어 한국과 영국의 사회적 기업 제도화에 관해 비교해 보았다. 그 결과 영국의 CIC가 자선 조직과 관련하여 재원 조달 및 거래의 유연화를 추구하는 맥락에 있는 데 비해, 한국의 사회적 기업 육성 제도는 고용 및 사회 서비스의 부족에 대응하는 정부 주도 정책 수단의 의미가 큼을 알 수 있었다. 또한 영국에 비해 강력한 한국의 정부 규제 정도는 인건비 한시 지원 등에 따른 도덕적 해이 방지 차원에서 해석될 수 있고, 자산 동결과 배당금 상한 등의 장치는 영국보다는 한국에서 비교적 완화된 상태로 파악되었다. 끝으로 사회적 목적과 관련하여 영국은 공동체 이익이라는 정성적 지표를 추구하는 반면에 한국은 취약계층 관련 고용 및 사회서비스 수혜 비율이라는 정량적 지표에 치우치고 있으며, 활동 영역의 경우에는 양국 모두 수도권에 집중되어 있는 한편으로 영국에서는 문화, 교육, 부동산 임대 등의 지역사회 서비스가, 한국에서는 간병, 보육, 보건 등 사회복지 서비스가 주종을 이루는 것으로 나타났다.

그러면 이제 결론적으로 이 글의 발견이 지니는 이론적, 실제적 함의를 다루고, 앞으로의 제도적 개선 방향에 관해 언급하기로 한다. 우선 이론적 차원에서 한국의 경우 영국의 CIC에서 두드러지는 공동체적 지역 재생이나 지자체 수준의 기업 지원체계 등이 부재한 이유를 따져 볼 필요가 있다. 이는 두 나라 복지정책의 거시적 맥락 차이에 따른 것이라 할 수 있는데, 한국의 사회적 기업은 1990년대부터 노동자 협동조합이나 자활공동체 등 노동통합의 취지에서 논의되다가 2000년 이후부터 취약계층 대상 사회서비스 공급의 수단이라는 의미를 부과 받아 왔다. 그러므로 한국은 영국을 비롯한 유럽의 복지국가와는 달리, 사회서비스가 국가 책임으로부터 민간 전달체계로 위탁되는 맥락에 있는 것이 아니라 애초부터 민간과 정부의 복지혼합 방식으로 생성되는 과정에 있는 것이다.

다음으로 실제적 함의의 측면에서 영국에서 제도화된 CLG, CLS 등의 형태와 비교해 볼 때, 한국의 경우 유한회사 형태보다는 상법 상 주식회사와 비영리법인이 사회적 기업의 주종을 이룬다고 할 수 있다. 따라서 영국의 CLG나 CLS가 한국의 현실에서 법적 형태로 직접 적용되기는 어렵다고 판단되며, 오히려 강조될 만한 것은 유럽 사회적 기업의 원조인 ‘노동자 협동조합’ 형태를 한국 사회적 기업 관련 법제에서 도입하는 방안이다. 이것이 힘들다면 이태리의 사회적 협동조합이나 영국의 IPS처럼 공동체 이익을 추구하는 한국형 협동조합 형태의 개발을 고려해 봄직 하다. 또한 영리회사의 무분별한 진입을 방지하기 위해, 영국 CIC의 자산동결 원칙과 마찬가지로 노동부 인증제도의 경우에도 청산될 경우 사회적 기업 자산의 100%를 사회적 목적으로 사용하도록 규정을 강화할 필요가 있다.

한편 한국에서는 사회적 기업의 지원을 둘러싸고 대기업 사회공헌만 강조될 뿐, 지역사회 수준의 소액 투자는 거의 부재한 실정이다. 그러므로 정부의 인건비 지원이 중단된 이후의 자본금 확보와 지속가능한 경영을 위해서도 다양한 윤리적 출자의 확보 방안이 마련되어야 할 것이다. 이에 덧붙여 영국에서 스포츠, 문화, 부동산 임대 등의 CIC가 활성화되어 있다는 사실은 풀뿌리 지역공동체 문화의 존재를 반영하는 동시에, '공동체 이익'이 서류상 검토에 그치지 않고 주민 참여에 의한 다양한 사회적 기업 모델로 실현되어 감을 암시한다. 한국의 노동부 인증 제도에도 '기타형'이 적시되어 있기는 하나 활동은 미미한 수준이므로, 청년 실업집단의 참여와 지자체 문화 및 도시개발 행정 등을 연계시키는 공동체 지향 사회적 기업의 발굴이 추가되어야 할 것이다.

제 9 장

공해 일번지에서의 녹색 공동체의 지향

- 울산의 사례

1. 녹색의 환영(歡迎), 성장의 환영(幻影)

울산은 1960년대 초반 경제 성장을 위한 제조업 분공장 지역으로 탄생되어 50년 가까이 대한민국의 산업 수도로 개발되어 왔다. 석유 화학, 자동차, 조선 등 중화학 공업의 전초 기지로서 IMF 사태 때에도 상대적으로 안정적인 생산 기반을 유지했던 울산은 2009년 봄 현재 범세계적 경제 침체의 직접 영향권 아래 들면서 제조업 도시로서의 성장의 한계를 드러내고 있다. 한국의 2009년 1월 수출액은 216억 9000만 달러로, 2008년 1월에 비해 사상 최대 폭인 32.8%의 감소를 나타냈다. 우리나라 전체 수출의 약 19%를 차지하는 울산광역시도 올 1월에 지난해 월평균 수출액 65억 달러보다 급감한 40억 달러 수준을 기록했다고 한다. 울산의 수출액 변동을 품목별로 보면, 선박만 20% 증가했고 자동차의 수출 감소가 55%에 달한 것을 비롯해 주력 업종인 자동차 부품(-51%), 석유 화학(-40%), 석유 제품(-36%) 모두 1/3 이상 줄어들었다(경상일보. 2009.2.2).

현재의 경제 위기는 시장주의 세계화의 산물일 뿐 아니라, 생태 파괴적 탄소 경제와도 분명한 관련이 있다. 온난화와 자원 고갈의 심각성은 이명박 정부를 비롯한 전 세계 많은 국가들로 하여금 환경문제 자체의 시장화를 통해 꺼져 가는 성장 동력을 되살려 보겠다는 '녹색 성장'의 구호를 내걸게 만들고 있다. 이 같은 녹색 성장 정책이 갖고 있는 토건적 발상과 비민주적 절차 등에 대해서는 이미 숱하게 비판되어 왔다. 그런데 필자는 현 정부의 녹색에 대한 강조가 의도의 불순함과 내용상의 문제점들을 가짐에도 일단은 환영할만한 것이라고 본다. 환경 악화를 저지하기 위한 노력은 경제 체계, 정치 제도, 문화 성향의 차이를 뛰어넘는 시급한 사안이므로, 위로부터의 생태적 근대화 접근과 아래로부터의 생태 공동체 접근이 복합적으로 실천될 필요가 있기 때문이다.

신자유주의 정부라 하더라도 생태 위기를 더욱 악화시키는 시장만능주의보다 생태적 근대화의 효과를 발생시킬 수 있는 환경관리주의에 기대는 것은 차악(次惡)일 수 있다. 물론 이명박 정부의 녹색 노선은 시장적 접근이 필연적으로 내재하는 성장 지향 탓에 한낱 신기루에 그칠 공산이 크다. 콕스(Cox, 2008)는 녹색 성장 계획이 성공한다면, 높아진 효율성으로 경제가 계속 확대되어 결국 더 많은 에너지 소비나 탄소 배출로 이어질 것이라 혹평한다. 이렇게 볼 때 지속적으로 생태계가 파괴되는 상황에서 녹색의 상품화를 통한 성장이란 현실화되기 어려운 환영(mirage)에 지나지 않는 셈이다.

보이지 않는 타자를 대상으로 하는 시장의 논리는 확대 재생산과 성장의 경향을 띨 수밖에 없다. 또 이러한 얼개에 녹색을 입히는 일은 앞서 언급했듯이 전혀 불가능한 것은 아니다. 그러나 비유컨대 진정한 녹색은 덧칠을 위해 동원되는 단일한 색깔이라기보다는, 파란색, 노란색 등 다양한 색깔의 상호 관련된 혼합으로 만들어지는 것이다. 녹색의 생태적 경제는 비인격적이고 무차별한 시장 교환을 우회하여, 공동체 속에 공존하는 인간, 자연의 구체적 타자들의 생산과 소비를 지향하는 호혜성(reciprocity) 모델에 뿌리를 둔다. 도시의 생태적 지속가능성은 성장의 신기루에 대한 현혹이 아니라, 풀뿌리 녹색 공동체라는 오아시스를 위한 협동적 노력에서 확보되어야 한다. 그 사례로는 지방통화체계, 사회적 기업, 마을 만들기 등이 있다.

공해 일번지의 오명을 무릅쓰며 환경오염의 심각성을 일찍이 알려온 울산은 2000년대 중반부터 지방정부 차원에서 생태 도시 조성과 '태화강 살리기'에 주력하면서도, 중화학 공업 일변도의 성장 전략을 포기하지는 않아 왔다. 올 들어 가시화되고 있는 주력 산업의 퇴조 현상에 직면하여 울산은 제조업 위주의 성장 노선을 고수할 것인지, 아니면 진정한 녹색의 대안적 도시 발전을 꾀할 것인지의 갈림길에 놓여 있다. 이 글은 당면한 제조업 위기의 상황 속에서 울산이 지금까지 구축해 온 생태 도시의 성과를 성찰해 봄으로써, 인간과 사회, 인간과 자연의 공존에 근거한 자족적 녹색 공동체의 필요성을 부각시키고자 한다.

2. 공해 일번지에서 생태 도시로

반세기 전 울산 석유화학공단 기공식 치사의 일부였던 "공업 생산의 검은 연기가 대기 속으로 뻗어나가는 그 날엔 국가의 희망과 발전이 눈앞에 도래했음을 알 수 있을 것"이라는 구절은 아직도 울산 공업탑 비문에 새겨져 있다. 이러한 반(反) 녹색의 성장제일주의는 1980년대 중반까지 공해 일번지의 오명조차 자랑스러운 훈장으로 치부하게 만들었지만, 한국 최초의 공해병으로 알려진 '온산병' 사태 이후에는 생태 도시를 위해 극복되어야 할 울산의 태생적 굴레로 여겨지기 시작했다. <그림 9-1>은 경제 패러다임과 생태 패러다임의 양 측면에서 1961년의 시 승격 이후 울산의 도시 변천을 시기 구분해 본 것이다.

1985년에 불거진 온산병 사태가 울산을 반공해의 진원지로 만든 이후, 1989년에 창립된 울산 공해추방연합은 환경 운동의 지역조직화에 크게 기여했다. 1991년에 미국 듀폰 사 티타늄 공장의 온산 입주를 반대하기 위해 모인 전국 8개 반공해 운동단체의 연대가 1993년에 환경운동연합을 발족케 하는 모태가 되었기 때문이다. 한편 반공해 패러다임의 등장에도 불구하고 산업화의 일번지로서 회색의 성장 기조를 유지해 온 울산은 1997년의 광역시 승격으로 도시 발전의 전환기를 맞게 된다. 하지만 이때까지도 성장지상주의에 녹색의 치장을 한 생태 도시의 개념은 등장하지 않았으며, 울산광역시의 이미지를 '큰 울산'이라는 개발 지향적 구호로 활용하는 수준에 그치고 있었다.

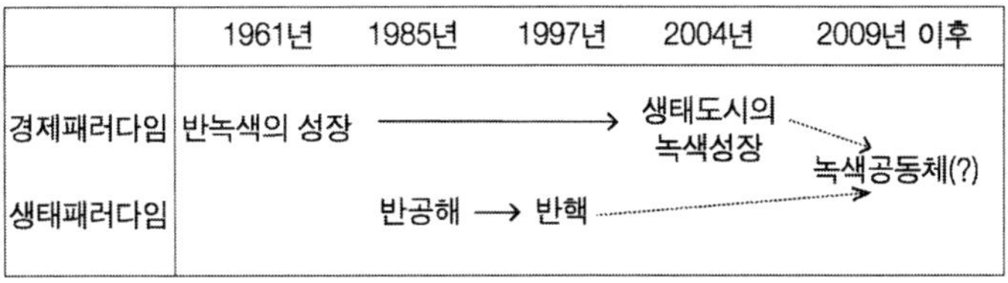

〈그림 9-1〉 경제와 생태 양 측면에서의 울산의 도시 변천사

1997년을 즈음해서는 생태 패러다임 차원에서 반공해가 반핵으로 진전되는 계기가 마련되었다. 이는 당시 울주군수가 울산 행정구역 안의 서생면을 신고리 원전 부지에 편입시켜 줄 것을 요청한 데 따른 것이었다. 그 후 2004년까지 7년여에 걸쳐 반핵 운동을 주도한 울산 핵발전소 반대 대책위원회(이하 반핵 대책위)는 대부분의 시민환경단체는 물론 울산광역시 의회까지 참여한 민관 거버넌스의 성공적 사례였다.[89] 하지만 이처럼 다양한 주체에 의한 장기간 투쟁에도 불구하고 반핵대책위의 투쟁은 결국 실패로 끝나고 말았다.

현 시점에서도 녹색 성장과 녹색 공동체의 입장을 가르는 대립각 중 하나가 핵발전소를 둘러싼 관점 차이라는 점에서, 울산의 반핵 시도에 대해서는 엄밀한 평가가 필요하다. 1996년의 울주

89) 울산광역시 의회는 서생면 핵발전소 유치가 울산에 미치는 영향에 대해 다음과 같은 다섯 가지 입장을 밝히고 있다. 첫째 울주군을 원전 유치 지역으로 지정한 점은 신중하지 못한 정책이다. 둘째 환경 친화 도시로서 '푸른 울산 21'이 추진되어야 할 시점에서 원전 유치는 울산광역시 정책과 정면으로 배치되며 경제성이 없다. 셋째 원전 건설에 대한 안전성 문제가 제기된다. 넷째 원전 유치에 따른 지원금과 세수 증대에 따른 지원 효과가 크지 않다. 다섯째 원전 유치 신청은 시민들 다수 의견을 존중해야 한다. 한상진 외(2008) 참조.

군수에 의한 핵발전소 유치 신청은 한 개인의 돌발적 행태라기보다는 반 녹색-성장 발전 노선의 연장선 위에서 이루어진 것으로 해석될 수 있다. 그런데 이후 울주군 외 울산의 모든 지자체와 지역 출신 국회의원까지 신고리 원전 3, 4호기의 건설을 반대했음에도 불구하고, 이를 끝내 백지화시키지는 못했다. 그 이유의 하나로는 중앙정부의 협치적 태도를 활용할 유연한 전술이 부족했다는 점을 거론할 수도 있다.[90] 그러나 좀 더 심층적인 이유로는, 성장 패러다임이 여느 도시에 비해 강력한 울산에서 전적으로 반녹색이라 규정하기 힘든 핵 문제에 대해 녹색에 입각한 명확한 반대 논리와 공동체적인 에너지 생산의 대안 등을 설득력 있게 제시하지 못한 점이 지적된다.

2000년 5월에 서생면민 195명, 기타 울주군민 55명, 기타 울산시민 625명 등 모두 875명의 울산광역시민을 대상으로 실시한 조사의 결과, 원전의 청정도, 경제성 여부, 지역발전에 대한 기여도에 대한 의견을 매우 찬성 2점, 찬성 1점, 반대 -1점, 매우 반대 -2점의 4점 척도로 계산해 보니 <표 9-1>과 같았다. 울산 시민 전

90) 실제로 2003년 이후 부안 핵폐기물 처분장 반대 투쟁에 직면한 노무현 정부는 핵 문제 해결을 위한 거버넌스 틀로서 '에너지 민관 합동 포럼'의 결성을 제안했다. 그러나 이 제안은 지역 조직과의 의사소통 미비, 핵발전소 및 핵폐기물 처리장 추진 과정에서의 정부와 반핵운동 진영 간의 의견 차이로 2개월 만에 결렬되었다. 이에 참여정부는 핵폐기물 처리장 건설과 장기적인 원전 정책에 대한 계획 수립을 위해 사회적 합의 기구를 구성하기로 했다. 이 때 중앙정부는 핵발전소 건설에 대해 신 고리 원전 1, 2호기, 신 월성 원전 1, 2호기 등은 계획대로 진행하면서 차후 신규 건설의 문제는 합의 기구를 통해 논의를 하자는 입장이었다. 이에 반해 반핵운동 측에서는 핵폐기물 처리장, 신규 핵발전소 건설 모두 즉각 중단을 선언한 후 사회적 합의 기구를 구성하자는 입장을 보였다(한상진 외, 2008).

체의 응답을 보면, 원전의 경제성 여부(0.55점) 외에 원전의 청정도(-0.09점), 지역발전 기여도(-0.07점)에 대해서는 부정적 의견이 약간 더 많지만 이해당사자인 서생면 및 기타 울주군을 제외한 기타 울산시민 625명의 점수는 세 가지 모두 긍정적임을 알 수 있다. 이는 반핵 대책위가 조성한 여론이 울주군을 제외한 지역 주민들에게 강력히 먹혀들지 못했음을 암시하는 것이다.

〈표 9-1〉 울산시민의 핵 발전 의식의 평균 점수

	기타 울산시	기타 울주군	서생면	울산 전체
원자력발전은끗하다	.32	.13	-.66	-.09
원자력발전은 경제적이다	.72	.69	-.06	.55
원자력발전소 건설은 지역 발전을 가져 온다	.18	.32	-1.01	-.07

※ 출처 : 한상진(2006).

한편 광역시 승격 이후 삶의 질에 대한 욕구가 상대적으로 높아진데다가 2002년의 월드컵 유치로 도시 미관이 강조되면서, 2004년에 이르러 성장 우선의 기조 속에서도 반 녹색을 지양하려는 생태 도시, 또는 에코폴리스의 담론이 제기되었다. <그림 9-1>에서 생태도시 지향을 생태적 측면이 아니라 경제적 측면으로 배치한 까닭은 2004년 시점의 이 모델이 생태적으로 지속가능한 생활양식과 가치관에 초점을 맞추기보다는, 제조업 성장 노선을 보완하는 도시 관리 정책의 성격이 컸다고 판단한 데 따른 것이다. 울산광역시 정부의 생태 도시 만들기는 공해 일번지의 이미지를 희석시키기 위한 장소 마케팅 전략이라든지 태화강 물 축제를 위한 일회성 전시 행정이라는 비판을 받았지만, <그림

9-2>와 <표 9-2>에서 보듯이 실제의 대기 및 수질 환경을 개선하는 데 어느 정도 성공했다고 평가된다.

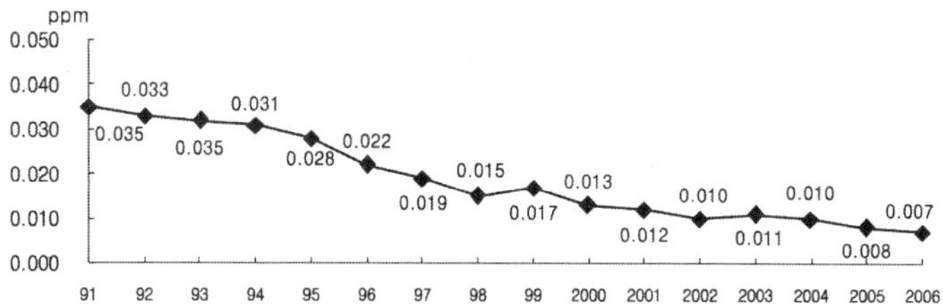

출처 : 울산광역시(2008).

〈그림 9-2〉 울산의 연도별 아황산가스 오염도 추이(1991~2006)

〈표 9-2〉 울산의 연도별 수질오염도 추이(1991~2006)

	태화강상류(BOD)	태화강하류(BOD)	회야강(BOD)
1991	1.2	11.7	6.6
1992	1.2	6.4	3.5
1993	1.2	6.9	3.3
1994	1.5	9.7	4.2
1995	1.5	9.8	3.8
1996	1.8	11.3	2.8
1997	1.3	10	3.9
1998	1.8	7.8	2.1
1999	1.5	3.9	2.4
2000	1.8	4.9	3.8
2001	1.7	5.5	3.7
2002	1.6	4.5	3.4
2003	1.3	2.7	2.4
2004	1.0	3.2	3.6
2005	0.8	2.7	3.7
2006	0.8	3.2	4.2

※ 출처 : 울산광역시(2008).

우선 울산의 아황산가스(SO_2) 오염도는 1991년 이후 세계 보건

기구의 권고 기준인 0.019ppm을 계속 상회하다가 1997년에야 비로소 기준치 이하를 기록하고 2004년 이후에도 계속 감소해 왔다. 또한 태화강 상류의 수질을 보면, 2000년까지 악화되는 추세를 보이다가 2001년 이후 개선됨을 알 수 있다.

그렇다면 2004년 이후 생태 도시 모델에 의한 녹색 성장의 단초가 마련되는 가운데, 생태 패러다임 측면에서는 어떠한 모색이 이루어졌는지 울산 환경운동의 연도별 쟁점 변화를 통해 추론해 보기로 한다. <표 9-3>은 울산환경운동연합. 울산광역시(2007)의 '언론 보도로 본 울산의 환경운동'의 원 자료를 1996~2007년에 걸쳐 대기, 수질, 토양, 폐기물, 자연 생태, 에너지, 거버넌스 및 생활환경, 산업공해, 기타 등 9개의 영역으로 재분류한 것이다.

〈표 9-3〉 생태 측면에서의 울산 환경운동의 주요 쟁점(1996~2007)

	1996	1998	2000	2002	2004	2006	2007
대기	22.2%			20%	6.3%	20%	3.2%
수질	22.2%	20%	8.3%	30%	37.5%	33.3%	22.6%
토양		10%		10%	25%	6.7%	
폐기물		10%					3.2%
자연생태	11.1%	10%	8.3%	30%	12.5%	33.3%	58.1%
에너지	11.1%	30%	25%				3.2%
거버넌스, 생활환경	11.1%	10%	16.7%		12.5%		6.5%
산업공해			16.7%		6.3%	6.7%	
기타	22.2%	10%	16.7%	10%			3.2%

※ 출처 : 한상진 외(2008)에서 재구성.

전체적으로 1990년대 후반에 주요 쟁점이었던 대기환경과 에너지는 21세기 들어 비중이 줄어듦을 알 수 있다. 특히 1998~2000년의 에너지 영역의 내용들은 대부분 서생면 원전 유치 반대와 관련된 것이다. 한편 수질 환경은 전 시기 골고루 높은 비율로 쟁점이 되고 있으며, 지방정부의 생태 도시 정책이 가시화된 2004년 이후 자연생태 영역의 비중이 커지는 것으로 나타난다. 자연 생태와 관련한 쟁점을 세부적으로 살피면, 백운산 골프장 반대, 신불산 케이블카 반대, 태화강 생태계 보전, 희귀생물 보존, 반 생태적 선암 수변 공원 반대 등 매우 복합적이고 다양하게 구성되어 있다(한상진 외, 2008).

이렇게 볼 때 반공해와 반핵을 뒤이을 뚜렷한 생태 패러다임이 아직 형성되고는 있지 않으나, 2004년 이후 자연생태와 관련된 다양한 모색들이 시도되고 있음을 알 수 있다. 울산 환경운동연합의 최근 활동을 보더라도 과거의 현안 대처 중심에서 더 나아가, 소모임 위주의 조직화에 근거한 생활양식 변화를 위한 움직임이 두드러지고 있다. 그렇지만 이와 같은 생태적 실험이 거주지별 자생적 공동체 모임이나 명확하게 녹색 공동체를 지향하는 조직화와는 아직 연결되지 못하고 있는 것으로 보인다.

3. 생태 도시에서 녹색 공동체 만들기

필자(한상진, 2006)는 울산이 공해 일번지가 될 수밖에 없었던 구조적 원인으로 울산공단의 생산방식, 입지, 도시 형성이 갖고 있는 기형성 등 세 가지를 제시한 바 있다. 여기서는 이와 같은 구조적 원인의 변화 추세를 검토하면서, 생태 도시에서 진일보한 녹색 공동체 도시로의 전환에 대해 첨언해 보고자 한다.

먼저 대량생산, 대량소비의 포드주의 생산방식에서 비롯되는 본사 기능과 생산 기능의 공간적 분업이라는 구조적 원인은 어떻게 변화하고 있는가? 우리나라 최초로 포드주의가 적용된 울산의 중화학 공업은 거의 모두가 서울에 본사를 두고 있는 분공장들로 구성되어 있다. 이처럼 기획관리, 연구개발 기능과는 분리되어 실행기능으로 특화된 까닭에 울산공단은 업종의 다양화나 친환경적인 유연한 생산방식으로의 전환에 한계를 지닐 수밖에 없었다. 그러나 최근의 제조업 위기가 대량 성장을 지향하는 포드주의의 한계를 여실히 드러냄에 따라, 울산에서도 정보기술과 문화예술을 활용하는 탈포드주의 생산방식의 구조적 여지가 넓혀지고 있다. 따라서 한 도시에서 구상과 실행을 완결 짓는 생산자 서비스업, 사회 서비스업 등의 활성화와 호혜적 경제 모델에 입각한 생태 친화적 중소기업 및 사회적 기업의 진흥이 필요하다고 여겨진다.

다음으로 입지 측면에서 울산의 항만 지형은 자연자원을 수입, 가공하여 수출하는 임해공업단지로 적합하다는 측면이 지적되어 왔다. 울산만은 조수의 간만차가 0.85m이고 수심이 깊을 뿐더러 장생포와 방어진이 자연적인 방파제 역할을 하고 있어 어느 항만보다도 수출입과 연관된 중화학 공업의 생산에 유리한 조건을 갖추고 있다. 특히 대단위 설비가 요구되는 석유화학 등 장치산업의 경우 한 번 들어선 뒤에는 생산시설의 공간적 이전이 상대적으로 어렵다는 점도 지역 환경문제의 구조적 원인이라고 할 수 있다. 그런데 2009년 시점에서 울산 남구의 해양 벨트에 입지한 석유화학 업체들은 경제 위기에 따른 생산 및 수출 침체가 매우 심각한 상황에 놓여 있다. 석유화학 공단 인근의 장생포에는 이미 고래박물관이 개관되어 있고, 앞으로도 고래 관련 관광 시설들이 유치될 예정이다. 이렇게 볼 때 울산의 해양 입지를 중화학 공업 용도로만 배치할 것이 아니라, 독일이나 일본의 사례처럼 구조 조정에 따라 폐업한 석유화학 공장을 예술가들의 창작 공간이나 여가 시설로 재활용하는 등의 창조적 발상을 적용시켜 봄직하다.

마지막 구조적 원인으로는 울산의 도시 형성이 갖고 있는 기형성을 들 수 있다. 1960년대 초반의 울산공단 조성은 배후도시 입지에 관한 계획 없이 오로지 공장 유치만을 목적으로 이루어졌다. 이 과정에서 입주 희망업체가 필요로 할 때 부지를 사서 공장을 짓도록 무제한 허용됨으로써, 공장 바로 옆에 주거지와 농경지가 무질서하게 혼재하는 결과를 빚었다. 이러한 무계획적 도시 조성은 1980년대 중반에 공단 주변 주민 환경오염 이주사업이라는 값비싼 대가를 치르게 했다고 볼 수 있다. 한편 공단 조성 초기 3만 명이었던 울산 인구가 110만 명으로 증가함으로써 외지인 비율이 높다는 점은 도시화의 역사가 50년 가까이 되면서 울산에 출생한 2세대 비중이 높아짐에 따라 어느 정도 상쇄되고 있는 추세이다. 주민 가운데 외지인이 많을 경우 지역사회에 대한 애착이 저해됨으로써 환경문제에 대한 개선 노력을 어렵게 만든다고 할 수 있는데, 광역시 승격 이후에는 청장년층을 중심으로 생태적 관심이 확산되고 녹색 공동체를 위한 기반도 튼튼해지고 있다고 평가된다.

지금 울산이 겪고 있는 제조업의 위기는 산업 수도라는 정체성에 여전히 바탕을 둔 성장지상주의의 강화 계기로 작용할 수도 있다. 하지만 IMF 사태 이후에도 강력한 경제 논리에 생태 논리가 빛바래질 것이라는 예상이 빗나갔던 것처럼, 도시발전 패러다임에 대한 좀더 근원적인 성찰을 불러 와 녹색 공동체의 대안이 활발하게 모색될 가능성이 크다고 전망된다. 현재 울산 중구에 조성되고 있는 혁신도시에는 수도권 공공기관 가운데 에너지 관리공단과 에너지 경제연구원 등이 이전될 예정이다. 이를 기화로 울산광역시는 지역 소재 대기업들에 의해 연료 전지, 풍력 및 태양광 등의 재생 에너지 개발을 가속화시킬 계획을 갖고 있다. 그러나 앞서 녹색 성장의 환상에 대해 지적했듯이, 화석연료 및 원자력을 대체할 새로운 에너지원의 발굴 역시 시장 논리에만 의존하는 것보다는 밑으로부터의 공동체적 수요 공급 관리의 대안 모색과 함께 이루어져야 할 것이다.

울산환경운동연합은 2009년 2월의 정기총회에 앞서 제출한 성찰과 전망이라는 문건에서 앞으로의 사업 방향에 대해 "공익을 위해 봉사하며 녹색의 가치를 창출하는 시민운동에 더 많은 사람들이 모여들도록 해야 한다는 것, 회원과 시민들의 참여를 이끌어내기 위해서는 참여자들이 매력과 가치를 동시에 느낄 수 있도록 동기를 내면화하는 방식과 내용이 필요하다는 것, 참여자들이 스스로 가치를 발견하여 이를 계획하고 실행할 수 있는 열린 프로그램, 열린 공간을 제공하는 것이 필요하다는 것, 성과가 미약하거나 진도가 느리더라도 함께 참여할 수 있는 가치 있는 공간을 만들고 그 속에 같이 들어가서 함께 굴러가는 방식이 필요하다는 것, 그리하여 자신의 삶이 속절없이 체제내적으로 동화되는 무력감 대신 자신이 주체적으로 타인과 연대하여 구성하는 대안적 삶의 내용과 규모를 키우는 것 등"을 강조하고 있다.

2009년의 시점에서 공해 일번지 울산은 생태도시로 탈바꿈하여 녹색 성장의 선두 주자로 나서고 있다. 이 글은 그러한 성장 노선의 허구성을 비판하고, 그 대안으로 호혜성에 기초한 녹색 공동체가 필요함을 부각시키고자 했다. 아직까지 울산에서 이와 같은 녹색공동체 만들기의 노력이 미미한 것은 사실이다. 그러나 날로 파괴 되어가는 생태계는 모든 도시에게 인간, 사회, 자연의 공존을 꾀하는 공동체적 시도의 확산을 분명히 요구하고 있다.

제 10 장

맺음말

이 책은 국가/개인의 이분법에 의존해 온 기존의 공동체 논의로부터 탈피하여 인간 상호관계의 '사회적인 것'과 경제, 생태의 연계를 강조하는 공동체화라는 새로운 개념을 제기해 보았다. 이를 위해 한국에서의 기존의 공동체 접근을 비판적으로 검토하고, 아렌트에 대한 스터더트의 반기계론적 해석을 중심으로 행위에 초점을 맞춘 인간 상호관계의 연결망 개념을 소개했다. 그리고 공동체화의 하위 범주로 필자가 고안해 낸 ECO의 설명을 위해, 폴라니의 사회적 경제 논의에 바탕을 두고 생태적, 경제적 협동 조직화의 수평적 영역과 수직적 스케일에 관해 나름대로의 구상을 체계화시키고자 했다.

이 책의 문제의식은 <그림 2-1>에서 제시되었듯이 상호관계의 연결망으로 이해되는 '사회'와 경제의 재접합을 중심으로 공동체화의 얼개를 구상하되, 그러한 사회적 경제의 확산과 생태적 경제의 협동조직화를 동시에 추구하는 ECO의 확장 논리를 공동체화의 동력으로 삼을 수 있다는 데에 있다. 그리하여 ECO의 확장 과정은 사회, 경제, 생태라는 수평적 eco의 차원과 더불어 근린, 도시, 국가, 지구 및 사이버스페이스라는 다양한 수직적 스케일을 통해 가능함을 주장해 보았다. 그런데 이 책에서 ECO의 수직적 확장과 관련하여 주목한 스케일의 경우, '사회적 생태경제'의 협동조직화 수단으로뿐만 아니라 글로컬라이제이션 시대의 권력과 자본에 의해 활용될 수도 있는 성격의 것임을 인식할 필요가 있겠다.[91)]

더욱이 결론적으로 지적할 수 있는 것은 공동체화나 생태적, 경제적 협동조직화가 협력과 연대, 상호부조를 당위적으로 추구한다는 식의 설명 방식은 온당하지 못하다는 점이다. 제 3 장에서 공동체화의 척도로서의 협동을 다루면서 언급했듯이, 모든 공동체는 협동과 동시에 어느 정도의 갈등을 내포하는 것이며 심지어 공동체화의 과정에서 억압적 측면이 발생할 수도 있기 때문이다.[92)] 비유컨대 공동체화나 ECO의 주장이 현세에서 천국을 이루자는 포교가 되어서는 곤란하며, 다만 자본과 국가에 의한 신

---

91) 신자유주의적 지구화에 의한 자본의 이동으로 특정 지방의 생산시설 감축, 폐쇄라는 구조조정의 빈발이라든지 위험시설 입지에 대한 국가 수준의 결정이 지자체 차원으로 리스케일링되는 현상 등이 그 예들이다.

92) 공동체화는 즐거움과 사이좋음의 해방적 과정을 추구하는 것이어야 하겠지만, 그것의 억압적 측면이 항상 부정적인 것만은 아닐 수도 있을 것이다. 왜냐하면 공동체화가 강제하는 인간 상호관계의 연결망이 인간의 동물적 본성을 억제하고 국가, 시장이라는 외부로부터의 통제가 아닌 내부 공동체에 의한 규율을 발생시킬 수 있기 때문이다.

자유주의적 시장 논리의 확대를 둘러싸고 사회적 경제와 생태공동체의 다양한 스케일에서의 대응이 요구된다는 실천 과제를 이론화, 개념화하려는 시도임을 첨언해 두고자 한다.

한편 스케일이 인간행위의 그릇이라는 중립적 함의를 갖는 데에 더하여, 지리학의 전통적인 공간 스케일은 아니지만 정보통신기술에 의해 확장되고 있는 사이버스페이스 또한 인간, 사회에 의해 그 성격이 좌우되는 중립성을 지닌다는 사실도 유념할 필요가 있겠다. 특히 웹 2.0 시대 이후 활성화되고 있는 사회적 네트워크 서비스는 시놉티콘(synopticon)이라는 국가, 시장과 시민, 소비자 간의 쌍방 감시체계를 작동케 하고 있다. 이러한 상황은 지배집단의 전자감시라는 단일한 체계를 균열시키고 다양한 생태적, 경제적 협동조직화의 아래로부터의 연계를 촉진시킬 잠재력을 갖는 것이다. 하지만 전체적으로 사이버스페이스가 갖는 상호관계의 찰나성이라는 특성은 근린, 도시 등 실제 공간 스케일에서의 환류를 통해 극복되는 것이 요구된다.

이제 끝으로 이 책에서 다룬 사례들의 의미를 간략히 서술하고 앞으로의 연구 방향에 대해 제언하고자 한다. 제2부에서의 근린공동체, 창조도시, 재활용 사회적 기업, 녹색공동체 등과 관련된 사례들은 실제의 근린과 도시, 국가 및 지구의 다양한 스케일에서의 생태적, 경제적 협동조직화나 공동체화의 단초적 근거를 보여준다. 다만 이러한 다섯 개 사례들이 ECO와 관련된 체계적 연관성을 지니지 못한 채 산발적으로 기술된 점에 대해서는 향후 극복되어야 할 연구과제로 남겨두기로 하겠다. 어쨌든 앞으로의 공동체(화) 연구는 ECO의 확장이라는 차원에서 분산된 공동체 사회의 다양한 스케일에서의 적용을 요구한다고 보인다. 지구에서 근린으로, 도시에서의 실제 공동체와 사이버 공동체끼리의 하방 실천에 근거한 사례 도출이 요청되는 한편으로, 경제와 생태를 구체적으로 결합시키는 '사회적인 것'에 대해서도 다방면으로의 천착이 더욱 요청될 것이다.

참고문헌

강대기. 2001, 『현대 사회에서 공동체는 가능한가』, 아르케.

강동진. 2008, "근대 문화유산을 활용한 창조도시 육성", 국토연구원, 『국토』, 통권 322호.

구자인. 2006, "농촌 마을의 인재확보책 : 진안군 마을 간사 제도를 중심으로", 『환경과 생명』, 제47호.

경상일보. 2009, 2월 2일자.

곽선화. 2009, 『2008 사회적 기업 성과 분석』, 노동부.

김경동. 2007, 『시민사회와 자원봉사』, 아르케.

김경동. 2010, 『기독교 공동체 운동의 사회학』, 한들출판사.

김경일. 1985, "공동체론의 기본문제", 신용하 편, 『공동체 이론』, 문학 과 지성사.

김기섭. 2009, "상상력을 통해 본 사회적 경제", 한국 사회적 경제 연대회의, 『사회적 경제 활동가대회 자료집』, pp.53-60.

김명희. 2008, "영국의 사회적 기업 사례 연구와 한국에의 정책적 함의", 『사회복지정책』, vol.33, 135-157쪽.

김병섭 · 서순탁. 2008, "구조화 이론을 통한 도심 쇠퇴 분석", 한국공간환경연구회, 『공간과 사회』, 통권 30호.

김성기. 2009, "사회적 기업 특성에 관한 쟁점과 함의", 『사회복지정책』, Vol. 36, No. 2, pp. 139-166.

김순주 외. 1995, "신세대의 PC통신 사용방식 연구", LG전자 커뮤니카토피아 연구소.
김영정. 2006, "지역사회 공동체의 재발견: 공동체 복원 및 활성화 정책의 방향과 과제", 한국사회학회, 『지역사회 공동체에 대한 성찰과 재활성화를 위하여』, 심포지엄 자료집.
김용웅. 2007, "우리나라 도시 재생정책의 추진현황과 방향", 한국도시행정학회, 『후기 산업사회의 종합적 도시재생정책 방향에 관한 토론회 자료집』.
김용창. 1994, 「자본의 국제화와 거대도시의 재구조화」, 한국공간환경연구회 편, 『공간과 사회』, 제4호.
김운호. 2008, "NGO에도 경영이 필요하다", 이동수 편,『미래와의 소통』, 이매진.
김준. 2005, "잃어버린 공동체? : 울산 동구 지역 노동자 주거공동체의 형성과 해체", 『경제와 사회』, 68호.
김준. 2006, "1974년 현대조선 노동자 '폭동'의 연구", 『사회와 역사』, 69호.
김혜원. 2008, "사회적 기업 육성법 제정의 의의와 현황, 과제", 희망제작소 소기업발전소 외, 한·일 사회적기업의 전망과 과제 심포지엄 자료집.
김홍일. 2007, "사회적 기업과 사회적 기업가의 역할", 한국지역자활센터 경남지부, 사회적 기업 아카데미 자료집.
김홍일. 2008, "사회적 기업 육성을 위한 토론문", 사회적 기업 연구포럼 외, 사회적 기업 연구 심포지엄 자료집.
나영돈. 2008, "사회적 기업 육성 기본계획", 사회적 기업 연구포럼, 『한국 사회적 기업 육성정책과 경쟁력』, 심포지움 자료집.
노길준. 2007, "제1차 사회적 기업 인증을 통해 본 사회적 기업 현황", 실업극복국민재단, 제1차 사회적 기업 열린 포럼 자료집.
노대명. 2008, "한국의 사회적 기업과 사회 서비스", 한국보건사회연구원, 『보건복지리뷰』.
노동부. 2008, 『사회적 기업 육성 기본계획』.

노동부. 2010, 내부 자료.
대한주택공사. 2007, 『도시재생사업단 상세기획연구(최종보고서)』.
박대호. 2008, "지역사회와 사회적 기업", 자원순환사회연대, 『지역 자원순환네트워크 조직과 활동방향 모색 간담회 자료집』.
박배균. 2011, "초국가적 이주와 정착에 대한 공간적 접근", 최병두 외, 『지구지방화와 다문화 공간』, 푸른길.
박성철. 2008, "사회적 기업 인증 안내", 노동부, 『사회적 기업 인증교육 및 탐방자료집』.
박세일 외. 2008, 『공동체 자유주의』, 나남.
박영호. 2001, 『다석 사상으로 본 불교, 반야심경』, 두레출판사.
박은실. 2008, "국내 창조도시 추진 현황 및 향후 과제", 국토연구원, 『국토』, 통권 322호.
박찬임. 2008, "사회적 기업 창출 및 육성을 위한 과제", 한국노동연구원, 『노동리뷰』, 제43호, pp.31~48.
박호성. 2009, 『공동체론』, 효형출판.
백기완. 1984, "민족 공동체 이념과 그 실천적 과제", 『공동체 문화』 제2집, 공동체.
백학영 외. 2009, "자활공동체의 사회적 기업으로의 전환 가능성에 관한 연구", 『사회복지정책』, Vol. 36, No. 3.
보건복지부·삼성전자·한국자활후견기관협회. 2006, '소형 폐가전의 재활용 활성화와 일자리 창출 방안', 협약 1주년 기념 토론회 자료집.
사회적 기업 지원센터 · 실업극복연대 등. 2007, 『충북지역 사회적 회계 보고서』.
서성원. 2008, "전북지역 재활용 포럼사례", 자원순환사회연대(2008), 『지역 자원순환네트워크 조직과 활동방향 모색 간담회 자료집』.
성경륭. 2006, "살기좋은 지역 만들기 정책의 비전과 과제", 국가균형발전위원회, 『살기 좋은 지역 만들기』, 제이플러스 애드.
송재룡. 2001, 『포스트모던 시대와 공동체주의』, 철학과 현실사.

신명호. 2003, “도시공동체 운동의 현황과 전망”, 한국도시연구소, 『도시공동체론』, 한울.

안영섭, 1995, 『컴퓨터 사회의 무서운 함정』, 민영사.

오민근. 2008, “해외 창조도시 사례 및 시사점”, 국토연구원, 『국토』, 통권 322호

오용선. 2008, 『성찰환경론』, 아르케.

울산광역시. 2001, 2005, 『사업체 조사보고서』.

울산광역시. 2007, 『2021 새로운 울산의 비전 - 울산 중장기발전계획 수정계획』.

울산광역시. 2008, 『울산 환경 백서』.

울산광역시. 2011, “통계연보”, www.ulsan.go.kr.

울산산업진흥테크노파크. 2009, 『울산의 도시성장과 산업화 과정 연구』.

울산환경운동연합. 울산광역시. 2007, 『울산환경운동연합사 자료집』.

원용찬. 1996, “베블렌의 제도주의와 칼 폴라니”, 『전북대 논문집』, 41집.

이가옥. 고철기. 2001,『공동체 경제를 위하여』, 녹색평론사.

이남곡. 2009, 『진보를 연찬하다』, 초록호미.

이소영. 2008, “생태주의자 및 몬드라곤 협동조합 소개 글”, 미발표 초고.

이시재 외. 2010, 『생태사회적 발전의 현장과 이론』, 아르케.

이영환. 2009, “한국 사회적 경제의 현황과 과제 및 제도화의 문제”, 한국 사회적 경제 연대회의, 사회적 경제 활동가대회 자료집.

이재열. 2006, “도시와 농촌의 지역공동체 복원”, 국가균형발전위원회, 『살기 좋은 지역 만들기』, 제이플러스 애드.

이재열. 2006, “지역사회 공동체와 사회적 자본”, 한국사회학회, 『지역사회 공동체에 대한 성찰과 재활성화를 위하여』, 심포지엄 자료집.

이제선. 2008, “주민 참여를 통한 도시 재생”, 이종수 편, 『한국 사회와 공동체』, 다산출판사.

이종수 편. 2008, 『한국 사회와 공동체』, 다산출판사.

이진경. 2007, 『문화정치학의 영토들』, 그린비.

이홍배 외. 2008, 『지역 재창조 제도의 법제화 및 운영 방안에 관한 연구』, 제이플러스 애드.

이희연. 2008, "창조도시: 개념과 전략", 국토연구원, 『국토』, 통권 322호.

인천광역시. 2011, "통계연보", www.incheon.go.kr.

임상오. 2006, "창조형 경제 시대의 도래와 창조도시", 국가균형발전위원회, 『살기 좋은 지역 만들기』, 제이플러스 애드.

임상오 외. 2007, 『박물관 창조도시, 영월』, 해남.

임상오. 2008, "창조도시 진흥을 위한 창조산업 활성화 전략", 국토연구원, 『국토』, 통권 322호.

임채원. 2006, 『신자유주의를 넘어 사회투자국가로』, 한울.

자원순환사회연대. 2008, 『지역 자원순환네트워크 조직과 활동방향 모색 간담회 자료집』.

장원봉. 2006, 『사회적 경제의 이론과 실제』, 나눔의 집.

장원봉. 2008, "한국 사회적 기업의 실태와 전망", 한국도시연구소, 『도시와 빈곤』, 통권 89호.

재활용 사회적 기업 연합회 준비 위원회. 2005, 『재활용 사회적 기업 연합회 건설을 위한 발기인 대회 자료집』.

재활용 대안기업연합회. 2008, 『아름다운 기업 공동체, 재활용 대안기업』.

재활용 대안기업연합회. 2009, 『(사)재활용 대안기업 연합회 2009년 정기총회 자료집』.

제정구. 2007, 『사람의 길』, 제정구 기념 사업회.

조영복. 강승화. 2008, "사회적 기업 인증 결과와 과제", 부산대 사회적 기업 연구원.

조주은, 2002, "대기업 생산직 노동자 가족의 가정중심성에 관한 연구: 울산시 H 자동차 공단 집단 거주지를 중심으로", 이화여대 여성학과 석사논문.
(주)컴윈. 2005, 『조직진단 보고서』.
중앙선거관리위원회. 2010, 『5대 지방선거 총람』.
최병두. 2006, "살기 좋은 국토 공간 만들기를 위한 지역 공동체 복원 방안", 대한지방공제회, 『도시문제』, 6월호
최종덕. 1995, "정보사회 고찰", 제4회 철학교실 자료집, 『뉴미디어와 철학』.
최협 외. 2001, 『공동체론의 전개와 지향』, 선인출판사.
하승우. 2006, 『세계를 뒤흔든 상호부조론』, 그린비.
한국직업능력개발원. 2007, 『사회적 기업 활성화를 위한 고용지원센터와 지방자치단체간의 바람직한 역할방안』.
한국고용정보원. 2008, 『사회적 일자리 창출사업의 실태와 정책적 효과』.
한국사회학회. 2009, 『인천시의 스마트 성장 전략 구상에 관한 연구 - 구도심 재활성화 전략과 실천과제』.
한상진. 1999, 『도시와 공동체』, 한울.
한상진. 2002, "도시 공동체의 이해", 『대구아파트공동체운동 사례집』.
한상진. 2005,『시장과 국가를 넘어서 - 사회적 기업을 통한 자활의 전망』, 울산대 출판부.
한상진. 2006, 『환경정의의 사회학』, 울산대 출판부.
한상진. 2007, "사회적 기업 - 이론과 실천", 경희대 NGO 대학원 세미나 자료집.
한상진. 2009, "공동체 경제조직으로서의 사회적 기업의 의의와 전망", 부산대 사회학과 콜로키엄 발표문.
한상진 · 서종균 · 엄형식 · 황미영. 2005, 『사회적 기업, 어떻게 만들 것인가?』, 실업극복국민재단.
한상진 · 정우규 · 구도완. 2008, 『울산의 환경문제와 환경운동』, 울산학 연구센터.
한상진 · 황미영. 2009, 『지역사회복지와 자원부문』, 집문당.
홍기빈. 2002, 『아리스토텔레스 경제를 말하다』, 책세상.

홍현미라. 2008, “사회적 기업의 지역사회 접근 전략에 관한 탐색적 연구”, 전주대학교. 『사회과학논총』, Vol. 23, No.2.

황미영. 2009, “간병 자활공동체의 사회적 기업으로의 조직화 동기와 전략”, 경성대 사회과학연구소, 『사회과학연구』, Vol. 25, No. 4.

황미영 · 한상진. 2010, “영국 공동체 이익 회사의 현황과 한국 사회적 경제조직에 대한 함의”(미간행).

황정란. 2008, “아동 청소년 교육 문화 분야 사회적 기업 현황 및 설립 방안”, 실업극복 국민재단, 『노동부 사회적 일자리 참여 기관 아동, 청소년 교육문화 분야 워크숍 자료집』.

Amin. A.(ed). 2009, *The Social Economy*, Zed Books.

Arendt, H. 이진우 · 태정호 공역, 1996, 『인간의 조건』, 한길사.

Arterton, C. 1987, *Teledemocracy*, 한백연구재단 편역(1994), 『텔레데모크라시』, 거름.

Association of Community Workers. 2001, *Community Work Skills Manual*, CWT Co.

Austin, J. 2006, “Three Avenues for Social Entrepreneurship Research”, Mair, J. et al. *Social Entrepreneurship*, Palgrave.

Barton, H. 2002a, “Do Neighbourhood Matter?”, Barton, H.(ed.), Sustainable *Communities*, Earthscan.

Barton, H. 2002b, “The Neighbourhood as Ecosystem”, Barton, H.(ed.), *Sustainable Communities*, Earthscan.

Bauman, Z. 2000. *Liquid Modernity*, Polity.

Bauman, Z. 2001, Community: *Seeking Safety in an Insecure World*, Polity Press.

Blackshaw, 2009, *Key Concepts in Community Studies*, Sage.

Bookchin, M., 문순홍 역. 1997,『사회 생태론의 철학』, 솔.

Bookchin, M. 구승회 역. 2002, 『휴머니즘의 옹호』, 민음사.

Borzaga, C. and Loss, M. 2006, "Multiple Goals and Multi- stakeholder Management in Italian Social Enterprises", Nyssen, M.(ed), *Social Enterprise*, Routledge.

Brecher, J. et al., 이덕렬 역. 2003,『아래로부터의 세계화』, 아이필드.

Bridge et al. 2009, *Understanding the Social Economy and the Third Sector*, Palgrave.

Campi, S., Defourny, J. and Gergoire, O. 2006, "Work Integration Social Enterprises: Are They Multiple-goal and Multi-stakeholder Organizations?", Nyssen, M.(ed), *Social Enterprise*, Routledge.

Canovan, M. 1958, "Introduction", Arendt, H. *The Human Condition*, The University of Chicago Press.

Carnoy, M. et al.(eds.) 1993, *The New Global Economy in the Information Age*, The Pennsylvania State Univ. Press.

Castells, M. 1989, *The Informational City*, Blackwell.

CIC association. 2010, "CIC start 2010 Agenda", powerpoint document.

CIC regulator. 2007, "Quarterly Report: July~September 2007", Office of the Regulator of Community Interest Companies.

CIC regulator. 2009, *Briefing Pack*, Office of the Regulator of Community Interest Companies.

CIC regulator. 2010, *Response to the consultation on the Dividend and interest Caps*. Regulator of Community Interest Companies.

Coleman, J. 1988, "Social Capital in the Creation of Hhuman Capital", *American Journal of Sociology*, 94.

Cox, S. 추선영 역, 2009.『녹색 성장의 유혹』, 난장이.

Croall, J. 박용남 역, 2003,『레츠: 인간의 얼굴을 한 돈의 세계』, 이후.

Dawson, A. 1989, Out of the Shallows: *A Strategy for the Worker Cooperative Movement*, Changing Work Spring.

Delanty, G. 2003, *Community*, Routledge.

Development Trusts Association. 2004, *Development Trusts;*

Communities That Make Things Change, DTA.

Doherty, B. et al. 2009, *Management for Social Enterprise*, Sage.

Eaglesham. J. 2005, “Community Interest Company Launched”, *Financial Times* 4, September 22nd.

Esping-Andersen, G. 1990, *The Three Worlds of Welfare Capitalism*, Polity Press.

Etzioni, A. 2000, *The Third Way to a Good Society*, Demos.

Fainstein, S.S. et al.(eds.), 1992, *Divided Cities*, Blackwell.

Field, J. 2003, *Social Capital*, Routledge.

Fitzpatrick, T. 2003, After the New Social Democracy, Manchester University Press.

Florida, R. 이길태 역, 2002, 『창조적 변화를 주도하는 사람들』, 전자신문사.

Florida, R. 이원호 외 역, 2008, 『도시와 창조계급』, 푸른길.

Giddens, A. 1990, *The Consequences of Modernity*, Polity Press.

Gilchrist, A. 2004, *Well-connected Community*, The Policy Press.

Hahn, S. and McCabe, A. 2006, “Welfare-to-work and the Emerging Third Sector in South Korea: Korea’s Third Way?”, *International Journal of Social Welfare*, 15(4).

Hannigan. 1995, *Environmental Sociology*, Routledge.

Hepworth, M. 1994, “The Information Economy in a Spatial Context: City-states in a Global Village”, Babe, R.E.(eds.). *Information and Communication in Economics*, Kluwer International Publishers.

Huet, T. 1997, “Can coops go global? Mondragon is trying” (http://www.igc.apc.org/dollars/issues/nov97/mon.html).

Johns, P. et al. 2008, *Urban Regeneration in the UK*, Sage.

Kirby, A. 2003, “Redefining Social and Environmental Relations at the Ecovillage at Ithaca: A Case Study”, *Journal of*

Environmental Psychology, 23.

Krashinsky, M. 2003, "Stakeholder Theories of the Nonprofit Sector: One Cut at the Economic Literature", Anheier, H. and Ben-Ner, A.(eds), *The Study of the Nonprofit Enterprise*, KA/PP.

Landry, C. 임상오 역, 2005, 『창조도시』, 해남.

Lloyd, P. 2006, in *Rethinking Social Economy*, Contested Cities-Urban Universities(eds).

Mackay, H., 1995, "Theorising the IT/Society Relationship", Heap, N. et al.(eds.), *Information Technology and Society*, Sage Publications.

Maffesoli, M. 1996, *The Times of the Tribes: The Decline of Individualism in Mass Society*, Sage.

Mendell. M. 2009, "The Three Pillars of the Social Economy: the Quebec experience", Amin. A.(ed). *The Social Economy*, Zed Books.

Morley, D. 1992, *Television, Audiences and Cultural Studies*, Routledge.

Nicholls, A. 2010, "Institutionalizing social entrepreneurship in regulatory space: Reporting and disclosure by community interest companies", *Accounting, Organization and Society*(forthcoming).

Nisbet, R.A. 1966, *The Sociological Tradition*, Heinemann.

O'Lear, S. 2010, *Environmental Politics*, Cambridge University Press.

Peck, J. 2005, "Struggling with the Creative Class", *International Journal of Urban and Regional Research*, 29(4).

Petrie, V. 2004, "Fostering Ways-of-Giving Within Communities", O'Sullivan, E. et al.(eds), *Learning toward an Ecological*

Consciousness, Palgrave Mcmillan.

Park, B-G. 2003, “Politics of Scale and the Globalization of the South Korean Automobile Industry”, *Economic Geography*, 79(2).

Polanyi, K. 홍기빈 역. 2002,『전 세계적 자본주의인가, 지역적 계획경제인가 외』, 책세상.

Polanyi, K. 홍기빈 역. 2009,『거대한 전환』, 길.

Putnam, R.D. 1993, *Making Democracy Work*, Princeton University Press.

Rheingold, H., 1993, *Virtual Community*, A William Patrick Book.

Reeves, G. 1993, *Communications and the ‘Third World’*, Routledge.

Roger, J.J. 2000, *From a Welfare State to a Welfare Society*, Macmillan.

Saxmundham & District Community Interest Company. 2010, “CIC Form 36”, www.saxcommunity.co.uk.

Schmacher, E.F. 김진욱 역, 1986,『작은 것이 아름답다』, 범우사.

Smith, M.J. and Pangsapa, P. 2008, *Environment and Citizenship*, Zed Books.

Social Enterprise West Midlands. 2008, *SE megazine*, autumn.

Stanfield, J.R. 원용찬 역. 1997,『칼 폴라니의 경제사상』, 한울.

Sttudert, D. 2005, Conceptualising *Community*, Palgrave.

Taylor, N. 2002, “Eco-villages: Dream and Reality”, Barton, H.(ed.), *Sustainable Communities*, Earthscan.

Turner, J.H. 김진균 역. 1989,『사회학 이론의 구조』, 한길사.

Weisbrod, B.A. 1988, *The Nonprofit Economy*, Harvard University Press.

Wellman, B. 2001, “Physical Place and Cyberplace: The Rise of Networked Individualism”, *International Journal of Urban and Regional Research*, 25(2).

Williamson, T. et al. 2002, *Making a place for community*, Routledge.
Young-Bruehl, E. 서유경 역, 2011,『아렌트 읽기』, 산책자.

立川敬二 編, 1993,『コミユニケ-ションの構造』, NTT, 한국전자통신연구소 역, 1994,『커뮤니케이션의 구조』, 하이테크 정보.
佐佐木雅幸. 정원창 옮김, 2004,『창조하는 도시』, 소화.
齋藤純一, 윤대석 외 옮김, 2009,『민주적 공공성』, 이음.

찾아보기